The Leadership Management

Larry Bossidy / Ram Charan / Charles Burck

「なぜ“経営は実行が大事”とわかっていながら
実行できないのか」をロジカルする

ザ・リーダーシップ・マネジメント

EXECUTION: The Discipline of Getting Things Done

ラリー・ボシディ
ラム・チャラン
チャールズ・バーク
高遠裕子 訳
関野吉記 監修
株式会社イマジナ 代表取締役社長

実業之日本社

ビジネスの場で出会い、

本書で示した考え方に影響を与えた多くの人々に捧げる。

現代における「実行」の最高の体現者、

ジャック・ウェルチにとくに感謝したい。

ラリー・ボシディ

ラム・チャラン

EXECUTION: The Discipline of Getting Things Done

This edition published by arrangement with Crown Currency,
an imprint of The Crown Publishing Group, a division of Penguin Random House LLC,
through Japan UNI Agency, Inc., Tokyo

第II部 実行の構成要素

第III部 実行の3つのコア・プロセス

監修者による序文

「今は変化の時代であり、そのスピードはすさまじい」

「だからこそ、経営者にとって重要な仕事は意思決定である」

私が経営者向けの講演会に登壇し、冒頭でこう述べたなら、おそらく参加者はがっかりするだろう。

「今日はそんな当たり前の話しか聞けないのか」と。ひそかに失望しながら、「この時間はメモではなく仮眠をとる場にしよう」と思うかもしれない。

だが、その当たり前のことを質問に変えると、空気が少し変わる。

「猛スピードで変化する時代に、あなたは会社と従業員のために、迅速かつ最良の決断をしていますか？」

イエスと答える経営者は、かなり少ないだろう。

私は中小から大企業、地方自治体や教育の世界まで、幅広い業界のトップやリーダーに向けたコンサルティング事業を手がけている。規模も業種もさまざまなクライアントたちとのやり取りを振り返ると、この問いに「イエス」と答えられる経営者は、少ないどころか相当なレアケースだ。

もちろん、「私はスピーディーに決断しています！」と胸を張る経営者もいるが、残念なことに多くの場合、彼らには大切な視点が抜け落ちている。

変化の時代、**決断することは確かに重要だ。だが、決断に「実行」が伴わなければ、何の意味もない**――この至極当然のことを理解している人は、驚くほど少ない。

本書はその「実行」について述べた、バイブル的存在と言っていい。

価値をつくり出すのは「決断」ではなく「実行」

ヘッドハンターが見つけてきたプログラミングの天才を採用するのか、新卒で育ててきた自社の秀才にさらなる投資をするのか――このような「大きな意思決定」で考えるとわかりにくいが、小さなことまで含めれば、昔も今も誰でもいつでも、絶え間なく決断しているとわかる。

卑近な例で言えば、今朝はどのネクタイにするか、あるいはジャケットだけにするのか、すべては選択と決断によって始まり、それを実行することで人間の営みとなる。

あるいは幼い子どもが、今日はゲームをするか、ＹｏｕＴｕｂｅを見るか決める、それすら選択であり、決断である。決断とは、私たちが絶えずしていることである。

決断には優れたものとそうではないものがあり、その質が重要なのは言うまでもない。だが、その前提をもってしても、本質的に価値をつくり出すことができるのは、決断ではなく実行なのだ。

急激に変わりゆく時代、私たちの課題は「決断」ではない。その先にある「スピーディーな実行」に他ならないのである。

スピードが遅すぎる日本企業は淘汰される？

スピーディーな「実行」が必要だという意見に、異論を唱える人はまずいない。全体のスピードを上げなければ未来はないと、どの企業も理解している。

「我が社はじっくりマイペースで行こう。テクノロジーに強い人材の補強が必須と言われているが、そんなに早くやるのは無理だから、５年計画でできることから少しずつ変えていけばいい」

こんなふうにのんびり考える企業は皆無だ。

スピードを上げるとは、時代に対応するということだ。悠長に構えていては、急激に変化している時代に対応できるはずもない。「スピードを上げろ、精度を高めろ、生産性を上げろ」というのは当たり前の話である。

ところが言動が一致していないのはよくあることで、日本企業の多くはスピードを上げていないどころか、限りなくスローだ。状況把握、問題点の抽出、分析と対策、意思決定、あらゆる局面ですべてが遅く、実行する頃には状況が変わっていたりする。

その典型的な例が、不祥事の発覚や大きなトラブルに見舞われた場合の対応だろう。一刻を争う緊急事態ですら、状況把握も決断も事態を打開する具体的な実行も——何もかもが極めて遅く、のろのろと進む。その結果、常に後手にまわり、危機を回避するどころか傷を大きく広げてしまうケースは多い。

こうした企業の実情を目の当たりにしている一人として、私は危機感を覚えている。とくに懸念しているのは、致命的なまでの実行の遅さだ。日本経済の停滞が叫ばれて久しいが、これほどスローな企業が多い現実を見れば、グローバル市場で勝てるわけがないと思えてくる。

日本企業がスローな原因 1

「責任回避」の蔓延

どうして何もかもがスローになっているのか？

いったい、日本企業に何が起きているのか？

私の分析では、日本企業がスローな原因には大きく分けて2つある。

第一の原因は、「責任回避による決定の遅さ」だ。

日本文化の特徴として、決定は「みんな」によってなされる。

専制的なワンマン企業は別として、ほとんどの企業は何事も役員会で決定し、社長の鶴の一声では決まらない。なぜなら、「リスクを取りたくない文化」が蔓延しているためだ。これは保守的なこの国には昔からあった文化だが、リスクを極端に恐れる風潮がある近年、とみに顕著になっている。


新しいことをするのは常にチャレンジであり、失敗のリスクは必ずついてまわる。だが、誰もリスクは取りたくないし、誰も責任を取りたくない。その結果、「話し合いで決めましょう」となって無駄な会議が増える。さらに一つの事案を承認するために、10人近くがハンコを捺すという「連帯責任という名のエクスキューズ」を作成するプロセスも存在する。あらゆるメールが関係者すべてに同報されるのも、責任回避の事例だろう。

このような「失敗と責任を避けるための会議や決裁」が罷《まか》り通っていたら、時間を食わないほうが不思議である。一つの事案を決定するのに何か月も、下手すると何年もかかるケースもある。

スローの元凶となる「責任回避」が起きているのは、組織の上層部に限らない。第一線の部門であっても、「その事案に誰よりも詳しく、コミットもしている」という一人の意見が採用されることはまずない。

「出る杭は打たれる」という言葉は未だ健在で、「個性が大事だ」と言いつつも、実際はみんなと同じように大学に行き、みんなと同じような進路を目指し、みんなと同じような働き方をすることで刺激よりも安心感を求める、そんな社会で私たちは生きている。

だからこそ、組織の中では誰も責任を負わず、「みんな」の意思によって、すべてがスローになっている。

日本企業がスローな原因 2
「決定」で終わる

意思決定は重要だと、どんなビジネス書にも書いてある。だが、選択と決断はすでに述べた通り、日常的に誰でもしていることだ。

しかし、日本企業には、決断した段階で満足してしまう悪癖がある。意思決定がなされたら直ちに肝心な「実行」に取り掛からねばならないのに、「やれやれ、決まってよかったですね」と落ち着いてしまうのだ。

たとえばある企業が、ＤＸについて検討したとする。どうすべきかを決めるのは役員会で、突拍子もない決定――「我が社は逆張りで脱コンピューターを目指す。伝統的な紙の事務作業を死守しよう！」といった極端な決定はなされない。大抵は「可及的速やかにＤＸ化を推進する」など、真っ当な決定が下される。

「我が社はＤＸに積極的に取り組む！　全員一致で決定！」

革新派の専務も保守的な常務も大賛成で、会議はなんとなく、良い感じで終わる。だが、この決定はスタートに過ぎない。

本当にDXを実現するのかしないのか、いつするのか、どのようにするのかは、実行のフェーズに正しく移行できるか否かにかかっている。つまり意思決定がなされたとは、やっとスタートラインに立った状態なのだ。それなのに、「会議で意見がまとまり、結論が出た！」ということで、ゴールしたように思ってしまう企業は多い。

企業の決断が正しいか正しくないかは、その後の実行によって決まる。

仮にある役員会で、「この新規事業に挑戦しよう。来期の重要計画に決定」と結論が出たとする。それがかなり冒険的で失敗のリスクが高い事業だったとしても、そのあとの実行のフェーズで適切なプランを立てて頑張れば、成功する。

そうすると、わけ知り顔でこう語る人が続出するかもしれない。

「ほら、私が言った通りだ。あの時の役員会の決定が正しかった。ああ良かった！」と。

だが、成功の原因は決定だけではない。仮に全く同じ決定がなされ、同じ新規事業に取り組んだとしても、現場の実行のレベルが低いと、結果は変わる。

「偉い人の理想論で、めんどくさいこと言われたな。まあ、決まったことだから仕方ない、やるか」

こんなおざなりな態度で実行がなされれば、成功は望むべくもない。
すなわち、決定が価値を生むかどうかは、実行にかかっている。決定したあと、どれだけ最適な実行がなされるかが何よりも重要だ。

この点を理解していないから、日本企業の上層部は「意思決定がなされた」というスタートラインで安心して、一休みしてしまう。一休みどころか、現場に丸投げして離脱というケースすらある。

この一休みで実行のスタートが遅れ、丸投げで実行のペースと質が落ち、結果として全体のスピードが遅くなる。状況はどんどん変わっているので、ついていけなくなる。
決定した時点では最良のプランも、状況が変われば最悪のものになりかねない。そうなると、ますます実行の意欲は下がり、成功は遠のくことになる。

——実行の基本 1—— 経営者の「勉強」

では、どうやって実行していけばいいのか、そもそも実行とは何か——それは本書で存分に語られる。だが、本題に入る前に、日本の読者にとって大前提となる「実行の基本」を示しておきたいと思う。

スローの罠にはまらず、スピーディーに決定・実行していくために、欠かせない基本は2つある。

一つは、経営者やリーダーの勉強である。

先ほど、「スピードを上げるとは時代に対応することだ」と述べた。より詳しく言うと、単にスピードを上げるだけでは対応できない。今の社会がどうなっているのか、世の中の課題は何かにしっかりと目を向けて、どんな事業や施策が必要なのか、どうすれば実現できるのかを勉強して初めて、実行のフェーズまで辿り着くことができる。

ところが残念なことに、勉強をおろそかにしている経営者やリーダーは多い。

「この大変な世の中ですよ。喫緊の課題が山積みで、勉強なんかしている余裕はありません」

私は折に触れて「勉強していますか?」と尋ねることにしているが、ほとんどの人が当然のようにこう答えるのだ。どうやら勉強とは呑気なものだと誤解している人も多いようで、こうした状況は危機的だと私は受け止めている。

経営者の成長が止まると組織の成長も止まる。成長を止めない唯一の方法は勉強である。

世界のビジネスリーダーに目を向ければ、素晴らしい実績を残している経営者であればあるほど、勉強をしている。必死で働いていた30代、40代に、会社を大きくしながら猛烈に勉強もしてきた人でなければ、今の世の中に残っているはずはない。大成功を収めた経営者が次々と起業や新規事業に手を出すのは、勉強が現在進行形だからだ。

ところが日本では、そんな優秀な経営者すら、50代頃から勉強するのをやめてしまうケースが目立つ。

「自分なりのメソッドがあるから、勉強は必要ない」

こうした意見もよく耳にするが、大いなる勘違いだと言わざるを得ない。

たとえば、「新卒人材を確保したい」という時、人事部が提案してきた採用プランAとBのどちらを選べばいいのか経営者が判断するとしよう。

新たな勉強をせず、成長が止まってしまった経営者は、正しい判断基準を持たない。そうなると、過去の基準を持ち出すことになる。

「私が採用を指揮していた頃はこうだった。それで入社希望者が殺到して、会社説明会に150人詰めかけたこともある」

改めて説明するまでもないが、労働市場は激変し、今なお刻々と変化を続けている。労働人口は減少し、若年層の数もニーズも異なるのにそんな話を持ち出されたら、人事担当者は失望どころか唖然とするだろう。「この社長について行って大丈夫だろうか」と不安がよぎるかもしれない。

成長が止まってしまった人は、過去のことを昨日のことのように感じるのが常である。そんな経営者としては昔話をしているつもりはないのかもしれない。

だからこそ、「社長の話は時代が違いすぎて話にならない」という現場の嘆きに気がつくこともない。

それでも経営者の言葉には影響力がある。何より決定権を持っているのだから、昔話で組み立てられた判断基準をもとに、プランが決まってしまう。誤ったプランをもとに実行したところで、良い結果は期待できないだろう。

インプットがなかったらアウトプットはできない。勉強していない経営者は過去に蓄えたわずかで古い知識しか持たず、そこから絞り出した意見は、今の時代においてはなんの役にも立たない。

勉強していないがゆえに「わからない」「もう少し判断材料が欲しいから、資料を作ってくれ」と無闇に命じる経営者もいる。この場合、肝心な実行に移る前に、決定のスピードがますます落ちることもあり得る。

そもそも欧米に比べると、日本のマネジメント層の勉強時間は圧倒的に少ない。「リスキリング（再教育）が重要だ」と盛んに言われているが、新たなスキルを得るためには、勉強が不可欠だという本質を見落としている。

勉強しない社員は淘汰されていくだけで害は少ないが、勉強しないリーダーやトップは組織全体のボトルネックになり、優秀な社員を道連れにする可能性が高い。

繰り返しになるが、経営者、リーダーがスピーディーに実行するためには「勉強」が不可欠だ。この第一の基本については、第Ⅰ部の解説で詳細に述べたいと思う。

実行の基本2　経営者の「関与」

スピーディーに決定・実行していくための基本その2は、経営者やリーダーの「関与」である。経営者にとっての実行とは、自分一人が動くことではない。組織を、すなわち人を行動へと導かなければ、経営の実行とは言えない。他者を動かす力を持つこと。これこそ、経営者がプレイヤーとも部門のマネジャーとも大きく異なる点だ。

ところが、「人を動かす」という営みをアップデートする段階で、日本企業の多くは過ちを犯した。

高度経済成長の影響が色濃い「従来型の日本企業」は、手取り足取り上司が指示し、会社ぐるみで人材を育てていく家族的な風土があった。「人を動かす」ための命令系統が決まっており、終身雇用制に基づいた「会社文化に染まる」という働き方が正解とされていた。

それが時代にそぐわないものとなり、否定されたことは自然であり、真っ当な成り行きだと思う。働く一人ひとりの個性と自主性は重んじられるべきであり、あくまで一方通行の上意下達はうまくいかない。

だが、極端に干渉や指示を避けたリーダーや経営者は、あろうことか、現場との関係性を断絶してしまった。「マイクロマネジメントをせず、現場に任せる」という意味を拡大解釈して、ほとんど丸投げ状態としてしまったのである。

どんなに時代が変わっても、経営者の関与なしに事業は成功しない。従来型の日本企業が現場に「関与しすぎていた」ために機能不全が起きていたことは事実だ。だが、現状のように「一切関与しない」というやり方もまた、機能不全を引き起こしている。

では、どうすればいいのか？

スピーディーかつ有益な実行をするためには、経営者やリーダーは現場に正しく関与しなくてはならない。正しい関与を噛み砕いて言うなら、「現場に任せる」のではなく、「現場を見守る」ことだ。

たとえば、人事部が新卒採用について会議を開くとする。

現場に関与しすぎる従来型の経営者やリーダーは、すべての会議に出席し、参加者の誰よりも多く意見を語るだろう。そうなると社員は「社長がプランAと言っているのだから、プランAに決まりだな。こちらが何を言っても、決定権があるのは社長だから、言うだけ無駄だ」と意欲を削がれる。必要な意見すら、言わなくなってしまう。

「私は従来型の経営者とは違う」という自己認識のもと、「私はオブザーバーです」と何も言わずに会議に参加している経営者もいるが、突然、語り出して独演会となってしまうことも珍しくない。

こうして、関与しすぎる経営者のもとで決定され、実行のフェーズに至ったプランには現場の熱意がこもらず、スピードは上がらず、結果もついてこない。すでに述べたとおり、価値を生み出すのは実行なのだから、当然の話だ。

では、「一切関与しない」と決めた経営者やリーダーはどうかといえば、会議には参加せず、報告を聞くだけで終わる。だが、現場のことを全く知らず、報告書に目を通すだけで実行の質を高める指示ができる天才経営者は、私の知る限り皆無だ。

「任せる」と丸投げして実行させ、結果が出ないと突然、マイクロマネジメントを始めるリーダーもいる。「現場の自主性を尊重する」と言って、やる気が出ない社員たちが間違った方向に進んでいっても、何の手も打たない経営者も存在する。

彼らは到底、リーダーの役割を果たしているとは言えないだろう。

このような轍を踏まないための、経営者やリーダーの適切な関与とは、ほどよい距離で「見守る」ことだ。

たとえば、会議には参加せず、後から録画を見てポイントだけ把握するのもいい。そうすれば不要な口出しをせずに済むし、社員たちについてより深く理解することができる。

「この社員は検索で集めたデータで発言しているな。資料の見栄えはいいが、意見自体は今ひとつだな」

「中堅で優秀だったのに、なぜこの社員は最近、準備不足なんだろう?」

「この分野に関しては、この社員はかなり勉強しているな。全部任せるのは無理でも、限定的な権限を与えると面白いかもしれない」

会議に限らず、口出しをせずに現場を見ておくことも欠かせない。社員のことを徹底的に観察し、どんな人材か把握し、強みと弱み、向き不向きを理解する。それが「見守る」ということだ。

「このプロジェクトの担当はXさんか。ちょっとオーバースペックかもしれない」
「Yさんはこの場面については、上司が手を貸したほうがいいな」
「若手のZさんは、無茶苦茶に優秀だ。異例だが大抜擢してチャレンジさせよう」

企業の何よりの資本である人を知り、適材適所に配し、実行のスピードと精度を上げていく。これこそ経営者の最も重要な仕事であり、実行のスピードと質を高めるいちばんの方法だ。

経営者が「見守る」という正しい関与ができていない弊害は、平等の意味を履き違えて、組織づくりをしてしまうことだ。

個々の社員の特性を知らなければ、みんな同じように扱うことになってしまう。「画一的な働き方が求められていて、全員が同じレベルだ」という組織なら問題はないだろうが、人材は部品ではないのだから、そんなことはあり得ない。社員は一人ひとり能力も個性も異なるし、頑張っている人もよく勉強している人も、その逆の人もいる。

全員を同じように扱うことは、悪しき平等であり、社員のためにもならない上に、組織としても成長できなくなる。そのためにも「見守る関与」が重要になってくる。この点については、第Ⅱ部であらためて述べていこう。


実行の3つのコア・プロセスについて言及されている第Ⅲ部では、事業戦略としての人材教育について補足・解説していく。それが今、日本企業が陥っている閉塞感を打開する、最も有効な手段だからである。

なぜ、この本が今の日本に必要なのか？

本書の原書『経営は「実行」(原題：Execution)』は米国で2002年に出版され、『ニューヨークタイムズ』第1位となった。日本でも2003年に刊行され、世界で20年以上読み継がれてきた200万部突破のロングベストセラーである。

著者の一人ラリー・ボシディのGEでの功績は色褪せることはないし、もう一人のラム・チャランによるハーバード仕込みの知見は素晴らしい。本書の原理原則は、年月を経てもまったく古びていない。

それが今なお米国の多くの研修でテキストとして使われ、ドイツ、フランス、英国、インドをはじめとした世界の読者に評価されている理由なのだろう。「昔の本だ」と片付けられない、存在感を放っている秘密とも言える。

アリストテレスや老子の説話は、エピソードだけとれば歴史物語のように感じるが、教え自体は現代にもそのまま通用する。それと同じく、本書の教えは、時を経てなお、ビジネスパーソンに役立つものだ。

経営は実行――このシンプルかつ本質的な指摘は、今の日本企業に不可欠な提言だ。

だが、20年の間に、経済状況もビジネスシーンも大きく変化しているのも事実である。従って、本書の事例の中には今の状況とは異なる点もある。

そこで私は本書を復刊するにあたり、原理原則に焦点を絞って、現在の時流と日本のビジネスシーンに沿った解説を加えることにした。多忙なビジネスパーソンには、本文中の細かい事例は飛ばしていただいても理解できるよう、実践に役立つヒントを鏤《ちりば》めてある。とくに実行のフェーズに重きを置いているので、経営者のみならず、リーダーにも必携の一冊になるように仕上げた。
本書が、日本企業とリーダーの実行力を上げる触媒となれば、監修者としてこれに勝る喜びはない。

2024年10月

株式会社イマジナ代表取締役社長　関野吉記

ザ・リーダーシップ・マネジメント

はじめに

本書に登場する2人の人物

ラリー・ボシディ *Larry Bossidy*

1990年代のアメリカを代表する経営者の一人。34年間勤めたゼネラル・エレクトリック(GE)では副会長などを歴任。ジャック・ウェルチをして「最高の友人であり最高の部下」と言わしめ、ウェルチが推し進めた数々の改革を支えた人物。55歳、自ら企業を経営するチャンスを求め、大手メーカー、アライド・シグナルのCEOに転ずる。本書冒頭でも触れられているが、物事がしっかり遂行されず、約束が守られてもいなかった同社において、ボシディは改革を進め、シックスシグマなど最先端の経営手法を移植するなかで、最大の問題は「実行面」にある、との思いを強める。この経験が本書を生む下地になった。その後、ハネウエルとの合併後、同社の会長に就任。一度退任するも、請われて会長兼CEOとして復帰し、2002年に引退。

ラム・チャラン *Ram Charan*

アメリカ有数の経営大学院、ノースウェスタン大学ケロッグ・スクールやハーバード大学ビジネススクールで教鞭を執った。わかりやすい言葉で経営の本質をずばりと説く講義に定評がある一方で、大小を問わず、数々の企業のアドバイザーとしての経験も豊富。そこで見聞きした事例が本書にふんだんに盛り込まれている。立場上、企業名を明らかにできない場合もあるが、すべて実例なだけに具体的で説得力がある。

はじめに

ラリー・ボシディ*　わたしは目下、ハネウエル・インターナショナルでこの会社が失ってしまった実行の体系を取り戻そうとしている。一般に、実行は細かい仕事であり、企業リーダーの威厳に似つかわしくないものだと考えられている。それは間違いだ。まったく逆で、リーダーのもっとも重要な仕事である。

実行への旅が始まったのは1991年、ゼネラル・エレクトリック（GE）に34年勤務したあと、アライド・シグナルのCEO（最高経営責任者）に指名されたときだ。それまでわたしは、物事が遂行される組織、社員が約束を守る組織に慣れていた。実行を当然のことだと思っていた。だから、アライド・シグナルに入ったときにはショックを受けた。荒れているのはわかっていたが、そこで目にした病状に対する備えはできていなかった。同社は勤勉で聡明な人材を数多く抱えていたが、効率的ではなく、実行に重きをおいてもいなかった。

表面だけを見れば、アライド・シグナルの基本的なコア・プロセスは、GEなどの一般企業と変わらない。人材のプロセスがあり、戦略のプロセスがあり、予算・業務のプロセスがある。だがＧＥのプロセスと違って、アライド・シグナルのプロセスは結果を出していなかった。これらのプロセスを徹底して管理すれば、確実に結果が得られる。以下の重要な質問に対する答えが得られるのだが。自社の製品は市場で最適な地位にあるか。計画を成長率や生産性の具体的な結果に変える方法を見極めることができるか。計画を実行できる適切な人材は揃っているか。適切な人材がいない場合に、どんな対策をとるのか。業務計画のなかに、約束した結果を生み出せる具体的なプログラムを確実に盛り込むにはどうすればいいのか。

アライド・シグナルでは、こうした質問が提起されることすらなかった。プロセスは中身のない儀式で、具体性のないものになっていた。膨大な作業をしているのに、役に立つものはほとんどない。たとえば事業部門の戦略計画は、15センチもの厚さの書類にまとめられるが、そこに満載された製品データは、戦略とはまったく関連づけられていない。業務計画は数字合わせにすぎず、成長率、市場、生産性、品質に関する行動計画には関心が払われていない。社員はおなじ職務に長期間とどまり、工場の多くを動かしているのは、生産畑ではなく財務畑の人間だった。

アライド・シグナルには生産性を重視する文化がなかった。工場ではマンアワー当たりコストを指標にしていたが、全社的に生産性を測る指標はなかった。学習もしなければ教育もしない。各事業部門はアライド・シグナルの旗の下に結集するのではなく、好き勝手が許されていた。「化学事業、自動車事業、航空宇宙事業にはそれぞれ独自の文化があり、互いによく思っていない」との主張に、わたしはこう言った。「投資家が買う株はひとつだ。ブランドはひとつしかいらない」

根本的な問題として、３つのコア・プロセスが事業の現実からかけ離れており、プロセス同士にも整合性がなかった。これらのプロセスを統率することこそ、リーダーの本来の仕事だ。経営者はプロセスを信頼し、積極的に関わっていかなければならない。だが、前CEOはこれらのプロセスに深く関わってはいなかった。自分の仕事は事業を買って売ることだと考えていた。

新経営陣は、これらのプロセスを厳格に精力的に指揮した。１９９９年にハネウエルと合併し、わたしが退任したころには、営業利益率は3倍の15パーセント近くに、株主資本利益率は10パーセント強から28パーセントになり、株価は9倍近くに上昇していた。どうやって、これを実現したのか。実行の体系をつくり上げたのだ。

＊本書全体を通して、共著者であるラリー・ボシディとラム・チャランは、第一人称で見解を述べていく。ボシディは、主にゼネラル・エレクトリック、アライド・シグナル、ハネウエル・インターナショナルでの経営幹部としての経験をもとに語っている。チャランは、世界中の企業リーダーや取締役会のアドバイザーとしての35年にわたる幅広い経験をもとに語っている。

実行の文化を根づかせるのはむずかしいが、失うのは簡単だ。2年も経たないうちに、状況は様変わりした。投資家が期待する業績を達成できず、株価は下落した。GEとの合併話が破談に終わると、ハネウエルの取締役会から軌道修正のために1年間の任期で復帰するよう要請された。

たしかに合併話のごたごたや不透明感の影響が出ていた。そのため優秀な人材が流出していた。だが、それ以上に重要なのは、実行の文化が消滅していたことだった。コア・プロセスの厳密さが失われていた。ハネウエルは実行していなかったのだ。

たとえば、わたしは辞める前、開発済みのタービン発電機が自家発電市場で非常に有望だと考えていた。セブン‐イレブンなどの小規模店にうってつけだった。ハネウエルに戻ってみると、この製品が適切に製造されていないことに気がついた。能力が小さすぎるうえ、石油と天然ガスの兼用にすべきなのに、天然ガスしか使えない。売り上げは微々たるものだった。わたしには何らかの救済策が期待されていた。わたしが言いだしたのだから。だが、手がつけられないほど事態が悪化していた。資金をほかに回した方がいい。そう判断して、この事業から撤退した。

企業に実行力があれば、こうした失敗で社員が犠牲になることはない。ハネウエルに実行の文化があれば、タービン発電機は最初から適切につくられているか、最初は間違っていてもすぐに修正して成功を収めていただろう。

企業に実行力があれば、経営環境が変化しても、それに屈することはない。9月11日の同時多発テロ事件後、航空宇宙事業では2001年の業務計画を破棄せざるをえなかった。だが、われわれは10日で計画を見直した。売り上げの落ち込みが避けられないとの判断から、コスト削減で落ち込みをカバーすることにした。さらに、すべての安全関連の製品を調整し、強化するためのチームを編成するとともに、防衛関連のマーケティング部門を強化した。

ラム・チャラン　リーダーが主要事業部門の業務計画を10日間で練り直せる企業は、それほど多くない。議論を重ね、オフサイト・ミーティングを何度も開くが、行動は起こさない。これが実行力のある企業とない企業の違いのひとつだ。

自社の経営はうまくいっていると考えている、おめでたいリーダーが多すぎる。これでは、ギャリソン・キーラーの小説『レイク・ウォビゴンの人々』に登場する親たちと変わらない。親はみな自分の子どもが平均以上だと思っている。だが、レイク・ウォビゴン高校の成績優秀者は、ミネソタ大学やコルゲート大学、プリンストン大学に進学すると、自分が平均かそれ以下であることに気づく。同様に企業リーダーは、GEやエマソン・エレクトリックの経営、その卓越した実行力を理解するようになると、実行力で世界クラスになるには遠い道のりを歩まなければならないことがわかる。

かつて企業は、実行力の乏しさの言い訳として、忍耐を求めた。「いま現在の経営環境は厳しい」は典型的な言い訳のひとつだ。「この戦略が結果を生むまでには時間がかかる」というのも同様だ。だが、経営環境はつねに厳しいものだし、成功したかどうかが何年もかけて測られることはなくなった。企業は原因を突きとめる間もなく、市場シェアを大幅に伸ばしたり、失ったりする。例を挙げよう。ジョンソン＆ジョンソンは、外科手術で血管に挿入して拡張する網状の筒、ステントを開発した。１９９７年と98年、競争相手が技術改良した製品を低価格で投入したことから、同社はみずから創出した7億ドルの市場で市場シェアの95パーセントを失った。ごく最近になってようやく、明らかに性能の勝る新製品を投入してシェアを回復しはじめている。

いまでは、実行力が四半期ごとに試されている。しかも試されるのは、数字の上ばかりではない。証券アナリストは、企業が四半期目標の達成に向けて前進しているかどうかに注目する。前進していないと判断されれば、投資判断が引き下げられて、時価総額が数十億ドル吹き飛ぶ。

いまや実行力が企業の勝敗を分ける時代になった。実行力が競争相手より劣っていれば、すぐに負かされる。金融市場は高度な戦略が実現するかどうかをじっくり見守ってはくれない。実行力のないリーダーに、もはや猶予はないのだ。実行は、現代のビジネス社会で語られていない問題、しかも最大の問題だ。実行力の欠如は、成功を妨げる最大の障害である。期待どおりの結果を出せないのはたいていの場合、実行力の不足が原因だが、ほかの原因によるものだと誤解されている。

わたしは大小問わず、企業の経営幹部のアドバイザーとして、ひとつの会社と10年以上付き合ってきた。その間の企業の変遷を観察し、直接それに関わる機会を持ってきた。最初に実行の問題に気づいたのは30年以上前だ。戦略計画が実行されていないことに気づいたのだ。進行役として参加したCEOや事業部門レベルの会議で観察すると、リーダーはいわゆる高次元の戦略や概念、哲学を重視しすぎていて、実行に十分な関心を払っていなかった。プロジェクトやイニシアチブには賛成するが、そこから何も生まれない。わたしは確認しなければ気が済まない性格で、こうしたことがあると、責任者に電話をかけて「どうしたのか」と尋ねる。そのうちにひとつのパターンを見つけ、実行が最大の問題であることに気がついた。

根本的な問題は、実行がビジネスの戦術だととらえられ、リーダーは実行を他人に任せ、もっと「大きな」問題に注力すべきだと考えられている点にある。この考え方は完全に間違っている。実行は単なる戦術ではない。ひとつの必修科目であり体系だ。企業の戦略や目標、文化に根づかせなければならない。そして、組織のリーダーは、深く関与しなければならない。その中身を誰かに任せることはできない。企業リーダーの多くは、最新の経営手法を学び、社内に広めることに膨大な時間を費やしている。だが、実行を理解せず、実践しなければ、学び、主張してきたことの価値はなくなる。土台をつくらずに、家を建てているようなものだ。

＊　＊　＊

実行は、現代の企業が直面する最大の問題というだけにとどまらない。いまだに実行について、満足できる説明はされていない。ほかの専門分野では、知識や文献の蓄積がある。戦略については、さまざまな考えが出尽くし、知的な挑戦ではなくなっている。コンサルティング会社に依頼すれば、どんな戦略でも立ててくれる。リーダーの育成についてなら、書かれたものがいくらでもある。イノベーションも同様だ。組織構造や報酬制度、ビジネス・プロセス設計、昇進の方法論、文化の変革の指針など、リーダーの実行の手助けとなるツールや手法にも事欠かない。

われわれは、みずから掲げた目標と、組織が達成できる結果とのギャップのために犠牲になったリーダーに数多く接してきた。そこでよく耳にしたのが、責任感の欠如に問題があるという声だった。つまり、社員が、計画を完遂するために、なすべきことをしていないというのだ。リーダーは何かを変えなければならないと焦っているが、何を変えるべきかがわからない。

そこで、本書のニーズは大きいと判断した。実行とは、単に何かがなされることでも、なされないことでもない。実行とは、具体的な一連の行動やテクニックであり、企業が競争優位を手に入れるために習得しなければならないものである。実行は、ひとつの独立した専門分野なのだ。大企業、中小企業を問わず、いまや、成功するための必修科目である。

実行は、企業リーダーにとって確固とした戦略を選ぶのに役立つものでもある。意味のある戦略を立てるには、適切な資源や適切な人材など、戦略の実行に必要なものが組織に揃っているか、手に入れられるかを同時に確認しなければならない。実行の文化が根づいた企業のリーダーは、戦略を、細かい道筋まで決めた分厚い企画書で権威づけするのではなく、道路地図に近いものにする。それによって、予想外の事態に迅速に対応できるようにしている。実行されるように戦略がつくられているのだ。

実行はあらゆるものを主導する。業界の動向が見えるようになる。変革や転換の最高の手段となる。文化や哲学よりも優れた手段だ。実行を重視する企業は状況をよく把握しているので、他社よりも素早く変化できる。

自社が苦境を乗り越えなければならないとき、あるいは最近はどの企業もそうだが、経営環境の変化に対応して大転換を迫られたとき、優れた実行力があれば成功の可能性ははるかに高まる。

実行をリードすることは、最先端科学ではない。きわめて単純なものだ。**もっとも必要なの**

は、リーダーが自分の組織に情熱を持って深く関わることであり、他社や自社の現実に正直であることだ。

これは会社全体を率いる場合でも、はじめて事業部門の責任者になった場合でも変わらない。あらゆる企業、あらゆるレベルのリーダーが、実行の体系を身につける必要がある。それがリーダーとしての信頼性を築く方法だ。本書を読み終えるころには、その方法を理解しているはずだ。実行の体系のノウハウによって、競争優位を築くことができる。実行の体系を事業で実践していけば、業績が向上するだろう。

⋆　⋆　⋆

第Ⅰ部の第1章と第2章では、実行の体系が、なぜ今日これほど重要なのか、どのようにして競争相手に差をつける手段になるかを説明する。第Ⅱ部の第3章から第5章では、実行が自然に起こるわけではないことを示す。基本的な構成要素を確立する必要があること、そして、とくに重要な構成要素は、リーダー自身がとるべき行動、文化変革の社会的ソフトウエア、リーダーにとってもっとも大切な仕事である人材の選抜と評価であることを示す。

第Ⅲ部は実践編だ。第6章から第9章まで、人材、戦略、業務の3つのコア・プロセスについて論じる。これらのプロセスを効率的にするには何が必要か、各プロセスのプラクティスを、ほかの2つのプロセスといかに連動させ、どのように統合するかを示す。

第6章で扱う人材プロセスは、3つのプロセスのなかでもっとも重要だ。人材プロセスがうまくいけば、リーダーの遺伝子プールが生まれ、それによって実行可能な戦略を策定し、戦略を業務計画に落とし込み、各自の責任を明らかにすることができる。

第7章と第8章では、戦略プロセスを取り上げる。有効な戦略を策定すれば、上空1万メートルの概念が現実に根ざしたものになることを示す。このプロセスでは、実現の可能性を試しながら、戦略の柱をひとつずつつくっていく。戦略プロセスは人材プロセスと結びついている。戦略やその背後の論理が、市場や経済、競争相手の現実に合っているなら、人材プロセスも生きたものになる。適材が適所に配置されているわけだ。戦略とされているものの多くには、抽象的すぎて底が浅いか、逆に戦略というより業務計画にすぎない、という問題がある。その場合、経営陣の能力がリーダーにふさわしくない可能性がある。たとえば、マーケティングや財務といった業務のスキルは高いが、戦略を策定する能力はないのかもしれない。

第9章では、どんな戦略も、具体的な行動に落とし込まなければ、結果を生まないことを示す。業務プロセスは、戦略を実行するために段階を踏んで業務計画を策定する方法を示すものだ。戦略と業務計画はいずれも人材プロセスと結びついており、業務計画の実行に必要な能力と組織の能力とが一致しているかどうかが問われる。

第 I 部

なぜ実行が求められているのか

第Ｉ部

解説――勉強

――実行とは、何をどうするかを厳密に議論し、質問し、絶えずフォローし、責任を求める体系的なプロセスだ。経営環境を想定し、自社の能力を評価し、戦略を業務や、戦略を遂行する人材と結びつけ、さまざまな職種の人々が協調できるようにし、報酬を結果と結びつけることである。（本文より）

第Ｉ部にあるこの定義は、多くの人が抱いている「実行」のイメージを大きく覆すはずだ。とくに経営者やリーダーは、「実行？　実務は現場に任せておけばいい」というのが幻想に過ぎないと気づくだろう。詳細は本文でじっくり味わっていただくとして、まずは実行に不可欠な「勉強」について述べておきたい。

無形資産の「価値」を理解しているか？

経営者やリーダーになぜ勉強が必要かといえば、視野と器をスケールアップするためだ。勉強をしなければ、現状の視野と器の中で決断し、組織を動かし、実行するしかない。つまり、今までと同じやり方の延長線上で、新たな時代に立ち向かうことになる。これでは最新の情報にアクセスできない。

状況も変わる、前提も変わる、価値も人もテクノロジーも変わる。すべてがスピーディーに移りゆく時代に、アップデートしていないままの自分で臨んでいたら、どれほど優秀な人でも、やがてついていけなくなる。

経営者やリーダーにこそ、常にアップデートを意識してもらいたい。幸い、私がコンサルティングを手掛けているクライアントには、その意識が浸透している企業が多い。「幹部研修をやりましょう。実務だけでなく、勉強しましょう」という提案を、至極当然のものとして受け止めてくださる。

だが、残念ながらこれはレアケースのようだ。一般的な日本企業に、同じことを言っても通じない。人事担当者もトップもこんな反応になる。

「では、我が社にぴったりの幹部研修プログラムを作っていただけますか？　ＩＴ系の知識を身につけるようなものが良いでしょうか。いや、リーダー向けのコミュニケーションがいいかな？」

つまり勉強をスルーして、いきなり「実務研修」の話に飛んでしまうのである。経営者自身の勉強の必要性も、なかなか伝わらない。

技術習得などの「実務研修」と「勉強」とは大きく異なる。教育による知見や文化の蓄積は、目に見えず形のない「無形資産」であり、勉強とはそれを身につけることだ。無形資産こそ、これからの時代に何よりも価値を持つものである。

もちろん、技術研修にしても無形であるが、その先にあるのは「具体的かつ短期的な仕事の成果」である。勉強の先にある「生涯にわたって活きる知見や文化」とは全く異なるものと、とらえたほうがよい。


ところが一般的に日本は、無形資産に価値を見出さない。

たとえば、何か大きなプロジェクトをやるなら「建物が必要だ」と考えることがいまだに多い。ＤＸをするなら、全社員に「新たなツール」を使わせようとする。要するに、「目に見えるもの」を欲しがるのだ。ソフトやアプリはバーチャルだが、この文脈では「もの」と同じだ。従来は何千万円もするハードだったものが、廉価なソフトに変わっただけで、実態は同じである。口頭で述べれば用が足りる会議に、やたらとペーパーやパワーポイント資料を作るのも、「有形資産に価値を置く」という同じ理由が根っこにある。

だからこそ、知り合いに弁護士がいれば、「駐車場で隣の車をこすってしまった。このケースって法律的にどうだろう?」と気軽に聞く人が出てくる。親しい間柄での相談を否定するわけではないが、「ちょっと聞くぐらい、いいじゃないか?」という感覚は、専門知識という無形資産を尊重する気持ちが欠けている一例である。

仮にあなたの友人が寿司職人だとして、休みの日に自宅に遊びにきた時、「デパ地下で買ってきた刺身があるから、適当に握ってよ」と頼むだろうか? 誰でもそれはプロに対してあるまじきことだとわかる。また、弁護士が扱う情報に関する知識があれば「いくら友人でも、無料相談は失礼だ」と気づくかもしれない。

だが、自分が理解できない情報や知識に関しては、この気づきが抜け落ちてしまう。そして相変わらず、「よくわからないから、教えてくれない?」と、無形資産の価値を低く見積もってしまう。

「システム信仰」では取り残される

意味もなく建物を造る地方自治体の「箱物行政」が揶揄されていることからもわかるように、「いまだに有形資産にこだわっているのはおかしい」と気づいている人は大勢いる。こういう人たちが、無形資産を築くための勉強をすればいいのだが、本質が横道にずれてしまう問題が起きている。それが「システム信仰」だ。「仕組み化信仰」と言ってもいい。

生産の仕組み化は、もともと日本のビジネスの基本だった。マニュアルもルールも全てが決まっており、トップダウンのタスクが組織のヒエラルキーの下へと落ちていくと、確実かつ迅速に成果物ができあがる。TO－DOがしっかり管理されているので、熟練するにつれてスピードを上げることも可能だ。

同じ仕組みを複数人で共有するので、一人がいなくなっても他の人で補うことができる。個人のスキルや特性に依存しないやり方は、「効率的に組織を強くする」と言われてきた。もしも優秀な人の属人的なスキルに頼っていたら、その人が抜けた途端、組織がダメになってしまうが、仕組み化してあればその心配はない、と。

「転職が一般的になり、人材が流動的な時代、経営者たるもの、強い組織をつくるべきだ。それには仕組み化だ！　仕組み化すれば誰でも同じように仕事ができて効率が上がるし、生産性も高くなる」

こうしてシステム信仰が完成し、今もその〝信者〟は少なくない。確かに仕組みは進化しており、工場の流れ作業のような単純なものではない。高度な遂行能力も不可欠だ。そこで企業は、レベルの高いシステムを理解できる「頭のいい人材」を求めるようになった。

実際、日本のほとんどの大企業や官僚組織は、仕組み化のもとでタスクを迅速にこなす優秀な人材によって回っている。その多くが最難関と言われる大学を出ているのは、幼い頃から仕組み化されたタスクをこなす訓練を重ね、それに秀でた人たちだからだろう。

日本企業の99・7％を占める中小企業が大企業に憧れ、「とにかく仕組み化だ」「数値を明確にし、優秀で頭のいい人材を採用して効率よく目標達成しよう」と考えるのも無理はない。

だが、「仕組み化」は決して万能ではなく、システムは信仰に値しない。なぜなら仕組み化は、ビジネスモデルが大きくは変わらず、時代が変化する速度がある程度一定の場合にしか機能しないのだ。急激な変化を伴う時代においては、一昨日まで万能だったシステムが、今日は使いものにならない」という事態も起こりうる。

その時、高レベルのタスクを猛スピードでこなす「頭のいい人材」はさほど役に立たない。目の前にタスクがある場合、彼らは素晴らしいパフォーマンスを発揮するが、「現状と目標を見て、自らタスクを創出する」ということは不得手なのだ。

さらに言い尽くされていることだが、「頭のいい人材」にはＡＩという強力なライバルが出現しており、すでに勝負はついている。この状況で「今後も仕組み化をしっかりやっていこう」と考えるのは、悪手としか言いようがない。

「教育こそ最大の投資」が世界の常識

仕組みではどうにもならない変化の時代、ＡＩに絶対的に勝てる実行の原動力となるものは何かと言えば、人にしか生み出せない「ヒューマンスキル」だ。

ヒューマンスキルを高めて差別化の要因をつくり、人にしかできないことを徹底的に行い、新しい価値を生み出していく。そういう人間しか、真の決断はできない。いや、決断をしてはいけないのだ。

「頭のいい人」は仕組み化された枠の中での決断には非常に長けている。シミュレーションも得意だから先を読む力も備えており、「1か2を選ぶなら1」という答えではなく、「このシナリオなら1を、あのシナリオなら2を選び、それぞれうまくいった場合といかなかった場合はこうで、そのためのフォロー案はこれ」というところまで考えられる。

しかし、想定シナリオが役に立たない時代は、イレギュラーなパターンをいくら用意しても到底足りない。時代の速度も世の中のゲームのルールも変わってしまったし、今この時点でもどんどん変化している。そこで決断するためには、「何が最適なのか、本質は何なのか」と見極め、考え、決める力だ。

決断を実行していくにあたっても、人間にしかない創造性、熱量、ライブ感が価値を生み出す。そのヒューマンスキルを培う唯一の方法が勉強なのである。

決断の指針となり、実行の原動力となるからこそ、世界は「勉強」に価値を見出し、それに見合う投資をしている。国を挙げて教育に投資し、教育によって世の中に価値を生み出すことが根付いている国はいくつもある。

アメリカは国の規模からして日本とは大きく事情が異なっており、企業が大学に研究費を提供して商品やサービスを開発する。大学側は新たな研究費を獲得すべく、国や企業に働きかける。こうした制度の違い、アカデミックと経済界との伝統的な結びつき、キリスト教に根ざした寄付の文化があるので、アメリカの大学の寄付金額は莫大なものとなっている。

したがって、日米を単純に比較することはできないだろう。だが、イギリスやシンガポールの大学と比較しても、日本の大学への寄付金額が桁外れに低いことは注目に値する。

たとえばイギリスは人口もそう多くなく、日本と同様に小さな島国だが、国を挙げて「勉強」に力を入れ、人を育てている。もちろん英語圏で世界中から学生が集まること、旧植民地だった海外圏からの進学者がいること、寄付の伝統などさまざまな要因はあるが、国が文化として勉強を重視していることは間違いない。

ケンブリッジ、オックスフォード以外にも1クラス6、7人しかいない少人数制で一流教師が教える学校がある。なかには補助金や寄付だけで成り立っている、授業料が完全無料のところもある。

日本の場合、大学進学率は60％と決して低くないが、授業料は高額であり、高い金利を伴う奨学金が問題になっている。そんな日本の大学が、「国の無形資産を培うために、若い人が勉強する場になっているか？」と問われれば、少なくとも私は首を傾げてしまう。「大卒」という就職に必要なカードを獲得するための機関になっている学校も珍しくない。

大学で勉強をしてこなかった若い人が、新卒として入ってくるのが日本企業の現実だ。これは由々しき事態であり、長期的には変えていかなければならないが、同時にチャンスでもある。なぜなら、人材に投資さえすれば、企業が自分たちの組織に合うような人を育てられるからだ。

活動の優先順位を入れ替える

実行に不可欠な勉強をしていくには、視点を切り替えなければならない。それを自ら実践し、働く人たちに教えることがリーダーの役割だ。

視点を切り替えるために必要なのは、前述のように「仕組み化」はもう役に立たないと知ること。そして「割に合う・合わない」という判断基準を捨てることだ。この2つがなされれば、「勉強」に投資できるようになる。

だが、「割に合う・合わない」という判断基準は、「合理性こそ正しい」という価値観と連動して、今や新しい宗教のように広まっている。特に若い世代が、何かにエネルギーを投じることに対して、いわゆる〝コスパ〟〝タイパ〟を先に考えてしまうのだ。たとえば、こんな具合に。

「お金をかけて進学しても、就職してからの生涯年収を考えればコストパフォーマンスとしては悪くない」

「時間も労力もかけて仕事を頑張っても、給料が上がらないのならタイムパフォーマンスが悪く、時間の無駄だ」

こうして最小限の努力で効率よく確実にリターンを手にするのが、〝理にかなった賢いやり方だ〟と考える人が増えていく。

頑張ることに対して「割に合う・合わない」を判断しているのは、時間やお金というより「その人の物差し」である。その努力が割に合うか合わないかは、どんな物差しで測るかで決まる。物差しとは、言い換えれば自分なりの視座である。勉強なくして質の良い視座は持てないため、多くの人が簡単な物差し――短いスパンの時間とお金――をもとに、損得勘定をする。

ニワトリが先か卵が先かの話になってしまうが、勉強して、質の良い視座を手に入れれば、正しい判断ができるようになる。

「時間も手間もかかり、当面は大したリターンも見込めないが、ここに全力投球すれば実力が身につく」

このような長期的な判断ができるようになる。

勉強することで自分の価値を高めれば、「割に合うようにするための適切な努力」を、独自に編み出してできるようになるだろう。経営者が先頭に立って勉強し、このような視点に切り替えようではないか。確かに時間はかかるかもしれないが、こつこつ努力を積み上げていく長距離走型

活動の優先順位

重要度＼緊急度	緊急	いつかはやるべき
高い	①	③
低い	②	④

➡

■本来あるべき姿

重要度＼緊急度	緊急	いつかはやるべき
高い	①	②
低い	③	④

この先に価値を生み出すことに目を向ける

の民族である日本人は、「休みを増やして、短い時間で成果を出す」というルールよりも、「細く長くじっくり働いて成果を出す」というルールで勝負するほうが圧倒的に有利だ。

勉強していくと、やがて活動の優先順位が変わっていく。

通常は誰でも「緊急で重要度が高い」ものを優先順位のトップに置き、「いつかはやるべきだが重要度は低い」ものを後回しにする。問題はこの中間で、ほとんどのリーダーと組織は、「緊急だが重要度は低い」ものを優先順位の二番目にしてしまい、「いつかはやるべきで重要度も高い」ものに手をつけない。

つまり、「緊急で重要度も高い」というトップ案件は滅多に起きないから、時間と労力のほとんどを「緊急だが重要度は低い」ことに費やしているということだ。すでにおわかりの通り、勉強は「いつかはやるべきで重要度も高い」ものだから後回しになる。

この順番を、今すぐ変えよう。リーダーはそれを第一の実行としてほしい。「実行が大切だ」とわかっていながら実行に移せないのは、「勉強が必要だ」という本質から目を逸らし、相応の時間をかけて向き合っていないからだ。

まず、リーダーが勉強を始める。猛烈に始める。それが実行で価値を生み出す出発点となるだろう。

第 1 章

誰も気づかない
ギャップ

ある日の夜遅く、CEOはオフィスの自室で腰かけていた。憔悴しきっている。みずから指揮した戦略が失敗した理由を来客に説明しようとしていたが、よくできた戦略で、どこが悪いのかまるでわからなかった。

「まったく忌々《いまいま》しい。1年前、あらゆる部門から人材を集めて、チームをつくった。オフサイト・ミーティングを二度開き、ベンチマーキングをやり、指標も集めた。マッキンゼーの助言も受けた。全員がこの戦略に賛成した。内容も素晴らしかったし、市場も好調だった。

間違いなく業界一の精鋭が集まっていた。わたしは大胆な目標を与えた。権限を委譲し、必要なことは何でもできる自由を与えた。何をすべきか全員がわかっていた。インセンティブ制度は明快で、どんな賞罰が与えられるか理解されていた。みな一丸となって取り組んだ。ここまでやれば、失敗するはずがない。

だが、年の終わりになっても、目標を達成できなかった。みなが結果を出してくれると信じていたが、裏切られたのだ。この9か月のあいだに、四度も業績予想を引き下げた。これでウォール街の信認を失った。取締役会の信頼も失ったはずだ。どうしていいのかわからないし、どうなるかもわからない。正直言って、解任されるかもしれない」

事実、この数週間後、このCEOは取締役会によって解任された。

これは実話だが、誰も気づかないギャップを示す典型的な例だ。企業が現在、直面している最大の問題を如実に示している。企業経営者と話をすると、似たような話をたびたび耳にする。マスコミでは、うまくいくはずなのに行き詰まっている企業が連日のように取り上げられている。エトナにAT&T、ブリティッシュ・エアウェイズ、キャンベル・スープ、コンパック、ジレット、ヒューレット・パッカード、コダック、ルーセント・テクノロジーズ、モトローラ、ゼロックス等々、数え上げれば切りがない。

これらはみな優良企業だ。敏腕CEOに、有能な社員がいる。心躍るビジョンを掲げ、最高のコンサルタントを招聘している。だが、目標達成には何度も失敗している。そんな企業はほかにも数多くある。目標を達成できなかったと発表するたびに、株が投げ売りされ、膨大な時価総額が吹き飛ぶ。幹部や従業員の士気は下がる。やがて、CEOは取締役会によって解任される。

前述の企業のCEOはみな、指名されたときには高く評価され、CEOとして申し分ないと見られていた。だが、ひとり残らず公約を実現できずに職を失っている。2000年だけで、フォーチュン500の上位200社のうち40社のCEOが、引退ではなく、解任されるか、辞任に追い込まれて会社を去っている。アメリカの有力経営者の20パーセントが職を失っているのだから、明らかにどこかがおかしくなっている。この傾向は2001年も変わらず、2002年には一段とはっきりするとみられている。

こうした状況で、打撃を受けるのは何もCEOに限らない。従業員や提携先企業、株主、そして顧客ですら打撃を受ける。そして、問題を生みだしているのは、ＣＥＯの欠点のせいだとばかりは言い切れない。もちろん、最終的な責任はＣＥＯにあるのだが。

そもそも何が問題なのか。企業を取り巻く環境が厳しくなっていることだろうか。それもある。景気の良し悪しに関係なく、競争はかつてないほど熾烈になっている。変化のスピードもかつてないほど速まっている。現在の企業幹部が社会に出たころは、投資家はおとなしかったが、いまでは容赦してくれない。しかし、これらの要因だけでは、慢性的ともいえる目標の未達成や失敗は説明できない。一方、こうした環境のなかでも、毎年目標を達成している企業がある。ＧＥ、ウォルマート、エマソン・エレクトリック、サウスウエスト航空、コルゲート・パームオリーブがその代表だ。

目標を達成できなかったとき、よく使われる言い訳が、ＣＥＯの戦略が間違っていたというものだ。だが、たいていの場合、戦略自体は原因ではない。**戦略が失敗するのは、きちんと実行されていないからだ。**起きるはずのことが起きない。組織に実行できるだけの能力がないか、リーダーが経営環境のなかで直面する課題を読み違えたのか、あるいはその両方だ。

コンパックの元ＣＥＯ、エッカード・ファイファーは、大胆な戦略を掲げ、その戦略をほぼ実現しかけていた。いわゆるウィンテルのアーキテクチャー――ウィンドウズのオペレーティング・システムとインテルの絶えず性能が向上するＣＰＵ（中央演算処理装置）――が、パームトップからメインフレームに対抗しうるネットワーク・サーバーまで、あらゆるものに使えると目をつけたのは、競合他社のどこよりも早かった。

ファイファーはＩＢＭをまねて事業基盤を拡大し、コンピューターに関する顧客企業のあらゆるニーズに応えようとした。高速で故障に強いメインフレームのメーカー、タンデムを買収し、さらにデジタル・イクイップメント・カンパニー（ＤＥＣ）を買収して、サービス分野に本格的に参入した。ファイファーは電光石火の速さで大胆な戦略を推し進め、わずか6年で、コンパックを企業向け高額パソコンという先細りする市場のニッチ企業から、ＩＢＭに次ぐ世界第2位のコンピューター・メーカーに変貌させた。１９９８年には、同社がコンピューター業界を席巻すると見られていた。

だが、いまでは、この戦略は儚《はかな》い夢だったように思える。買収企業を統合し、目標を実現できるだけの実行力が、コンパックにはなかった。もっと根本的な問題として、パソコンがありふれた製品になるなかで、ファイファーもその後任のマイケル・カプラスも、利益を生みだすのに必要な実行を追い求めなかったのだ。

マイケル・デルは、ありふれた事業で利益を生む実行とはどういうものかを理解していた。デルの直販と受注生産方式は、小売業者を迂回するマーケティング戦略というだけにとどまらない。事業戦略の根幹をなすものだ。デルが、企業規模と事業の幅では太刀打ちできないコンパックを、数年前に株式時価総額で追い越し、２００１年には生産台数でも追い越して、世界最大のパソコン・メーカーになった理由は、ひとえに実行力にある。２００１年11月時点で、デルは市場シェアを20パーセントから40パーセントへ２倍に伸ばしている。

デルに限らず、直販体制をとる企業には共通の利点がある。価格支配力があり、小売りの取り分が不要であり、営業部隊が自社製品だけに注力できる。だが、それがデルの秘密ではない。ゲートウェイも直販だが、最近の業績は目立っていいとはいえない。デルの素晴らしさは、受注生産と、卓越した実行力、徹底したコスト意識がほかの追随を許さない強みになっている点にある。

従来の見込み生産では、企業は数か月先の需要予測をもとに生産量を決める。部品を外注し、組み立てだけするコンピューター・メーカーの場合、部品メーカーに見込み量を伝え、価格を交渉する。売り上げが予想を下回れば、どこも在庫を抱えることになる。売り上げが予想を上回れば、各段階がなんとか需要に間に合わせようと必死になるが、うまくいかない。

これに対して受注生産では、顧客の注文を受けてから生産を行なう。部品メーカーもやはり受注生産で、デルは顧客の注文を受けた時点で、それを部品メーカーに伝える。デルに部品が納入されると、直ちに組み立てられ、箱詰めされて数時間以内に出荷される。この方式では、受注から配送までの一連のサイクルが極力短縮されている。デルの場合、注文を受けてから１週間以内に製品を出荷できる。さらに部品と製品の両方で在庫が最小限にとどまる。顧客にとっても、他社の顧客にくらべて最新の製品を手に入れやすくなっている。

受注生産によって在庫回転率が上がり、それにより資産の回転率が上がる。資産回転率は利益を稼ぎだす方法のなかで、とくに軽視されているものだ。回転率とは、事業用の純資産に対する売上高の比率だ。ごく一般的な定義では、純資産は工場・設備、在庫、売掛金マイナス買掛金で構成される。回転率が高まれば、生産性が向上し、運転資金は減少する。また、あらゆる事業の命綱であるキャッシュフローを増やすとともに、利幅や売上高、市場シェアの向上にも寄与する。

パソコン・メーカーでは、純資産の最大項目は在庫なので、在庫回転率がとくに重要になる。従来型の見込み生産を行なうコンパックなどのメーカーでは、売り上げが予想を下回ると、売れ残り製品在庫で身動きできなくなる。それ以上に、マイクロプロセッサーなどの部品は、性能向上のスピードが速いため陳腐化しやすく、価格が下落しやすい。パソコン・メーカーが過剰な在庫や陳腐化した在庫を抱えて償却を余儀なくされれば、利益が吹き飛びかねない。

デルの在庫回転率は80回以上で、競合他社の10回から20回を大きく上回り、運転資本も少ない。その結果、巨額のキャッシュフローを生みだしている。2001年第4四半期決算では、売上高81億ドル、営業利益率は7・4パーセントだった。営業キャッシュフローは10億ドルに上る。2001年度の投資利益率は355パーセントに上り、この売り上げ規模では信じられない高さだ。回転率が高いので、他社に先駆けて最先端の製品を顧客に提供できるほか、部品価格の下落を利用して、利幅を拡大したり、製品を値下げしたりすることができる。

パソコン市場の成長が鈍化するなかで、デルの戦略が競合他社に脅威となったのは、以上のような理由からだった。デルは、市場シェア獲得のため悲惨な価格競争を繰り広げる他社を尻目に、その差を広げている。デルでは回転率が高いため、利幅が縮小しても、高い資本利益率とプラスのキャッシュフローを維持できた。他社はこうはいかない。

この仕組みがうまくいくのは、デルがあらゆる段階で完璧に実行しているからにほかならない。同社は部品メーカーをコンピューターで結んで、継ぎ目のない拡大企業といえるものをつくり上げた。かつてデルの製造部門の幹部だったわたしの知り合いは、このシステムを「これまで最高の製造オペレーション」だと語っている。

２００１年半ばに発表されたコンパックとヒューレット・パッカードの合併は、本書出版の時点でもまとまっていない。なんのことはない。単独でも合併したとしても、デルと同等かそれ以上の受注生産モデルをつくらなければ、デルには太刀打ちできない。

前述のように、慢性的に業績が目標を下回っている企業は少なくない。実行力が欠如しているため、本来の力が発揮できない企業は枚挙にいとまがない。目標と結果のギャップはいたるところにあり、はっきりしている。誰も気づかないギャップとは、企業のリーダーが掲げる目標と、その企業の実力とのギャップだ。

誰もが変革を口にする。ここ数年、変革請け負い業がちょっとした産業といえるほどになり、変革や再生、飛躍的な変化、ブレークスルー思考、大胆な目標、学習する組織が重要だと説いて回っている。必ずしもそれが悪いと言うつもりはない。だが、大きな構想も行動のための具体的なステップにしなければ意味がない。実行が伴わなければ、ブレークスルー思考は分解《ブレーク・ダウン》し、学習しても何の足しにもならず、大胆な目標に到達できず、変革は行き詰まる。失敗すれば企業の活力は失われるのだから、かえって悪い方に変えたわけだ。度重なる失敗は、企業を破壊する。

最近、経営者からより現実的な言葉が聞かれるようになった。自社を「つぎの段階」に持っていくという言い方は、地に足のついた表現だ。たとえば、ＧＥのＣＥＯ、ジェフ・イメルトは社員に対して、技術を活用した差異化によってつぎの段階に移行し、価格、利幅、売上高伸び率を向上させるよう求めている。

これは実行面から変革に取り組むものだといえる。現実的であり、社員はやるべきことをひとつひとつ思い描き、議論することができる。実行を伴ってこそ、意味のある変化が可能になることが認識されている。

どんな企業も、あらゆる段階のリーダーが実行のプロセスを実践しないかぎり、目標を達成することはできないし、変化に対応することもできない。実行は、企業戦略の一環であり、目標とすべきものだ。実行は、目標と結果のあいだの失われた環である。だからこそ実行は、真の意味でリーダーにとって大きな、ほんとうに大事な仕事になる。実行の方法を知らなければ、リーダーがさまざまな取り組みをしても、それに見合った成果は上がらない。

実行の時代

経営者たちは実行と結果を結びつけはじめている。たとえばコンパックの取締役会がエッカード・ファイファーを解任した後、創業者で会長のベン・ローゼンは、企業戦略は正しかったとあえて語り、変わるべきは「実行面である。……意思決定を迅速化し、効率化を進めるつもりだ」と述べている。２０００年10月、ルーセント・テクノロジーズのＣＥＯ、リチャード・マギンが取締役会に解任された後、後任のヘンリー・シャクトは、「当社の問題は、実行面と焦点《フォーカス》にある」と説明した。

経営幹部クラスのヘッドハンターは、顧客企業から「実行力のある人物を探す」よう求められている。ＩＢＭのルイス・Ｖ・ガースナー会長は２０００年の年次報告書で、後任のサミュエル・パルミサーノについて、「彼の本物の知識をもってすれば、ＩＢＭの実行力は保証できる」と述べている。全米企業経営者協会は２００１年初め、経営者が自身の業績を評価する際に重視すべき項目に「実行力」を付け加えた。自社にどの程度の実行力があり、目標と結果のギャップをもたらしているのは何なのか、経営者は自問する必要があると同協会は語る。これを実践している経営者は、現段階ではほとんどいないという。

このように実行について色々言われてはいても、それはどんなものなのか非常にわかりにくい。われわれは実行について講義するときには、まずその定義を尋ねることから始める。だいたいの場合、自分はわかっていると思っていて、最初は調子よく答える。「物事を遂行することである」と言う人がいれば、「構想や計画ではなく、会社を動かすこと。目標を達成することだ」と言う人もいる。では、どうやって物事を成し遂げるのかと尋ねると、途端に会話は続かなくなる。学生であれ経営幹部であれ、実行のほんとうの意味を明確に把握しているわけではないことは、本人にもわれわれにも、すぐにわかる。

実行については本や新聞、雑誌にも取り上げられているが、どれも大差はない。物事をもっと効率的に、もっと慎重に、細部に注意しながら進めることだと思われているようだ。しかし、具体的な意味を話せる人はいない。

失敗の原因として実行力のなさを挙げる人たちですら、細部に注意が行き届かなかったからだと考えがちだ。たとえばベン・ローゼンは発言のなかで実行という言葉を使ったが、実行に何が必要かを本人が理解していたとすれば、その真意はコンパックの幹部に伝わっていなかったといえる。

実行とは何かを理解するうえで、念頭においておくべき点が3つある。

- 実行とは体系的なプロセスであり、戦略に不可欠である。
- 実行とはリーダーの最大の仕事である。
- 実行は、企業文化の中核であるべきである。

実行とは体系的なプロセスである

実行は企業の戦術に関わるものだと考えられている。そもそもこれが大きな誤りだ。戦術は実行の中核をなすが、実行と戦術はイコールではない。実行は戦略の基礎となり、かつ、戦略を形づくるものだ。**自社にどの程度の実行力があるかを考慮しなければ、意味のある戦略は立てられない**。もっと小規模で具体的な点について語るのであれば、「実行」ではなく、「実施」や「細部の詰め」などの言葉を使うべきだ。実行を戦術と混同してはならない。

実行とは、何をどうするかを厳密に議論し、質問し、絶えずフォローし、責任を求める体系的なプロセスだ。経営環境を想定し、自社の能力を評価し、戦略を業務や、戦略を遂行する人材と結びつけ、さまざまな職種の人々が協調できるようにし、報酬を結果と結びつけることである。

また、環境の変化に応じて想定を変更し、大胆な戦略でぶつかる課題を克服できるように、企業の能力を引き上げるメカニズムでもある。

もっとも基本的な意味では、実行とは、現実と向き合い、現実に働きかける体系的な方法だ。現実と真正面から向き合っている企業は少ない。これから見ていくように、実行できない基本的な理由はそこにある。ジャック・ウェルチ流の経営——とくにその冷徹さや武骨さについて書かれたものはたくさんあり、非情だと見る向きもある。**だが、われわれは、ウェルチ流経営の最大の遺産は、GEの経営プロセスのすべてにわたって現実主義を植えつけ、実行の文化の雛形をつくり上げたことにあると考えている。**

実行の本質は、コアとなる3つのプロセス、すなわち人材プロセス、戦略プロセス、業務プロセスにある。あらゆる事業、あらゆる企業は、なんらかの形でこれらのプロセスを活用している。しかし、これらのプロセスがサイロのように、それぞれ孤立していることが多い。ふつうは、これらのプロセスをできるだけ短時間で済ませ、通常の仕事に戻ろうとするものだ。CEOや経営幹部が、人材、戦略、業務計画のレビューに割く時間は通常、1年のうち半日以下だ。レビューは双方向ですらない。ただ座って、パワー・ポイントのプレゼンテーションを聞く。質問もしない。

議論しないので、有意義な結果は得られない。自分たちが作成に関わった行動計画について何の実行も約束しない。これでは失敗するのが当然だ。活発な議論をしなければ、事業の現実は浮き彫りにならない。物事を成し遂げ、成果を上げた者に報いるには、結果に対する責任——忌憚ない意見交換と納得にもとづく責任——が必要だ。そして、絶えずフォローしなければ、計画は予定どおりに進まない。

3つのプロセスは、実行に関して重要なことを決めなければならない場である。あとで見るように、実行力のある企業は、これらのプロセスを厳密に徹底的に探求している。誰がこの仕事を担当するのか、担当者をどのように評価し、どのように責任を負わせるのか。戦略を実行するには、人材、技術、生産、資金の面でどのようなリソースが必要か。戦略がつぎの段階に移行する2年後に、これらのリソースを持っているか。この戦略によって、成功に必要な利益を実現できるか。戦略を実行可能な具体的な行動に落とし込めるか。プロセスに関わる人たちが、これらの問いについて話し合い、実態を見極め、具体的な結論を導きだす。各自が実行に対する責任に同意し、その責任を全うする。

3つのプロセスは密接に結びついており、スタッフ部門内のそれぞれの専門部署が抱え込むものではない。戦略は人材と業務の実態に即したものでなければならない。人材の選抜や昇進は、戦略や業務計画に照らして行なわれる。業務は戦略上の目的や人材の能力と結びついている。

何より重要なのは、経営者や経営幹部が、3つのプロセスすべてに深く関与している点だ。プロセスを統括しているのは経営陣であって、企画部門でもなければ、人事部門や財務部門でもない。

実行はリーダーの仕事

頂点に立つ者は現場で細々《こまごま》と指示しなくていい。そう考えているリーダーが少なくない。自分は山の頂上に立って戦略的に考え、ビジョンを示し、社員を鼓舞する。力仕事はマネジャーの仕事だ。リーダーシップとはそういうものだと思えれば楽だ。こうした考えなら、リーダーになりたがる人が多いのは当然だ。自分の手を汚さないで、あらゆる特典と栄誉を手にできるなら、そうしたいと思わない人はいない。逆に、マネジャーという言葉が侮蔑に近い意味で使われる時代に、カクテルパーティーで「マネジャーになるのが目標」だと公言する人はいない。

こうした考え方は誤りであり、それによって引き起こされる打撃は計り知れない。

リーダーが組織にどっぷり浸かってこそ、その組織は実行力を発揮できる。率いるとは、大きな構想を練ったり、投資家や政治家と折衝したりする以上のことだ。それらもリーダーの仕事の一部ではあるのだが。**リーダーはみずから事業に深く関与しなければならない**。実行するには、事業、その事業に携わる人材、事業を取り巻く環境を包括的に理解する必要がある。ただひとり、それができる立場にいるのがリーダーだ。そしてリーダーだけが、実行の中身に、時には細部にまで深く関与することによって、実行力を発揮させることができるのである。

企業経営者は、各部門のリーダーを選抜し、戦略的方向を定め、業務を遂行するという3つのプロセスを主導することによって、実行に責任を持たなければならない。これらの行為こそが実行そのものであり、企業の規模がどうであれ、他に任せることができないものだ。

スポーツのチームで、監督が部屋にこもって選手の獲得交渉に当たり、選手の指導をコーチに任せたらどうなるか。監督が力を発揮できるのは、競技場やロッカールームで個々の選手やチーム全体を絶えず見ているからこそだ。監督が選手を知り、各人の能力を知り、選手が監督の経験や知恵、専門的なフィードバックを活用できるのは、そのためだ。

企業のリーダーもこれとおなじだ。リーダーだけが全員が答えなければならない厳しい質問をし、全員が議論して適切な代替案を見つける過程を管理できる。そして、事業に深く関与するリーダーだけが、十分な知識を持って全体を見通し、決定的な質問ができる。

企業内の対話のトーンを決めるのもリーダーだ。対話は企業文化の核であり、仕事の基本となる単位だ。社員同士の対話は、組織が円滑に機能するかどうかを決める決定的な要因となる。話が大袈裟だったり、派閥色が濃かったり、とりとめがなかったり、臭いものに蓋をしたりするようなことはないだろうか。率直で、現実的で、適切な問いを発し、それらを議論し、現実的な解決策を見いだせるような対話がなされているか。前者であれば――そういう企業が多すぎるが―

―現実が浮き彫りになっていない。後者のようにしたいのであれば、リーダーは幹部とともに現場に出て、絶えずみずから実践し、周りにもそれを求めていかなければならない。

要するに、リーダーであれば、核となる3つのプロセスを主導し、しかも厳格に熱心に主導しなければならないのだ。

ボシディ　新たにリーダーを指名するとき、部屋に呼んで話すことが3つある。第一に、行動において倫理面で一点の曇りもあってはならない。この点で再チャンスを与えることはない。守れなければ、それで終わりだ。第二に、顧客第一であることを認識しなければならない。そして最後にこう言う。「人材、戦略、業務の3つのプロセスを理解し、それらを主導しなければならない。これらのプロセスに精力的に取り組み、重視すれば、会社はよくなる。この点が理解できなければ、ここでの成功の見込みはない」

これらのプロセスを徹底的に実践している企業は、実践しているはずだと思い込んでいる企業にくらべてはるかに業績がいい。何事も徹底しなければ、それなりの成果は得られない。多くの時間と労力を費やしても、有用な成果は得られない。

例を挙げよう。企業が成功するには何より人材が重要だと、誰もが口を揃える。だが、人材の評価や報酬の決定は人事部門に任せ、人事部門の意見をそのまま採用している場合がほとんどだ。**人材について何人かで遠慮なく議論するのを避けようとするリーダーが多すぎる。これでは率いることにならない。**社員に関して適切な判断を下せるのは、社員を知るラインのリーダーだけだ。適切な判断をするには、実践と経験が必要だ。

事業が順調な場合、わたしは、自分の時間の20パーセントを人材プロセスに充てる。組織を見直すときには40パーセントを充てる。正式な面接や人材の選抜の話ではない。まさしく社員をよく知るために使うのだ。工場を視察する際には、最初の30分は責任者と話す。部下の能力について話を聞き、誰が優秀で、誰が手助けを必要とするかを検討する。全従業員が参加する集会に出席して意見を聞く。この会議のあと、部下に対する印象を話し、会議で合意したことを確認する手紙を書く。そして正式な人事評価のときだけでなく、年に2、3回は社員の業績を評価する。

こうした人材プロセスをアライド・シグナルに移植していたとき、会議である人物、それも有能な人物がこう言った。「今年もまた人事の儀式をやらなければいけないのですね」。わたしはこう言った。「そんなバカな言い草は聞いたことがない。自分の仕事がわからないと言っているようなものだ。ほんとうにそう思うなら、仕事を変えるべきだ。これがうまくできなければ、君が成功する見込みはない」。全員の前では言わなかったが、内心では人選を誤ったと思った。

だが、この人物はおなじ過ちを繰り返さなかった。わたしの予想に反して人材プロセスに熱心になり、そこから何かを得た。部下を知り、よりよい評価ができるようになった。

＊　＊　＊

3つのプロセスを主導すべきだと言うと、たいていのリーダーは反発する。「部下を細かく管理しろとのことですが、そのつもりはありません」というのが、よくある答えだ。「それはわたしの流儀に反します。わたしは現場に口出しはしません。現場に任せ、権限を委譲します」とも言う。

細かく口出しするのが大きな間違いだという意見には、まったく同感だ。社員の自信を損ない、自主性を弱め、自分で考える力を殺《そ》ぐ。さらに混乱も引き起こす。細かく口出しする管理者は、管理されている人たち、つまり現場の人間ほどには、何をすべきかをわかっていない。

しかし、組織を率いることと、管理することには大きな違いがある。現場に口出ししないことを自慢したり、権限委譲を高く評価したりするリーダーは、重要な問題に真正面から取り組んでいるとはいえない。業績悪化に責任のある社員と向かい合っておらず、解決すべき問題を見つけ、確実に解決できるようにしていない。管理しているだけで、本来の仕事の半分しかやっていない。

実行できるよう率いるのは、細かに管理することでもなければ、「現場に任せる」ことでもなく、権限を委譲することでもない。そうではなく、積極的に関与することであり、リーダーが率先してなすべきことをやることだ。本書を読み進めるにつれて、優れた実行力を持つリーダーは、いかに実行の中身に関与し、重要なときには細かい点にまで関わっているかがわかるはずだ。事業に関する自分自身の知識を活用して、絶えず探求し、問いかける。弱点を明るみに出し、その弱点を克服するよう社員を鼓舞する。

実行力のあるリーダーは、実行の体系（設計図）をつくる。素早く実行する社員を昇進させ、高い報酬を与えることによって、実行に必要な文化とプロセスを根づかせる。こうした体系にみずから関わるとは、仕事を割り当て、その後フォローアップすることだ。つまり、社員に優先順位を徹底することだが、その前提としてリーダーが事業全体を見通して理解しており、重要な質問をしなければならない。実行力のあるリーダーは、社員に何をすべきか指示しなくてすむ場合が少なくない。質問するだけで、社員は何をすべきかを理解できるのだ。こうした方法で、社員を指導し、リーダーとしての経験を伝え、本人には思いもつかない考え方を教える。こうしたタイプのリーダーシップは、社員を息苦しくさせるどころか、リーダーとしての資質を伸ばすのに役立っている。

ＧＥのジャック・ウェルチやウォルマートのサム・ウォルトン、サウスウエスト航空のハーブ・ケレハーは、社内で圧倒的な存在感があった。本人のことはもちろん、何を目指しているのか、社員に何を求めているのかを誰もがわかっていた。それは、押しの強い性格のためだろうか。たしかにそれもあるが、押しの強さは、それ自体では何の意味も持たない。「チェーンソーのアル」と呼ばれ、容赦ないコスト削減で名を馳せたアル・ダンラップは押しの強い性格だが、再建を請け負った会社を潰している。

　ウェルチやウォルトン、ケレハーらのリーダーは、コミュニケーションがうまかったのだろうか。この点でもイエスだが、コミュニケーションは、決まり文句を口にするだけの場合と、ほんとうに役立つ場合がある。重要なのは、コミュニケーションの中身であり、コミュニケートする人物の性格だ。そして、コミュニケーション能力とは、話す能力だけでなく聞く能力でもある。

　ウェルチらが優れたリーダーであるのは、おそらく「現場視察によるマネジメント」を実践しているからだ。ハーブ・ケレハーやサム・ウォルトンが現場に出かけ、手荷物係や倉庫の事務員と話をするのはよく知られている。たしかに視察は有意義で重要だが、現場で言うべきこと、聞くべきことをリーダーが知っていてはじめて意味を持つ。

　こうしたリーダーに存在感があり、影響力があるのは、リーダー自身が企業そのものだからだ。社員に親しく接し、業務には精力的に関わっている。現実を知り、現実について話すからこそ情報が入る。細かいこともよく知っている。自分の仕事にワクワクしながら取り組んでいる。

結果を出すことに情熱を注ぐ。訓示や演説で「暗に伝える」のとは違う。みずから範を示して全員を鼓舞しているのだ。

ジャック・ウェルチはGEのCEOを20年務めたが、最後の年にも、1日10時間、1週間をかけて各部門の事業計画を検討していた。意見交換には積極的に参加した。引退間際になっても、管理していたわけではなかった。積極的に関わることで率いていたのだ。

実行は文化の一部でなければならない

実行が企業に接ぎ木できるようなプログラムではないことは、ここまででははっきりしたはずだ。リーダーが「よし。これから実行して変わろう」と言ってみても、かけ声だけでは何の力にもならない。リーダーみずから実行に関わらなければならないように、社員もまたこのプロセスを理解し実践しなければならない。

実行は報酬制度や社員の行動規範に根づいていなければならない。第4章で示すように、実行を重視することは、企業文化の重要な柱であるばかりでなく、企業文化に確実に意味のある変革を起こす方法になる。

実行とはいかなるものか、その手がかりをつかむには、持続的な改善をもたらすシックスシグマに似たプロセスを考えてみればいい。シックスシグマでは、望ましい許容範囲からの逸脱を探す。逸脱が見つかれば、迅速に動いてそれを是正する。社員はこのプロセスを活用して、絶えずバーを上げ、品質を高め生産量を増やしていく。このプロセスを部門横断的に活用し、全社的にプロセスを改善する。これは絶え間なく現実を追求し、持続的に改良を進めるプロセスだといえる。そしてこれは行動に大きな変化を起こす。まさに文化が変わるのだ。

実行力のあるリーダーは、経営の観点から許容範囲を逸脱しているものを探す。利益率から昇進させる人材の選抜まで、目標と結果のギャップに注目する。そしてそのギャップを埋め、会社全体でさらにバーを高くする。シックスシグマと同様に、実行の体系も、社員が習得し、絶えず実践しなければ、うまくいかない。一部の社員が実践するだけでは、うまくいかない。実行は企業文化の一部であり、あらゆる段階のリーダーの行動を促すものでなければならない。

実行はまず上級幹部が実践すべきだが、上級幹部でなくても実践はできる。自分のスキルを蓄積し、それを発揮する。その結果、自分自身はキャリア・アップし、周りが見習うきっかけになるかもしれない。

なぜ実行は理解されないのか

実行がそれほど重要なら、ここまで軽視されているのはなぜなのだろうか。ビジネスの場で実行が完全に忘れられているわけではないのは確かだ。実行がなされていない事実に気づいている人は少なくない。決断されなかったり、フォローがなかったり、責任が全うされなかったりしたときには、何かが足りていないことを知る。企業は必死に答えを探し、目標を達成している企業をベンチマーキングし、その企業構造やプロセス、文化に答えを求めようとする。だが、基本的な教訓をほとんど理解していない。いまだに実行がひとつの専門分野として認識されておらず、教えられてもいないからだ。自分たちが何を求めているのか気づいていないのが実情なのだ。

ほんとうの問題は、実行という言葉がそれほど魅力的に響かない点にある。リーダーなら他人に任せるべきことのように聞こえる。偉大なCEOやノーベル賞受賞者が栄誉を得たのは、実行したからだろうか。じつはその通りなのであり、そこがおおいに誤解されているのだ。

知的な挑戦についての一般的な見方は、事実の半分しか見ていない。知的な挑戦には、アイデアを育み、証明するという厳しい面がある点が往々にして見逃されている。おそらくこれはテレビで育った世代が、アイデアはすぐに結果に結びつくという神話を信じているからなのだろう。違う種類の知的挑戦がある。壮大なアイデアや大きな絵はふつう直感的に思いつく。その大きな絵を実行可能な行動に落とし込むには分析が必要であり、それは知的、感情的、創造的な挑戦だ。

ノーベル賞受賞者が成功したのは、他の人が再現し、確かめたり、手を加えたりできるような証明を細部にわたって実行したからだ。実験を重ね、誰も気づかなかったパターンや関係、繋がりを発見する。アルバート・アインシュタインが相対性理論の細部の証明を完成させるまでには10年以上かかった。計算によって細部を証明すること――これこそ実行だ。証明されないかぎり、理論は有効にはならない。アインシュタインは、この実行を他人に任せることはできなかったはずだ。誰も解決できない知的挑戦だった。

実行における知的な挑戦とは、建設的で一貫性のある質問をしつづけることによって、問題の核心をつかむことにある。たとえば来年の市場全体の成長率は横ばいであるにもかかわらず、ある部門の責任者が8パーセントの売り上げ増を目指しているとしよう。たいていの経営者は予算の検討段階では、反論や議論もせず数字を受け入れる。しかし、実行力のある経営者は、業務計画の検討段階で、目標が現実的かどうかを知ろうとする。「計画は結構だが、増加分はどこから持ってくるのか。どの製品が成長の原動力になるか。誰がそれを買い、どんな宣伝文句で売り込むのか。競合他社はどう出るか。中間目標をどこに置くか」。第1四半期末に中間目標に届いていない場合は黄信号だ。計画どおりにいっていない点があり、何かを変えなければならない。

経営者が自社の実行力に疑問を抱いている場合は、さらに突っ込んだ質問をする。「適切な人材が配置されているか。責任は明確になっているか。誰の協力が必要で、どのように動機づけするのか。報酬制度は共通の目標を達成するための動機づけになっているか」。つまり、経営者は、業務計画書にただ署名するわけではないのだ。説明を求め、答えが明確になるまで追求する。**経営者の力量は、その場にいる全員の参加を促し、全員の意見を引きだし、広く評価し、取り入れる点にある。**幹部が経営者から学び、経営者が幹部から学ぶ機会になるだけにとどまらない。関係者全員に知識を広める手段になる。

いかに生産性を向上するかという課題があれば、つぎのような質問がなされる。「この予算で5つの事業を進めている。各事業について最低でも数百万ドルを節減すると言うが、どの経費を節減するのか。期限はいつか。目標達成にどのくらいコストがかかるのか。誰が全体に責任を負うのか」

* * *

企業が実行力を発揮するには、適切な人材が個人でそしてグループで、適切な時期に適切な事柄に注力しなければならない。リーダーにとって、アイデアから重要な細部に移行するのは長い道のりだ。さまざまな事実やアイデアを検討しなければならないが、その変更や組み合わせは無限に近い。どんなリスクをとるのか、どこでリスクをとるかを議論する。細部を詰め、重要なものを選ばなければならない。それらを中核となる人物に任せ、誰が協力し合わなければならないかを明確にする。

こうした判断をするには、事業とそれを取り巻く外部環境をよく知っていなければならない。人材について、どれだけ有能で、どれだけ信頼できるかを見極め、長所や短所を的確に判断できる能力も必要になる。焦点を絞る能力、鋭い判断力も必要になる。率直で地に足のついた会話ができる能力も必要だ。これは、これまで知られているあらゆる知的な挑戦と同様に、知的な挑戦なのだ。

実行のプロセスを伴わないリーダーシップは、不完全であり効果を発揮できない。実行力がなければ、リーダーシップのほかにどんな資質があっても空虚なものになる。第2章では、4つの企業とその経営者の物語を通して、いかに実行が大きな違いをもたらすのか、見ていこう。

第 2 章

実行がもたらす違い

偉大なリーダーはみな、実行が重要であることを本能的に知っている。「わたしがこの計画を実行できなければ、計画には何の意味もない」とよく口にする。しかし、リーダーの選抜、訓練、育成では、この点が重視されていない。われわれが見聞きしている点から判断するなら、実際に企業のトップに上りつめた人たちのほとんどは、高い次元で物事を考える人物だとの「評判」を確立している。大きなアイデアが浮かぶたびに知的興奮を覚え、それを取り入れることに熱意を傾けるタイプの人たちだ。高度な概念を駆使し、戦略を理解し、説明する能力は非常に長けている。それが昇進の決め手になったことは本人も自覚している。だが「いかに」実行するかには関心がない。それを考えるのは他の人の役割だと思っている。

採用・昇進を決める人事担当者にとって、個人の知性を判断するのは簡単だ。だが、実行に関するノウハウの蓄積がどれだけあるかを評価するのはむずかしい。多くの人たちが協力して成果を上げた場合は、とくにそうだ。知的で、高度な概念を駆使できる人が、必ずしも実行の方法を理解しているわけではない。ビジョンを具体的な課題に変えるには何が必要か、に気づいていない人が多い。高い次元の考え方は、一般論にすぎない。フォローもしない。細部は退屈なのだ。考えを具体化したり、どんな障害があるのかを予想したりしない。どうすれば実行力のある人材を選抜できるのかもわからない。人材に関して健全な判断をするには実践を積むしかないが、みずから関わろうとしないため、その判断ができなくなっている。

ジョーのどこに問題があったのか

ジョーは第1章で解任されたCEOとして紹介した人物であり、実行の方法を知らない経営者の典型だ。ジョーの物語とともに、CEOが掲げた壮大なビジョンを実行できなかった企業の例を2つ、詳しく見ていこう。

思い出してもらいたい。社員が期待された結果を出せなかったのはなぜなのか、ジョーにはその理由がわからなかった。大手コンサルタント会社を招き、新たな戦略を策定した。いくつかの企業を買収し、ウォール街とはきわめて良好な関係にあった。ジョーの交渉手腕と買収によって、会社のPER（株価収益率）は2年も経たないうちに跳ね上がった。ジョーの強みはマーケティングと顧客との交渉だったが、CFO（最高財務責任者）とも良好で密接な関係ができていた。ジョーが大胆な目標を設定すると、CFOが業務担当者にその数字を伝えた。細かいことには口を出さない。実行の細かい指示は、北米事業部門担当の上級副社長やその下の生産管理部長に任せた。だがジョーには、四半期の数字にはこだわった。目標に達しなければ、すぐに責任者に電話をかけ、業績をあげるよう強い調子で発破《はっぱ》をかける。四半期ごとの業績に関しては容赦がなかった。

従来の経営分析の観点では、ジョーの行動に何ひとつ間違いはない。だが実行という観点では、正しいといえるものは、ほとんどない。目標と結果のギャップは、ジョーの野心と企業の実力とのギャップを示すものだ。ジョーが設定した目標には、最初から無理があったのだ。

最大の問題は、工場のプロセス改善計画が予定より12か月遅れたため、生産も12か月遅れ、十分な製品がつくれないことにあった。ジョーはこれを知らなかった。目標が達成できなかったとき、幹部に発破をかけたが、なぜ達成できなかったのか、その理由を尋ねることはなかった。実行力のあるリーダーなら、すぐに質問し、原因を重く見たはずだ——結果を眺めているだけでは、問題は解決できない。プロセス改善は順調かと聞いていただろう。上級副社長やその部下の業務部長は原因を認識し、対策を講じていたのだろうか。

多くのCEOがそうであるように、ジョーもこうした質問をするのは生産管理部長の仕事であり、質問が確実になされるようにするのは、上級副社長の仕事だと考えていた。しかし、ここでも多くのCEOと同様に、ジョーはその仕事にふさわしい人材を選抜していなかった。ふたりとも実行には関心がなかった。上級副社長は上昇志向が強く、ほぼ3年ごとに仕事を変わっていた。生産管理部長は、コンサルタント出身の有能な財務の専門家で、5年後のCEOの有力候補と目されていた。しかし現場には疎《うと》く、怒りっぽかった。そのため部下の工場長からは相手にされていなかった。

生産管理部長や上級副社長が工場の従業員と率直に話していれば、生産上の問題を把握できていたかもしれないが、それは流儀に反した。ただ数字を丸投げした。大胆な目標は、古いルールを打破したり、業務の改善に駆り立てるのに役立つ場合があるが、目標が非現実的だったり、担当者に事前に議論する機会や権限が与えられない場合は、役に立たないどころか害にすらなりかねない。

ジョーが実行のノウハウを知っていたら、どんな行動をとっただろうか。第一に、戦略計画を策定する際に、結果に責任を負う関係者全員を巻き込んでいただろう。そのなかには、生産管理部門の中心的な人物も入っている。彼らは実力に見合った目標を立てたはずだ。適切な人材を適切な仕事につけるのも、リーダーの能力のひとつだ。上級副社長が実行の方法を知らないのなら、もっと前に何をすべきかジョーが指導し、ノウハウを身につけるのを助けるべきだった。それでも進歩が見られなければ、残された選択肢はただひとつ、更迭するしかない（新CEOは現にそうしている）。

第二に、従業員にどうやって実行するのか尋ねたはずだ。とくに納期を守りながら需要に応える方法、在庫回転率やコスト、品質面での目標を達成する方法について尋ねただろう。戦略計画がスタートする前に、全員がこれらの答えを持っておくべきだった。

第三に、担当者に厳密な責任を求め、中間目標をつくって計画の進捗状況を把握したはずだ。

たとえば、歩留まりの向上を目的に新たな生産プロセスを導入するなら、いつまでに何パーセント完了し、何パーセントの従業員の研修を実施するという合意を形成しておく。中間目標が達成できなければ、責任者がジョーに報告する。ジョーは一緒に打開策を考えたはずだ。第四に、予想外の事態、たとえば市場の変化や部品の不足などの外部環境の変化に対処するための不測事態対応計画を策定していただろう。

ジョーは非常に聡明だったが、実行の方法を知らなかった。ジョーをCEOに起用した人たちは、経歴はしっかり調べたのだが、失敗するとは思っていなかった。選抜の基準に実行力を入れていなかったのだから。CEOに選んだのは、交渉と買収の手腕を高く評価したからだった。取締役会はジョーを解任し、実行力のあるリーダーを招聘した。新しいCEOは、製造部門の出身だ。新経営陣は工場長と目標の達成方法を議論し、中間目標を決め、それが達成できるかどうかを規律をもって絶えずフォローした。

ゼロックスにおける実行力のギャップ

ゼロックスでリチャード・C・トーマンを招聘した人たちも、失敗するはずがないと考えていた。トーマンは最近のアメリカの大手企業の幹部のなかでも、とくに思慮深く、戦略家の呼び声が高かった。1997年、ゼロックスは、IBMのルイス・V・ガースナー会長の秘蔵っ子で、当時、同社のCFOだったトーマンをCOO（最高執行責任者）として迎え入れた。変革が期待されていた。トーマンはCOO在任中、レイオフやボーナス、旅費、特典のカットなど、数々のコスト削減策を打ちだした。さらに、新たな戦略の基礎を築いた。99年4月、取締役会の承認でCEOに昇進すると、ゼロックスを製品とサービスの企業からソリューション・プロバイダーへと変貌させるべく変革に着手した。ソフトウエア、ハードウエア、サービスを一体化して、顧客企業が紙の文書と電子情報を統合できるようにする。マイクロソフトやコンパックなどと提携してそのためのシステムを構築するというものだ。

華々しいビジョンを求めていたゼロックスにとって、うってつけの戦略だった。1999年の年次株主総会で、トーマンは株主に対し、ゼロックスは「新たな大成功時代の入り口に立っている」と語り、この年の利益の伸び率は10パーセント台の半ばから後半になると予想した。投資家もこの楽観的予想に乗り、株価は過去最高に跳ね上がった。

だが、このビジョンは現実からかけ離れていた。長年、実行力の乏しさが問題であったゼロックスで、トーマンは実力以上の計画をぶち上げたのだ。たとえば、事業再編の初期の段階で、2つの重要な改革に手をつけたが、どちらもきわめて困難なものだった。ひとつは、経理や受発注、顧客サービスなど90あまりの管理本部を4か所に集約するというものだ。2つめは3万人の営業部隊の再編成で、その約半数を地域担当から産業別担当に転換するというものだった。

どちらも重要で不可欠な動きだ。管理を集約すれば経費を削減し、効率を上げられる。また、営業部門を再編すれば、ハードウエアだけでなくソリューションの提供に重点を移せる。これは新戦略の柱だ。だが、その年の終わり、ゼロックスは混乱状態にあった。

管理体制の移行のなかで、請求書の処理は滞り、受注書は紛失し、顧客からの電話は放置されるようになった。営業担当者は苦情処理に追われる一方、新しい組織と新しい営業手法に慣れようとして苦戦した。顧客とは新たに関係を築いていかなければならなかった。営業担当者の多くは異動で受け持ちの顧客が変わり、長年の得意客を遠ざける結果になった。

士気は下がった。営業キャッシュフローはマイナスになり、投資家はゼロックスが生き残れるかどうかを懸念しはじめた。株価は64ドル台から7ドルに急落した。一部の事業を売却して資金を確保せざるをえなくなった。2000年5月、トーマンはポール・アレア会長の部屋に呼ばれ、解任を言い渡された。

何がいけなかったのか。実行面で見ると、これほど大規模な改革は、ひとつだけでも組織に大きな負担を強いるものであり、2つ同時に進めたのが間違いだったのは明らかだ。だが、問題の根はもっと深い。トーマンに批判的な人たちは、トーマンがお高くとまり、変革を担う人たちと密接な関係になかったと主張する。しかし、本人も指摘するように、ゼロックスの文化は排他的で、外部の人間に冷たく、トーマンに経営幹部チームを任命する権限はなかった。大きな変革を行なわなければならない場合はとくに、その中核に適切な人材を配置する必要がある。抵抗を封じ込め、計画が実行されるようにコア・プロセスを磐石なものにしなければならない。ゼロックスには、こうした構成要素が欠けていたのだ。

現実離れしていたルーセント・テクノロジーズ

1996年、ルーセント・テクノロジーズがCEOにリチャード・マギンを指名したとき、周囲の期待は大きかった。やり手のマーケターであるマギンは人当たりがよく、同社の強気予想を巧みに投資家に売り込んだ。投資家に約束した売り上げと利益の伸びは、目もくらむほどだった。当時の環境で、上空1万メートルから眺めれば、その約束は取締役会や投資家が信頼できるものだった。ルーセント・テクノロジーズは、ウェスタン・エレクトリックとベル研究所がAT&Tから分離されて誕生した企業で、97年当時、一般向け電話からネットワーク交換機、伝送装置にいたるまで、ブームに沸く電気通信機器市場で事業を展開していた。旧ベル研究所の研究開発資源は、他社の追随を許さないものだった。

だが、マギンは社内でなかなか実行に移すことができなかった。「先走りすぎて、実行能力が追いついていなかった」。こう語るのは、2000年10月にマギンが解任されたあと、CEOに復帰したヘンリー・シャクトだ。ITバブルの崩壊では、事実上あらゆる企業が打撃を受けたが、じつはルーセントの転落はそれ以前から始まっていた。ルーセントの低迷は、どこよりも早く、どこよりも厳しく、どこよりも長く続いた。

インターネットの普及に伴いIT市場が急速に変化するなかで、マギンは鈍重で官僚的なウェスタン・エレクトリックの文化を変えようとしなかった。ルーセントの組織構造は複雑で、財務管理システムは悲惨なほどお粗末なものだった。たとえば経営幹部は、顧客や製品ライン、流通チャネルごとの利益を把握できないため、どこにリソースを配分すべきか適切な判断ができなかった。そしてこうした状況の改善を求める社員の声を、マギンは吸い上げなかった。業績の悪い幹部に改善を求めたり、競争相手のシスコシステムズやノーテルの幹部並みの行動力を持つ人材に代えたりすることもなかった。

この結果、ルーセントは、新製品開発の技術でつねに目標を達成できず、絶好の市場機会を逃した。巨額の資金を投入して標準的なソフトウエア・プラットフォームのSAPを導入し、あらゆる部門を結びつけようとしたが、それに合わせて業務プロセスを変更しなかったため、資金の大半は無駄になった。

それでも、顧客企業の予想外の設備投資の盛り上がりを背景に、最初の2年は財務目標を達成できた。しかし、こうした初期の売上高の増加は主に、以前からある音声ネットワークの交換機事業によってもたらされたものであり、この事業は成長が持続するとは見込めないものだった。設備投資の波が引く以前にすら、同社はマギンの掲げた目標を達成するのがむずかしくなっていた。

経営者が会社全体をもっと理解していれば、こうした非現実的な目標は設定しなかっただろう。需要がもっとも盛り上がっていたのは、インターネットのトラフィックを誘導するルーターや、高性能・広帯域の光ファイバー製品など、ルーセントが持っていない製品だった。ベル研究所は、どちらの製品も手がけていたが、開発に時間がかかりすぎ、市場に投入できていなかった。

ルーターと光関連装置での機会損失は、戦略上の失敗だとする見方が一般的だ。しかし実際には、実行と戦略が不可分であることを示すものだ。１９９８年、同社はルーター製造のジュニパー・ネットワークスと合併について協議したが、その後、ルーターを自社開発することにした。だが、実行とは、自社の実力を知ることでもある。ルーセントには、ルーターを素早く市場に投入できる能力がなかった。少なくとも優れた実行力のある企業なら、急成長中の市場に自社が参入していない場合、ここまで実力とかけ離れた見通しを出すことはなかっただろう。

これと似ているが、光関連装置の戦略上の失敗も、実行力の乏しさが原因だ。この場合は、外部環境を読み違えた。ルーセントの技術者は、１９９７年にはすでに、光ファイバー製品の開発許可を経営陣に求めていた。しかし、経営陣はかつての親会社であるＡＴ＆Ｔやベビー・ベルなど大口顧客の意見を重視した。これらの顧客は光関連装置には関心がなかった。これは、いわゆるイノベーターのジレンマ――成熟した技術でもっとも強い企業は、新しい技術の獲得では成功できないという傾向――の典型例だ。だが、一般には認識されていないが、イノベーターのジレンマは、実行の面から解決できる。本物の実行力があり、リソースがあるなら、現在の顧客だけでなく将来の顧客の声に耳を傾け、そのニーズに応えようとするはずだ。現にノーテルはルーセントとおなじように大口顧客の声を聞きながら、新たなニーズを見るや、それに応えられるよう組織をつくり変えている。

第二に、ルーセントは収益拡大を急ぐあまり、一度にあれこれ手を出しすぎた。それによって採算が合わない製品ラインと企業買収を増やす結果になった。買収した企業は統合できず、経営もままならなかった。買収された企業の経営者が、官僚文化に嫌気がさし、会社を去った場合にはとくにそうだった。コストは跳ね上がった。30社強の企業を買収したことで社員数が5割増しの約16万人になると、すべてが煩雑になり、コストが膨れ上がり、社員の顔が見えにくくなった。

ＩＴブームが破裂するはるか前から、ルーセントの終幕は始まっていた。非現実的な業績予想の達成を迫られる重圧のなかで、社員はあらゆる手を使った。営業担当者は顧客に対し多額の貸し付け、掛け売り、割引を行なった。売れ残った機器は引き取ると約束した。製品を流通企業に出荷した段階で、売り上げを計上した。この結果、財務体質は傷ついた。たとえば1999年には売上高の伸びは20パーセントを記録したが、売掛金は2倍の伸びを示して100億ドルを超えた。さらに買収資金を賄うために巨額の負債を積み上げ、破綻寸前に陥った。事業を叩き売りせざるをえなくなった。フランス企業アルカテルに吸収合併されかけるほど、事態は切迫していた。

ハイテク・ブームのさなか、業界関係者も投資家も、ルーセントがこれほど急速に転落するとは予想していなかった。実行力のある経営者なら、市場のリスクを現実的に評価するよう部下に求めたはずだ。ルーセントについて書かれたものを見るかぎり、マギンはそうはしていなかった。そして、在任最後の年には、明らかに現実離れしていた。業績予想を何度も下方修正せざるをえなかった。そして、ルーセントは問題に対処していると主張したまさにその週の週末、マギンは取締役会に解任されたのである。

ウォールストリート・ジャーナル紙は、この解任について、つぎのように報じている。

「ルーセントの関係筋によれば、数名の経営幹部が1年も前に、新製品は市場に投入できる段階になく、既存製品の売り上げの減少が予想されるため業績予想を大幅に引き下げるべきだ、とマギンに進言していたという。

『マギンは聞く耳を持たなかった。市場が成長していて当社が成長できない理由などないと主張した。現実をはなから無視した』と関係者のひとりは語る。

たしかに、最近のインタビューでマギン氏は、ルーセントがＡＴ＆Ｔから分離され、一気にスターダムにのし上がるあいだ、同社が失墜するとか、どのように失墜するかを考えたことはなかったと語っている」

ＥＤＳにおける実行

今度は、苦境に陥っていた企業に、新ＣＥＯが実行の体系を持ち込んだ例を見てみよう。１９９９年１月、ディック・ブラウンがＣＥＯに就任した当時のＥＤＳには、ゼロックスと共通点が少なくなかった。同社は、コンピューター・サービスの外注という新たな事業を生みだし、この分野で長年にわたって成功を収めてきたが、その後のＩＴ市場の変化にはついていけなかった。成長の果実を手にしたのは、ＩＢＭなどの競争相手だった。ＥＤＳの売上高は横ばい、利益は減少し、株価は急落した。

ブラウンもトーマン同様、他業界の出身だ。ブラウンの場合は通信業界で、イギリスの通信会社、ケーブル＆ワイヤレスを立て直した経験があった。ＥＤＳでは、決断力がなく責任をとらない文化が根を張っており、その変革が必要だった。さらに組織の構造も市場のニーズに合わなくなっていた。ほかにもゼロックスに似た点が2つあった。ブラウンは就任早々、社員が実現不可能だと思うほどの大胆な収益目標を掲げた。さらに、組織の大規模な再編を実施した。

共通点はここまでだ。ブラウンは何よりも実行を重視し、責任の所在をはっきりさせた。本人はEDSの変革は道半ばだと語っているが、2年で同社の基盤をつくり変えるのに成功している。創業期以降は同社に見られなくなっていたエネルギーを注ぎ込むと同時に、焦点を絞り込ませて収益目標を達成したのだ。

IT分野で急増している新たなサービスのニーズに応えられれば、EDSは力強く成長し、収益性を高められる。これがブラウンのビジョンだった。新たなサービスには、社内の電子化から仮想商店、さらにはひとつの企業の関係先のサプライヤー、顧客、その他のサービス・プロバイダーを、あたかも一体の企業であるかのように統合する電子統合などがある。こうした情報技術の変化についていくのは、優良企業のIT部門にとっても大きな負担だが、リソースが限られたそれ以外の企業にとっては深刻な問題だった。

EDSのコア競争力はこうしたサービス市場にあるとブラウンは考えた。同社には、低コストで提供できる通常業務サービスの専門知識から、1995年に買収したコンサルティング会社、A・T・カーニーによる経営幹部向けの戦略コンサルティングにいたるまで、経営資源が幅広く揃っている。顧客の問題を解決するうえで、同社が抱える人材の専門性や経験の幅の広さや深さは、膨大な知的資本だった。ＥＤＳ文化の良い面のひとつが、「できないことはない」という強靭な精神だ。経営幹部のひとりが言う「不可能と思えることも顧客のためならできるとの信念」は、創業者ロス・ペローが残したものだ。

だが、ＥＤＳは構造と文化の硬直化の罠に陥っていた。40あまりある戦略事業部門は、電気通信や消費財、州医療機関などの産業別に編成されていた。これによって同社は、事業部門ごとにリーダーと課題、社員を抱え、ときには独自の方針すら掲げる王国に分断され、その寄せ集めにすぎなくなっていた。各王国が協力して仕事を進めることはほとんどなく、新たな市場機会は境界線から零《こぼ》れ落ちていた。ブラウンはどうやって知的資本を新たな環境に適応させたのだろうか。組織の再編は必要だが、まず企業文化を責任と協力を柱とするものへ変える必要があった。

ブラウンは現場に出ていった。まずは会社をよく知ろうと、３か月にわたって世界中を飛び回り、あらゆる階層の社員に会い、公式あるいは非公式に話をし、そして意見を聞いた。毎週、全社員に電子メールを送り、自分の意見を述べるとともに、社員にも意見や提案を求めた。

その率直で地道なメッセージは、意思疎通を図るためだけではなかった。姿勢を変える手段でもあった。これによって会社の目標や課題、そして新しい経営スタイルが、どこにいる社員にもはっきりわかるようになった。そして、優先順位を説明し、率直な対話をするよう、下からマネジャーに圧力をかけることになった。

ブラウンはほかの方法でも情報の質を高め、伝達を速めた。たとえば、以前は四半期ごとにまとめていた販売データを毎日報告するようにした。また、利益率や一株当たり利益などの重要な情報を、150名あまりの上級幹部に初めて公開した。

ブラウンは、もっとも高いレベルから責任を明確にし、協力を求める道を切り開いた。その一例が、毎月の「業績電話会議」だ。ブラウンが主宰し、COO、CFOが補佐して、月曜の朝、上位150名程度の幹部と電話会議を開く。業績の検討が主な目的であり、前月の月次の業績と年初来の業績を目標とくらべる。この会議によって、問題点は早期に発見でき、危機感が呼び起こされる。業績が目標を下回れば、担当者はその理由と対策を説明しなければならない。

就任当初、ブラウンが実行の文化を構築するうえで、電話会議は、新たな責任範囲を徹底するのにも役立った。「予算にサインするということは、自分のチームや他チームに対してその達成を約束することだとわかってもらいたかった。あとは本人次第だ。これによって、以前にはなかった重みと責任が加わった」

この電話会議は、EDSの業務に関する議論に新たな現実をもたらした。議論は率直で、ぶしつけですらある。真実を浮き彫りにし、幹部に求められる行動を指導する狙いがあった。ブラウンは「厳しい率直さ」によって「士気を高めるための楽観主義と現実直視とのバランスをとり、良い面と悪い面を明らかにする」と語る。業績不振とされた者にとって、電話会議の居心地は悪い。

同僚の前で、なぜ業績が悪いのか、どんな手を打つのか説明しなければならない。ブラウンはこう付け加える。「業績がよほど悪い場合は、会議が終わったあとで話し合う」。ここでは、担当者が示した対策について質問し、計画達成の方法を助言する。

しかし、電話会議も「課外」の議論も、叱責の場ではない。創業当初からの上級幹部のひとりはこう語る。「前向きで建設的な議論がなされており、困らせるのが目的ではない。だが、この会議があるというだけで、成績優秀者のひとりでありたいと思うものだ」

議論の対象は、数字だけではない。ブラウンによれば、最初のころの会議でこんなことがあったという。「幹部のひとりが、部下のあいだに不安と苛立ちが広がり、矢継ぎ早の大胆な改革を懸念する声が出ていると発言した。『性急にすぎるのではないか、ほとんど無謀といえるのではないか。ペースを落とし、力を抜き、少し考え直した方がいいのではないか』と部下が訴えている、というのだ」

ブラウンはこの問題を逆の方向からとらえ、意識的にコーチングの機会へと変えた。「わたしは咬みついた。『これはリーダーシップを試すものだ。この会議の出席者で、当社が何を目指しているのかがわからず、おそらく失敗するだろうと心配している者がいれば、この場でそう言ってもらいたい。遠慮することはない。われわれが大きな間違いを犯しており、崖に突っ込もうとしていると思っているのであれば、この場で言ってもらいたい』

誰も発言しなかった。そこでこう言った。『君たちが心配していないなら、誰が心配しているというのか。わたしも心配していないし、君たちも心配していないのに。答えを教えよう。このなかには、言っていることと、やっていることが違う者がいる。君たちは、部下が悲観にとらわれ、良からぬ噂に耳を貸し、将来を心配しているという。わたしに言わせれば、上の者がそのように行動しているのだ。部下は上に立つ者を真似るものだ。部下が心配しているのなら、心配はないと言っている君たちに問題がある』

それではどうすればいいのか言った。『ここで君たちのリーダーシップが試される。部下を落ち着かせ、情報を与える。部下の心配を真正面から受け止める。彼らの心配は事実にもとづいているとは思わない。事実を知らないことから来ているのだと思う。だとすれば、それは君たちの責任だ』」

ブラウンは上位150人の幹部を対象に2日間の会議を何度か開催し、事業計画や重要課題、そして財務状況について初めて詳しく説明した。「みなさんにも、わたしの立場に立ったつもりでこの会社を見てもらいたい」。最初の会議でこう切りだした。「そうすれば、ここにいる全員が会社の事業に参加するようになる。われわれが直面している最重要課題に注目するようになる」。この会議は、さまざまな社員にとって、会議の場だけでなく年間を通して協力するための訓練の場になった。「ここで知り合いになっておけば、協力や共同作業が必要になったときに、メモや電子メールの名前を見れば顔が浮かぶ。おなじチームに属していても、一緒に働いてみないとほんとうの意味でチームにはなれない」

人材の選抜にはとくに力を入れた。ブラウンは、業績不振の幹部数名を入れ替えた。新たなリーダーのもとで人事部門（リーダーシップおよび変革管理部門と改名された）は、業績に連動する報酬制度を策定した。それと並行して、ライン部門の幹部による部下の業績評価の精度を上げるため、インターネットを使った評価システムを開発した。また、部門ごとの個別のニーズに対応するため、すべての階層のリーダーを対象に、幅広い研修コースを新たに設けた。変化に対応できないリーダーは、研修を受けるか、辞めさせられるかのどちらかだ。

ブラウンが命じた営業担当者の業績調査では、なんと全体の2割に過去半年間の売り上げがまったくないことが判明した。「この連中と、その上司をどうするつもりか」と営業幹部に問いただした。2割の担当者は入れ替えられた。

会社全体に与えた影響という点では、ゼロックスをつまずかせた改革よりも、ブラウンの改革の方がはるかに大きく、はるかに複雑だった。ブラウンは事実上、EDSをひっくり返したのだ。戦略事業部門は、幅広い市場セグメントを中心とする4つの事業ラインに再編された。事業ラインのうちEソリューションズは、サプライヤーや顧客と電子的に結びついた「拡大企業」向けに、サプライチェーン・ネットワークからインターネットのセキュリティーにいたるまで、あらゆるサービスを提供する。ビジネス・プロセス・マネジメントは、企業や政府に管理や財務プロセス、顧客管理を提供する。インフォメーション・ソリューションズは、情報技術やコミュニケーションを請け負い、ストレージ（外部記憶装置）を管理し、デスクトップ・システムを管理する。A・T・カーニーは、高度なコンサルティングと、経営幹部の斡旋サービスに特化する（現在では、5つ目の事業ライン、PLM〔プロダクト・ライフサイクル・マネジメント〕ソリューションズが創設されている。同部門は、製造業企業に、開発からサプライヤーとの協力まで、電子的な製品のライフサイクル管理を提供する）。

新体制の狙いは、市場に合わせた組織にするということにとどまらない。自社の知的資本を初めて完全に活用し、社員をあらゆる部門から動員して、顧客にソリューションを提供することを目指すものだ。事業ライン間の協力によって、事業戦略のコンサルティングからプロセスの再設計と管理、ウェブ・ホスティングにいたるまでの完全な「エンド－ツー－エンド」の態勢が整い、すべての顧客に価値を提供できるようになった。これを成功させるには、かつての事業部門の社員は、新しい仕事を覚えるだけでなく、協力しながら働く方法を学ばなければならなかった。同時に、生産性を年平均4～6パーセント向上させ、年間10億ドルを確保して再投資や利益に回す。さらに、新製品の投入や納品スピードが遅くなるのは許さなかった。

大胆な改革が成功したのは、ブラウンが計画の立案を実行の担い手に委ねたからだ。異なる部門や地域から集められた7人の幹部が、新たなモデルづくりに当たった。ブラウンやCOO、CFOと頻繁に打ち合わせながら、1日も休むことなく10週間でモデルを完成させた。

リーダーに求められるものという点で、新体制は旧体制とはまったく違っている。旧体制では、各事業部門の責任者は、自部門の成功だけに専念すればよかった。しかし、新体制では、会社全体の業績の最大化を目指すので、あらゆる部門間の協力が不可欠だ。大半の幹部にとって、こうしたチームワークは馴染みのないものだった。容易なことではない。幹部のひとりは、その過程についてつぎのように吐露している。

「われわれ7人は、バックグラウンドも違えば、ものの見方も考え方も違っている。営業を中心に考える者もいれば、サービス提供を中心に考える者もいる。海外事業を重視する者がいれば、産業に詳しい者もいる。全員が納得できるモデルを開発しようと、合意することから始めなければならなかった。

そこまで行くのは並大抵ではなかった。何度となく対立した。ビルを飛びだしたこともあるし、互いを嫌っていたこともある。妥協するのは簡単じゃない。わたしはずけずけものを言う人間だ。腹に据えかねたことは一度や二度ではない。会議の途中で席を立ち、自分の車に乗り込んで、『われわれは会社を壊そうとしているのではないか』と考えこんだこともあった。この会社に勤めて20年になる。わたしにとっては家族同然で愛着がある。その会社を自分たちが壊そうとしていると思うのは耐えられなかった。

こうした大胆な変革を実行し、『これまでやってきたことを、将来もやるとは限らない。この点について柔軟になれ』ということを理解するには、感情的、精神的に段階を踏む必要がある。最終的には、互いに仲間意識を持つようになった。あらゆる点にともに取り組まなければならなかったからだ。だから、これは非常に優れた成長の経験だった」

この間ブラウンは、過去数年低下していたサービスの質の向上を徹底した。「卓越したサービス」をモットーにするだけでなく、顧客と接するすべての幹部や事業ライン責任者の目標として、業績給に反映させた。いまではEDSの顧客の91パーセントが、同社のサービスを「優れている」あるいは「非常に優れている」と評価している。

成果は、業績にはっきりと表れている。2001年末の売上高は過去最高を記録し、市場シェアも手堅く伸ばした。営業利益と一株当たり利益は、11・四半期連続で2桁の伸びを記録している。株価は、ブラウンの就任以来、約65パーセント上昇している。2001年12月の取締役会のあと、取締役がつぎつぎとブラウンに歩み寄り、3年も経たないうちに文化の変革に成功し、同時に、売り上げと利益を着実に伸ばすとは予想していなかったと口々に語った。

ここで取り上げた3社はいずれも、一時はアメリカの産業界を代表する存在だった。ゼロックス、ルーセント・テクノロジーズ（母体であるウェスタン・エレクトリックとベル研究所）、そしてEDSは産業を創出し、長年にわたってリードし、競争相手のベンチマーキングの対象だった。現在、2社は、過去の栄光のほんの一部を取り戻すのさえ苦闘しているが、あとの1社は輝きを取り戻し、業界の先頭に返り咲こうとしている。その違いはどこにあるのか。実行だ。

★　　　★　　　★

実行の体系の基礎にはいくつかの構成要素がある。これらは、3つのコア・プロセスを効率的に設計し、根づかせ、運用するために、すべてのリーダーがきちんと実践しなければならないものだ。第3章から第5章では、これらの構成要素、すなわち、リーダーがとるべき行動、文化の変革のための枠組み、適切な人材を適切な仕事につけるプロセスについて、考えをまとめている。

第 II 部

実行の構成要素

第Ⅱ部

解説――関与

――競争相手よりも会社を大きくし、世界的な企業にすることに熱心なあまり、人材に十分な関心を払っていない経営者には随分お目にかかってきた。人材の質こそが、競争上の最大の強みになることを見逃しているのだ。その影響は、大型合併ほどすぐに表れるわけではない。だが、長期的に見れば、適切な人材選びが、持続的な競争優位の源泉になることがわかる。（本文より）

第Ⅱ部では、実行の3つの構成要素、「リーダーが取るべき行動」「文化の変革に必要な枠組み」「適材適所の配置」について述べられている。

勉強して視野を広げたリーダーは、人材の質を上げなければならない。どうやって上げるのかといえば、社員一人ひとりに勉強をさせ、「適材適所の配置」をし、適切な関与をしながら質の良い実行をしてもらうことだ。その結果を吸い上げて、さらに経営者が勉強をする。この循環で、実行は価値を生み出すものとなり、成果が出る。こうして徐々に全体の仕事の質も上がっていく。

中小企業の問題と大企業病

事業戦略、勉強という自己投資の重要性、日々の業務の情報伝達、どれも同じことだ。すなわち、どんなことであっても、経営者の意識や意図が、幹部へ、各部署へ、現場へと連鎖していく。この伝達が滞りなくスピーディーに行われないと、良い実行とはならない。

何もかもに干渉するマイクロマネジメントは害悪だが、丸投げは論外だ。「仕組み化して現場に任せるのが良い経営者だ」という人も多いが、過去の話になりつつあると認識を改めよう。

これからの時代は原点回帰で、本質に立ち戻らなくてはいけない。つまり経営者が現場にいかに関与するかが重要になってくる。会社が成長しない、業績が悪い、社員の待遇や給料が改善されないのは、すべて経営者の責任である。それなのに「あとは任せる」とどうして言えるだろう?

小規模から中堅ぐらいまでの会社は、経営者の関与の度合いが大きい。いい意味で「経営者の決定=会社の決定」であり、決定を実行のフェーズにも移しやすいだろう。さらに、スピードが速いというメリットもある。

だが、中小企業に問題がないわけではない。「すべてが経営者次第」で、経営者の過ちが組織全体を即時に駄目にするリスクがある。

たとえば、経営者の勉強不足によって正しい決定ができないと、総崩れになる。経営者が危機を感じ取れなかったり、いま重要となるものがわかっておらず実行の優先順位を間違えているケースも多い。最もやるべきことを後回しにし、「やりやすくて重要性が低いもの」を、課題として現場に伝えてしまう経営者もいる。

さらに、企業規模が小さいと生じがちなのが、過度な関与だ。関与は大切だが、関与しすぎてもいけない。何もかも自分が動かそうと口出しをしたら、人材は育たない。

大企業は大企業で、問題がある。経営者の意思決定が伝言ゲームになり、間違ったメッセージになって伝わることが多いのだ。伝達に時間がかかるのも問題で、実行のフェーズまで行く間に状況は微妙に変化するから、細かいズレも生じる。急速な時代の流れの中で、経営者と組織の一人ひとりが共通の価値観に基づいて動くべきなのに、このズレが重なると致命傷になりかねない。

ところが大企業の場合、少しくらい組織が機能しなくても潰れることはないから、経営者にも現場にも危機感が乏しい。

「自分が努力しなくとも、誰かがやってくれる、なんとなくこなしていける」という、他力本願の感覚になってしまう。責任をもつ、コミットする、世の中に価値を提供する――これらビジネスパーソンにとって大切な意識が、組織に慣れるにつれて薄れていくのは、大きな問題だ。

もう一つ、大企業に生じがちな問題は、「無難でいい」というあきらめだ。

たとえば、大手企業の多くはグループ企業である。ほとんどの幹部は本社から出向してきて、数年で交代する。私は優秀な出向者を大勢知っているが、なかには成長しようと思わない人、とにかくリスクを取りたくない人も存在すると聞く。

彼らは「頑張ったところで評価されず、報酬も決まっているから、無難に日々を過ごすに越したことはない」と考えているのかもしれない。

勉強もしないため、第Ⅰ部の解説で述べた「割に合う・合わない」の価値観で物事を判断してしまう側面もある。その組織にいるのは〝期間限定〟だから、長期的視野が必要な人材育成にも手をつけない。

彼らの意思決定は「本社から言われたことを伝えるだけ」であり、現場の実行を見届けることもない。意識するのは本社の意向だけで現場には目を向けない。こうした他責思考や危機感の欠如がいわゆる「大企業病」であり、同じことがさまざまな組織の中間管理職にも生じている。

言うまでもないことだが、大企業の全てが大企業病にかかっているわけではない。グループ企業からの出向幹部や中間管理職にも、優れたリーダーはいる。

彼らは「部下が長期的に安心して働ける環境をつくろう」と考える。

「私は仕事に貢献しており、組織にとって必要な存在だ」と自負する、実力を備えた人材を育てるために、教育や改革を行おうとする。

「人を育てることこそ自分がリーダーになった意味であり、自分なりの価値を生み出していくのがやりがいだ」と感じられる人たちも存在するのである。

こう聞いて、「精神論だ、きれいごとだ」と感じるだろうか？

自分の組織の人たちに勉強するよう促すのは、時代に逆行していると思うだろうか？　本書『経営は「実行」』が出版された20年前の価値観だろうか？

だが、本質は時を経ても変わらない。人材に投資し、勉強させ、育て、実行に関与することこそ、価値を生み出して数字もしっかりと上げていく最短の方法なのだ。

いつの時代にも通用する普遍の方法と言ってもいい。

転職市場の限界から新卒回帰へ

本質は変わらずとも、時代ごとのトレンドはある。今のトレンドは転職で、マーケットが飛躍的に伸び、世の中の主流になっている。当然ながら企業も影響を受け、「ヘッドハンターを使おう」「新卒採用から中途採用に切り替えよう」と考えているところも多い。「若い社員に勉強の機会を与え、彼らの将来に投資したところで、すぐに辞めてしまう。それなら特定の個人に依存せずとも作業を回せる仕組みを作ったほうがいい」と考える経営者が増えるのも不思議はない。

だが、第I部で解説した通り、仕組み化は終わりが見えている。視点を変えて若い人材の立場で考えてみても、転職は自分の市場価値を上げる良策とは言えなくなってきた。20代から30代半ばまでに2回、3回と転職を重ねるジョブホッパーは、「労働人口の減少で売り手市場になっているから、すぐに次が見つかる」と考えて簡単に会社を辞める。つまり、実力を蓄えることができないまま環境を変えてしまうのだ。

実のところ採用する側は、転職を繰り返す人材をシビアに見ている。「長期的な視野を持たない、信用できない人物である」という先入観を持たれたら、転職活動は厳しくなる。それを覆せるだけの圧倒的成果を出していない限り、ジョブホッパーの市場価値は下落していくのだ。

結局、職を早々に変える若者は、「今は転職市場が儲かる」という大人の商売に利用されているに過ぎない。「どんどん転職したほうがいい」と、スカウトが甘い言葉を囁くのは、人材という「商品」がなければ市場が成り立たなくなって困る企業側の都合なのだ。

一時期はまた、「就職などせず、大学在学中や卒業直後に起業するのが良い」というトレンドもあった。確かに成功する人もいたが、ほとんどは小さな成功で長続きしていない。勉強不足の若者が出せる成果は、タイミングによるところも大きい。誰もがスタンフォードの院生時代にGoogleを作った、セルゲイとラリーのコンビにはなれないのである。

このように考えていくと、「新卒を育てる」という日本のやり方は再評価されていいと私は考えている。人を育てることは実行のプロセスへの「関与」にもなり、価値をつくり出す実行の鍵にもなる。

「大学を卒業したら一斉に就職する」という日本のスタイルは、かなり珍しい。米国やヨーロッパ、シンガポールなどは通年採用で、中途雇用が多い。学生のうちにインターンとして働き始める人もいれば、社会で経験を積んで大学に戻ってからまた就職する人もいる。そうした背景もあり、「日本の新卒採用は世界標準ではない」と言われているが、「違うこと＝価値がないこと」だと、誰が決めるというのだろう？

若い人材に投資すべき3つの理由

なぜ、新卒採用にメリットがあるかといえば理由は単純だ。若い人材は勉強するための時間があり、バイアスが少なく、パワーがあって伸びしろが大きい。順番に説明していこう。

第一に、いかなる時代でも若い人たちは可能性にあふれている。なぜなら若いというだけで、この先の時間があるし、最新のものに適応する感性がある。きちんと向き合って丁寧に育成すれば、変化し、成長していくことができる。ここで伸びるか否かはリーダーの関与次第だ。

「若い世代は考える力がない」とよく言われるが、決してそんなことはなく、考える習慣がないだけだ。考え方を教えるリーダーがいれば、急伸するだろう。

たとえば、「スマホなしで行ったことのない場所に集合する」という課題を新入社員に出したとする。若い世代は「Ｇｏｏｇｌｅマップで検索する」というのが当たり前だから、途方に暮れるだろう。何しろ新しいことをするときも、動画などの豊富なコンテンツによって方法が可視化されているので、まず前例を見つけてやり方を知るのが習慣化している。おまけに学校も思考するプロセスを飛ばして「正解」を教えるから、彼らは考える訓練を十分に積んでいない状態で社会に出ている。

だが、基本的な「考える方法」さえ教えれば、彼らは非常に深いところまで考える力がある。教育し、実行のプロセスにおいて適切なタイミングで正しい関与をすれば、「勉強する」という習慣も身につくのである。

第二に、「経験がない、無知だ」というのは先入観がないということだから、新たに勉強した知識が入っていきやすい。仕組みを知らない代わりにボトルネックとなる癖もないので、吸収しやすいのだ。これは即ち、企業の文化にすぐ馴染むことができるという利点にもなる。

第三に、若い人たちには、特有のパワーと熱量がある。これは「体力と行動力」と言い換えてもいい。若いからこそ持っているそれらの力を発揮して、心から共感し、やろうと思ったことに対してスピード感を持って突き進むことができるのだ。

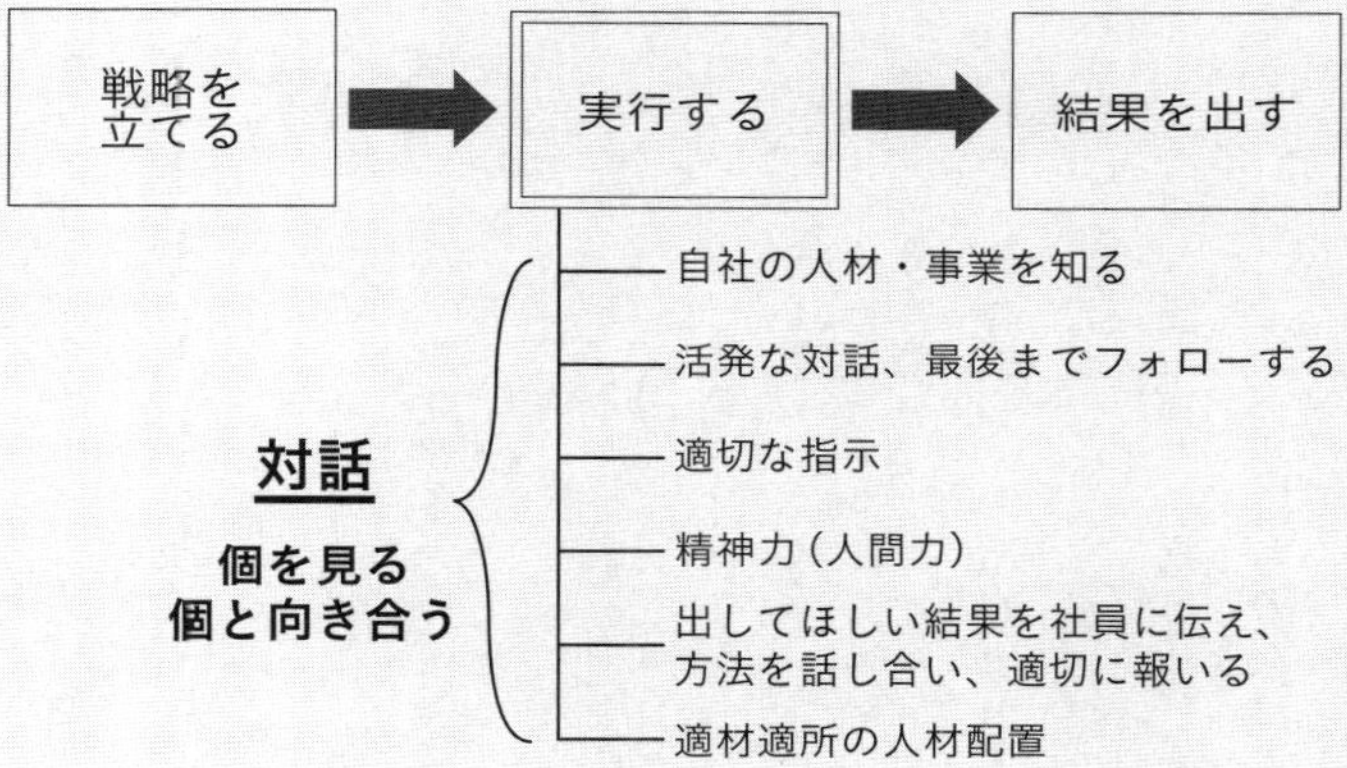

この若い人材が成長し、次の若い人材を育てるようになると、好循環が始まる。勉強することが企業文化として根付き、無形資産として蓄えられていくのである。

これこそ「人に投資する」ことの最大のメリットだ。そして「人に投資する」という大きな決断をし、実行できるのは、経営者だけである。

関与で実行の質を上げる

では具体的に、どのように関与していけばいいのだろう？

経営者はまず自分が勉強し、戦略を立てる。戦略づくりには幹部が関わることもある。

次に、実行のフェーズに移る。そこで重要なのは「対話という関与」だ。個人をよく見て、向き合う。自社の事業を正確に捉え、人材の特性もしっかりと知る。その上で、適材適所の配置を行っていくのである。

すべてを経営者がやる必要はなく、部分的には管理職に任せてもいい。権限委譲された管理職は、無駄な指示によって労働力に余剰が生じていないか、また能力が活かされない人がいないか、常に目配りする。経営者は各セクションでしっかりと個人を活かすことができているか、全体を俯瞰して見る。無駄が多いと現場は疲弊し、結果は出ない。

この「戦略→実行→成果を出す」というプロセスについて解像度を上げるために、サッカーや野球など、運動部の監督をイメージしてほしい。

プロになると話は違うが、高校までの日本のスポーツ選手は世界的にも非常にレベルが高い。仮に強豪校のスター選手を集めてアメリカ代表と試合をしたら、負けることはまずないだろう。日本の高校チームは監督が一人ひとりの選手を徹底的に見守り、知り尽くし、適切な指導をするという「正しい関与」をしているからだ。

そうした監督は使命感と熱意とヒューマンスキルを備え、プロのように大勢の人材を抱えることはできないからこそ、手持ちの人材を最大限に活かすことを考え抜いている。

監督は選手一人ひとりについて絶えず想いを巡らせる。そのシーズンの1年生から3年生で結果を出すためには、誰がどんな特性を持っていて、どう配置したらいいか考え、実際にやらせてみて観察し、さらに調整していく。だからこそ結果が出るし、良い選手が育っていくのだ。同じことを企業でも行う必要がある。

強豪校には監督とコーチがいるように、経営者と管理職の役割分担をしてもいい。たとえば若手一人ひとりに、トップが話をしにいく。理念を教え、「このプロジェクトは社をかけて行うもので、将来的にはこういう展望がある」と語る。「君にはこんな成果を期待している」と伝える。

管理職はより具体的かつ適切な指示を与え、期待される成果を出す方法について、一人ひとりと話し合う。口出しは最小限にとどめて、本人にどんどん決定・実行させる。

もちろん、ここで終わりではない。引き続き見守りながら、活発な対話と観察を通じて適切な指示とフォローをする。どんなサポートをするのか、どんな環境をつくってあげればいいのか、管理職と経営者が相談しながら決めていくのだ。

こうして実行のプロセスに、熱意ある監督のように関与し、若手の成功体験をつくる。経営者は成果に対して報酬を与えるとともに、管理職のフィードバックを踏まえ、個々の適性について情報を蓄積することができる。こうして「適材適所への配置」の精度が上がっていくのだ。

これが「任せて見守る」という、日本人が得意としてきた昔ながらの教育だ。

日本経済が失速していった、失われた30年に、昔ながらの教育は打ち捨てられてきた。企業に余裕がなくなるのに比例して、見守る文化が消失してしまった。これを「権限委譲」と言い繕う人もいるが、決定権を与えずに責任だけ取らせるのでは、教育どころか指示とすら言えない。これでは実行の質は上がらず、成果も出ない。

「いやいや、我が社は人材を一から育てる余裕はありません。即戦力を採用したい」

「新卒はともかく、我が社の中堅はなかなか個性が強くて、育てることは難しい」

このような声も聞かれるが、「人を育てる力がない」とは、「経営者としての力がない」と明言しているのと同じことだ。

経営者たるもの、人を育てる重要性を肝に銘じてほしい。教育には時間がかかり、関与には手間がかかる。それでも「若手を、部下を育てよう」という管理職をつくるのは、経営者の重要な仕事なのだ。

第 3 章

構成要素その 1

リーダーがとるべき7つの行動

実行を担うリーダーは、具体的に何をするのか。どうすれば部下を細かく管理したり、細々した実務に忙殺されたりする状況に陥らなくてすむのか。実行を支える第一の構成要素として、以下の7つの行動を挙げることができる。

- 自社の人材や事業を知る。
- つねに現実を直視するよう求める。
- 明確な目標を設定し、優先順位をはっきりさせる。
- 最後までフォローする。
- 成果を上げた者に報いる。
- 社員の能力を伸ばす。
- 己を知る。

自社の人材や事業を知る

経営者は、事業に深く関与していなければならない。実行力のない企業の経営者は、実務に疎《うと》いものだ。上がってくる情報は多いが、それらは篩《ふるい》にかけられている。直属の部下がみずからの判断で選り分けたか、スタッフ部門の裁量で集められたものだ。経営者は現場にいるわけではない。事業に直接携わっているわけではないので、組織の隅々まで知っているわけではない。そして従業員もまた、経営者のことを知らない。

ボシディ　経営者が工場や事業本部に出向き、現場の従業員と話す場面を想定しよう。この経営者は人当たりがよく、物腰も柔らかだ。従業員の子どもの学校での様子や、地域に溶け込んでいるかどうかなど当たり障りのないことを尋ねる。あるいは、ワールドシリーズやスーパー・ボウル、地元のバスケットボール・チームのことを話題にする。事業については、「売り上げはどの程度か」など表面的な質問をするかもしれない。これでは、自社の事業に関わっているとはいえない。

経営者が帰ると、ほっとする責任者がいるかもしれない。何事もなく順調にことが運んだのだから。だが、少しでもやる気があれば、「一体、何のための訪問だったのか」と、がっくり肩を落とすだろう。むずかしい質問にも答えられる準備をしていたのに——優秀な従業員は質問してもらいたいのだ。自分たちの方が経営者よりも、事業をよく知っているとの自負があるのだから。そのため不満を募らせてやる気をなくす。従業員は経営者に好印象を与える機会を持てなかった。経営者もまた、従業員に好印象を与えられなかった。

そして言うまでもないことだが、経営者が学んだものは何もない。そのあとで自社の将来について語るとき、マスコミや証券アナリストは感心してくれるかもしれないが、現場の従業員は簡単にはだまされない。従業員は口々に言い合う。「現場で何が起こっているのか知るはずもないのに、あれほど自信満々な態度がよくとれるものだ」。これでは、かつてベトナムを訪れたアメリカの政治家と変わらない。おざなりの視察をして軍の上層部と話し、数字をいくつか眺めて、戦況は優勢でありトンネルの先には光が見えていると高らかに宣言する。見上げた態度だ。

わたしが工場を訪問するのは、たとえば責任者に関する情報を確認するためだ。有能だと聞けば、さらにその手腕が発揮できるようにする。突っ込んだ議論をする。いい仕事をしてくれるのはわかっているが、本人が思ってもみなかった点をいくつか課題として与える。責任者の出来が悪いと聞けば、続投させるかどうかの判断をする。そして、幹部についても、いくつかの質問をして、より明確な印象をつかむ。

つぎに、できるだけ多くの従業員と会う。30分間はスライドを使って会社の現状を説明する。その後1時間、質問に答える。質問や会話の内容から、責任者と従業員の日頃の意思疎通がうまくいっているかどうかを探る。**質問がまったく出なければ、工場が開かれた社会になっていないことがわかる**。従業員が「今年のあなたのボーナスはいくらですか」といった厳しい質問をわたしにできないようでは、自由闊達《かったつ》な意見交換にはならない。

この場には労働組合の代表も参加する。わたしの話を聞き、今後もレイオフがあるかどうかを聞いてくる。わたしはこう答える。「それについては決めていない。工場の操業を続けるかどうかを決めるのは顧客だ。顧客に認めてもらうには、コスト競争力を高めなければならない。しかも素早く。それには工場の生産性を大幅に高める必要がある」。大事なのは、質問によって自分も学び、相手も学んでいることだ。誰もが対話のなかから何かを得ている。そして経営者は、事業に関する自由な発言を許すことで、幹部のリーダーシップにお墨付きを与えているのだ。

こうした工場訪問の典型的な例を挙げよう。ハネウエルに戻って数か月後、わたしはイリノイ州フリーポートにあるセンサー工場を訪問した。センサーは昔からある事業で、最先端のプラクティスが行なわれているわけではない。だがこの工場では、シックスシグマで高い生産性を実現するとともに、効率的にデジタル化が進められていた。上層部に指示されたからではない。自分たちで、やるべきことだと判断したのだ。責任者は聡明だった。

責任者には「君のところは順調のようだ」と声をかけたが、問題はあった。われわれはスタッフについて突っ込んだ議論をした。まず「スタッフがここに配属になってどのくらいか。おなじ仕事をどのくらいやっているのか」と尋ねた。あまりに多くのスタッフがあまりに長くおなじ場所で働いている。「スタッフが優秀なのはわかるが配置転換しよう。昇進させよう。スタッフが入れ替われば、新鮮な考え方が取り入れられる。そうしなければ、いつもおなじ水で顔を洗っているのも同然だ。別の言い方をすれば、君はここにいる全員の考え方に耳を傾けてきたが、新しく入ってくるスタッフの新鮮な見方を聞く機会を逃してきたわけだ」

つぎに、品質管理スタッフがなぜ製造部門に属しているのかを尋ねた。「これでは、キツネに鶏小屋の監視をさせるようなものだ。品質管理スタッフには製造工程の分析をしてもらいたい」。さらに、こう尋ねた。「なぜ、事業開発担当者がここにいないのか。君はいくつか買収したいと言っている。事業開発担当者は別の仕事で忙しいのかもしれないが、本来ならこの場にいてわたしと話をすべきだ」。責任者は口を濁した。そのあと、工場でつくっている製品を見せてくれた。いい出来だ。

だが、予測を誤っていた。「景気後退は予想外だった」と言う。理由ははっきりとはわからない。鉱工業生産指数をもとにした予測システムを使っており、センサー事業との相関性は74パーセントだという。これは過去に74パーセントの相関があったことを示しているだけで、将来を予測しているわけではない。われわれはこの点について話し合い、責任者は予測の向上に役立つ指標を探すことに同意した。ただ、指数そのものではなく、指数がセンサーの売上高の予測に役立つとの考え方に、わたしは興味を持った。

つぎに、責任者とともに従業員と話をした。その後、もう一度、責任者と話し合ったときに、わたしはこう言った。「6億ドルの事業で工場が9つもある。数を減らさなければならない」。本人もその点はわかっていたが、具体的にどの工場を閉鎖すべきかを決める必要がある。さらに工場では、製品の製造に必要な部品を何でもつくっていた。そこでわたしはこう言った。「一部は外注にすべきだ。もっと効率的につくれる。ところで、どの工場を閉鎖するかを決める前に、何を外注するかを決めてもらいたい。最終的な着地点を知っておきたいので」

会議で従業員のひとりが、技術上の画期的な発見をしたと発言した。だが、特許権を担当する弁護士はいない。そこでわたしは、誰が知的財産を守るのかを尋ねた。またインターネット・オークションについても質問した——そして、原材料の一部は割安なインターネット・オークションで購入するよう指示した。責任者はこの点での遅れを認めていた。最後に、システムが時代遅れだった(これは、どこでも共通の問題だった)。わたしは多額の資金をかけずにシステム同士を繋ぐよう指示した。方法を考えるとの答えが返ってきた。

一方で、良い点もあった。わたしはシックスシグマを復活させたいと思っていた。シックスシグマはわたしがハネウエルを離れているあいだに下火になっていた。だが、この部門で実践されているシックスシグマは、最上のものだった。若干の手直しは必要だが、ブラックベルトの従業員——シックスシグマの高度な専門知識を身につけた従業員が数多くいた。従業員は適切なプロジェクトに取り組み、顧客に関して適切な指標を使っていた。電子化にも意欲的に取り組んでいる。しかも、シックスシグマ同様、本社からの指示があったわけではない。これには感心した。

事業の改善方法についてわれわれが出した結論をまとめると、以下のようになる。従業員を入れ替えて、脳死状態に陥るのを防ぐ。現状ほどの工場数は維持できない。外注を増やし、コスト競争力をつけなければならない。知的財産を守らなければならない——ここに、当社の競争上の強みがある。インターネット・オークションを活用して、もっと賢く購買する。そして、システム統合の最善の方法を見つける。

責任者にはいくつかの重要な課題を与えた。だが彼には、業績不振の年でも、光るものがあった。正しいことを実践しており、実践していないことについても、何をすべきか知っていたのだ。

* * *

この訪問で、どんなことが達成されたのだろうか。

チャラン　第一に、事業改善のためになすべきことについて、ボシディと責任者のあいだで明確な合意ができた。第二に、素晴らしいコーチングの実践になった。責任者は、ボシディから厳しい質問をされて、自分の事業の現実を直視し、それを外部環境と結びつけて考えられるようになった。責任者以下の従業員は、CEOのレベルで競争上の強みをどう見るかがわかった。そして、対話のなかから、事業をより厳密により分析的に見る方法を体得した。第三に、ボシディが従業員を励ましたことで、士気が高まり、活気が生まれた。これこそ、企業の競争力を高める一貫性のあるプロセスの手法だ。

「一貫性」がキーワードだ。現場と接点を持つリーダーは、訪問する事業部門が直面する課題を、6つ以下の基本的な点にまとめている。これらの課題は、短期間に変わるようなものではない。そしてボシディらリーダーは、複数の事業部門にまたがる課題を見て、会社全体を把握する。

リーダーが現場に行けば、従業員と個人的な繋がりができ、個人的な繋がりができれば、事業とそれに携わる従業員がどのような状態にあるのかが直感的にわかる。各従業員はリーダーが求める課題を、自分のこととして受け止めるようになる。ディック・ブラウンがEDSのあらゆるレベルの従業員と個人的な繋がりを持った結果、以前なら考えられなかったほどの帰属意識や情熱が生まれた。企業でも政界でも軍隊でも宗教でも、分野は何であれ、偉大なリーダーはみな、こうした個人的な繋がりを持っているものだ。

ポジティ　企業リーダーなら現場に行くべきだ。リーダーは事業の進捗状況を確認しなければならない。超然としていることも、距離をおくことも、人任せにすることもできない。現場に行ってその事業の状況を確かめる。従業員はリーダーの意見が気に入らなくても、こう言うはずだ。「ここに来て調査するくらいだから、この事業を気にかけてくれている。4時間もいた。質問攻めにされた」。優れた従業員は、まさにこれを求めている。これは従業員の自負心をくすぐるやり方であり、周到な準備に謝意を表し、ねぎらうやり方だ。

また率直な対話を育む方法でもある。時には個人攻撃されたと思い、気分を害する人もいる。だが、対話を狭量なものにしてはならない。議論が白熱した場合を想定しよう。相手の主張には同意できないが、その後は双方がなんとか和解する。メモを書いてもいい。「昨日は君のグループの成長計画について有意義な話し合いができた。君の見方や率直さ、現実を直視すべきだとの主張を評価したい」。これで自分も腹を立てたまま家に帰らなくてすむ。相手にも腹を立てたまま家に帰ってほしくない。**重要な点を冷静に議論できる従業員を昇進させる。議論の勝ち負けは関係ない。議論が起こり、和解したこと自体が、素晴らしいことなのだ。**

ハネウエルでは、ビジネス・レビューのあと、各責任者に宛てて、本人が同意した点をまとめた正式な手紙を書くことになっている。だが、そのあと、わたしは個人的なメモを送る。

「ゲーリー、昨日はご苦労様。生産性は基準に達していないので、この点は改善が必要だ。改善できなければ、深刻な事態になる」。ただのメモだ。5分もあれば書ける。だが、このメモは全社に向けたものだ。メモを受け取った本人は周りに見せ、大事に保管している。

マネジャーが問題を抱えていれば、解雇すると脅すのではなく、問題解決の手助けをしたいと考えるのがリーダーだ。個人的な繋がりがあれば、それがやりやすい。そこで、あらゆる手を使って、個人的な繋がりをつくるよう努める。そんなある日、このマネジャーが電話をかけてきて、「誘われたので、別の会社に行きます」と言う。すると「なあ、サム、どうしてなんだ。ここで調子よくやっているじゃないか。君の前途は明るい」などと説得する。たいていの場合、これで引き留められる。個人的な繋がりがなければ、リーダーは名前だけの存在でしかない。

個人的な繋がりをつくることは、スタイルとは何の関係もない。カリスマである必要はないし、自分を売り込むことでもない。性格も関係ない。だが、度量の大きさと前向きな姿勢が必要だ。堅苦しくならず、ユーモアの精神を忘れない。ビジネス・レビューは、ソクラテスのような対話の形をとるべきであって、詰問調になってはならない。自分の下で働いてくれる者を気にかけていることを示せれば、それでいい。リーダーの個性は関係ない。それが個人的な繋がりというものだ。

個人的な繋がりがとくにものを言うのは、リーダーが何か新しいことを始めようとするときだ。ビジネスの世界では、失敗に終わるプロジェクトが山ほどある。素晴らしいプロジェクト、重要だと思えるプロジェクトを派手にぶち上げるが、半年あるいは1年後には頓挫するか、塩漬けにされている。なぜなのか。現場のマネジャーがもっとも嫌がるのは、時間ばかり食って、利点や先行きが不透明なプロジェクトがもうひとつ増えることだ。そこで無視する。「この前の月間最重要プロジェクトがそうだったように、これも、そのうち立ち消えになるだろう」。結果はどうなるか。会社は時間とカネと労力を無駄にし、リーダーは信頼を失う。失敗によってリーダー個人が非難されていることには気づかない。

こうした消極的な抵抗（積極的な抵抗であることも多い）を克服するには、リーダーの個人としての関与、理解、熱意が不可欠だ。リーダーはプロジェクトの開始を発表するだけでなく、プロジェクトの中身と、会社にとっての意義を明確にすべきだ。それには、プロジェクトの進め方や利益面でどのような効果があるのかを見極めなければならない。つぎに、全員が真剣に受け止めるようにフォローしつづけることが必要だ。その場合も、実行に伴う問題を把握し、担当者とこの点について話し合い、プロジェクトの実行を期待していることを繰り返し表明しなければ、真

＊　＊　＊

剣に受け止めてはもらえない。

チャラン　1990年代半ば、ジャック・ウェルチは、製造部門で在庫回転率を大幅に向上させる新手法について友人から聞いた。在庫回転率の向上がキャッシュフローを生みだし、投資利益率を向上させる強力な手段になることを理解していた経営者は当時ほとんどいなかった。友人はGEでも全社的に在庫回転率を上げればキャッシュを生みだせると話し、この手法の先駆者が、アメリカン・スタンダード社のCEO、エマニュエル・カンポリスであると教えた。90年代半ばの当時、一般企業の在庫回転率が平均4回であったのに対して、同社の一部の工場では40回にも達していた。

ウェルチはこのアイデアに興奮したが、アイデアを導入するだけでは飽き足らなかった。自分でその仕組みを理解したいと考えた。製造部門の従業員を視察に送り込むのではなく、みずからカンポリスのもとを訪ね、数時間をともに過ごした。

ウェルチはその後もフォローを怠らず、現場でどのように実践されているかを学んだ。アメリカン・スタンダード社の依頼で講演したとき、講演後の夕食会でウェルチの両隣に同社の工場の責任者が座った。ひとりはブラジル、もうひとりはイギリス工場の責任者だ。年間の在庫回転率は、ブラジルが33回、イギリスは40回に達していた。ウェルチはこの夜ふたりを質問攻めにした。どんな手段を使ったのか、組織はどうしたのか、新手法への抵抗をどうやって克服したのか。

ＧＥの会長ともなれば、もっとほかに時間の使い道があるだろうと思われるだろうか。断じてそうではない。ウェルチはこの問題にみずから深く関与することによって、ＧＥでおなじことを実践するには何が必要かを学んだ。従業員にはどんなスキルや姿勢が求められるのか、どんな経営資源が必要かを学んだ。だからこそ、ＧＥほどの巨大な会社の隅々にまで、必要な変化を素早く起こすことができたのだ。ウェルチが引退した２００１年の時点で、ＧＥの在庫回転率は２倍の８・５回に上昇していた。

つねに現実を直視するよう求める

現実を直視することは実行の基本だが、**多くの企業には現実を避けようとしたり、隠そうとしたりする従業員があふれている。なぜなのか。現実を直視すると具合が悪いからだ。**パンドラの箱を開けたいとは思わない。ミスを犯せば隠したいし、どうしていいかわからないと認めるよりも、時間を稼いでなんとか打開策を見つけようとするものだ。対立は避けたい。悪いニュースを伝えて怒鳴られたいとは思わないし、上司の権威に楯突いて厄介者扱いされたくはない。

経営者自身が現実を直視できていない場合もある。経営者に自社の強みと弱みを説明するよう求めると、強みについては立て板に水のごとく答えてくれるが、弱みについてはきちんと把握できていない。そして、弱みについてどんな対策を講じるのかと尋ねると、明確な答えや一貫性のある答えが返ってくることはまずない。「利益を上げなければならない」と言う。もちろん、そうだ。だが問題は、どうやって利益を上げるかだ。

ＡＴ＆Ｔが経営のノウハウがないままケーブルテレビ会社をいくつも買収したのは、現実的だったろうか。そうではないのは結果を見ればわかる。ゼロックスのリチャード・トーマンが、中核となるリーダーもおかずに大規模な再編計画を2つ同時に立ち上げたのは、現実的といえるだろうか。そうでないのは明らかだ。

どうやって現実直視を徹底させるか。まずは、自分自身が現実的になることだ。そのうえで、現実直視が、社内のあらゆる対話の目標になるようにする。

ボシディ　現実を直視するとは、つねに自社を現実的に見ること、それを他社とくらべることだ。世界中の企業でいま何が起こっているのかにつねに注目し、自社の進歩の度合いを内側からではなく外側から測るのだ。「去年にくらべて進歩したか」ではなく、「他社とくらべてどうか。他社はもっと進歩したのかどうか」を問う。これが、自社を現実的に見る方法だ。

問題に現実的に取り組もうとする人の少なさはあきれるほどだ。現実と向かい合うのは愉快なことではない。たとえば、わたしがアライド・シグナルのＣＥＯに就任した当時、従業員が描く会社像と顧客が描く会社像は食い違っていた。従業員は期限内の製品納入率が98パーセントだと主張したが、顧客は60パーセント程度だとしか思っていなかった。皮肉なのは、従業員が顧客の不満に応えようとするのではなく、自分たちが正しくて顧客が間違っていることを証明しなければならないと考えていたことだ。

現場を視察する際、従業員との討論会でわたしはこう問いかける。「この事業で正しい点は何か、間違っている点は何か」「ハネウエルで好きなところはどこか、嫌いなのはどこか」。不満だけあげつらう者もいれば、わたしに食ってかかる者もいる。だが、大半の者は優れた情報と見識を持っている。わたしはメモをとり、あとで責任者と話し合う。

研修センターでの管理職研修では、わたしが10分間話し、1時間半ほど質疑応答を行なう。その後、全員と握手しながら、討論会とおなじ質問をする。参加者は現実直視の重要性を理解して研修を終える。各自がそれぞれの職場に帰り、上司にこう報告する。「研修でポシディに問題点を話しました」。こうして上司は、わたしが実情を把握していることを知る。

学習は双方で行なわれる。たとえば、わたしは、2つの事業部門が連携していないせいで新たな収益源を逃していることを知る。あるいは、いくつかの事業部門では重要なプロジェクトの優先順位が低いことを知る。一方、従業員の側では、会社全体について――わたしがどこに進歩を認めているか、どこに不満を持っているかを知るのだ。

明確な目標を設定し、優先順位をはっきりさせる

実行力のある経営者は、誰にでもわかる優先課題をごく少数に絞り込んでいる。なぜ、ごく少数なのか。第一に、経営の論理を考えれば、優先課題を3つか4つに絞り込んだ場合に、既存の経営資源から最高の結果を引き出せるのは明らかだ。第二に、いまの企業組織では、優先順位をはっきりさせなければ、従業員がうまく実行できない。旧来の階層型企業では、優先順位はそれほど問題ではなかった。指揮系統に沿って命令が下されるので、何をすべきかがわかったからだ。しかし、マトリックス組織で意思決定が分散化され、細分化されると、さまざまな階層の従業員が、つねに何を優先させるべきかを考えなければならない。リソースをめぐる競争があり、決定権や役割分担は曖昧になっている。慎重に考え優先順位をはっきりさせなければ、誰が何のために何を所有するかで争いになりかねない。

「優先課題は10ある」という経営者は、自分が言っていることがわかっていない。何を最優先すべきなのか、本人がわかっていないのだ。経営者が、ごく少数の明確で現実的な目標を掲げ、優

先順位を絞り込めば、会社全体の業績に好影響を与える。

例を挙げよう。ルーセント・テクノロジーズにとって2002年の最大の目標は、需要が戻るまで生き延びることだった。過大な負債で社債の格付けは低下し、債務不履行寸前だ。そのため資金の節減が最優先課題となった。具体的には売掛金と在庫を最小化し、不要不急の資産は売却し、製造を委託し、経費を削減する。第二の優先課題は、顧客を重視し、持続的な収益基盤を構築することだ。この課題は、全従業員に浸透しており、日々の言動に大きな影響を与えている。

目標を明確に設定するとともに、全体としては簡潔さを心がけるべきだ。**実行力のあるリーダーの特徴のひとつは、簡潔に、そして直接に語ることだ。飾らない言葉で本音をずばりと話す。物事を単純化すれば、周りが理解し、評価し、行動を起こしてくれ、そして自分の主張が常識になるのだ。**

優先課題をはっきりさせるには、外部の目が必要な場合もある。2000年8月、ある分野で世界最大の小売業チェーンが新たなCEOを指名した。このチェーン・ストアは競争相手にシェアを奪われていた。「革命的」目標に踊って、Eコマースや無店舗販売の新興企業をつぎつぎと買収し、中核事業での実行力を失っていた。株価は過去1年で三分の二に下がっていた。

上級幹部は店舗の増設を柱とする成長政策をとるよう新CEOに求めた。だが、つねに現実を直視し、実行力で這い上がってきた新CEOの目には、この会社が手を広げすぎているように見えた。そこで、既存店の業績回復を最優先課題に掲げ、粗利益率の向上と、前年同月比での既存店ベースの売り上げ増を目標にした。

ＣＥＯは3つの段階を踏んで、目標を具体的な行動に移していった。まず、直属の部下10人を集め、目標について説明し、実行について話し合った。どのような方法で達成できるか、克服すべき障害は何か、報酬制度をどう変えるべきか。つぎに、上位１００名ほどの商品企画・店舗責任者を集め、２日間の会議を開いた。ＣＥＯは事業の原理を教えた。売上高の伸び率がどうなっているか、それはなぜか、物流フローなどの要因がコスト構造にどう影響しているか、仕入れ担当者と店舗従業員との連携がいかに不十分か、その結果どうなっているかを、わかりやすく説明した。ＣＥＯは来期の明確な目標を示し、どうやって達成するかを議論した。経営幹部は各自、90日間の行動計画を立て、絶えずフォローすることに同意してこの会議をあとにした。最終的にＣＥＯは、こうした2日間の会議を数百人の商品企画・店舗責任者向けに行なった。

２００1年12月時点で、同社の粗利益率は大幅に改善し、株価は2倍になった。

最後までフォローする

明確でシンプルな目標を立てても、それが真剣に受け止められなければ何の意味もない。企業経営では最後までフォローされない場合が多く、それが実行力欠如の最大の要因になっている。会議はたいてい、誰が何を、いつするのか、はっきり結論を出さないままお開きになる。良いアイデアだという点では、おそらく全員の意見が一致しているのだが、誰が結果に責任を負うのかを決めないので、実行されない。もっと重要だと思えるアイデアが持ち上がって忘れられたり、それほど良いアイデアではなかったと判断されたりする(会議中からそう思っていたとしても、口にしなかったのだ)。

例を挙げよう。あるハイテク企業は2001年の景気後退で深刻な打撃を受け、売り上げが20パーセントも落ち込んだ。CEOがある主要事業部門の修正後の業務計画に目を通していた。コスト削減の努力は認められるが、投資利益率の点では目標に程遠いと部門責任者に指摘した。そして、とりうる打開策を提案した。このCEOは最近、回転率の重要性を知り、サプライヤーと連携して在庫回転率を上げれば、大きなプラスになると示唆したのだった。「何ができるか」とのCEOの問いに、購買マネジャーは、エンジニアの手を借りられれば大幅な改善ができそうだと答えた。そして「20人のエンジニアが必要です」と付け加えた。

そこでCEOは設計担当副社長に、エンジニアを回せるかどうか尋ねた。副社長は30秒ほど黙りこんだあと、きっぱりとこう言い渡した。「エンジニアは購買のためには働きません」。CEOは、じっと副社長を見据えて、こう言い渡した。「月曜日には、20人のエンジニアを購買担当に異動させることになる」。そしてドアに向かって歩いていったところで、向き直ってこう言った。「毎月、テレビ会議を開きたいので設定してもらいたい。参加者は君に、設計担当マネジャー、CFO、わたし、それに製造担当マネジャーだ。この問題は重要なので、進捗状況を検討する」

CEOは何をしたのか。第一に、目標達成の妨げになる対立を表面化させた。第二に、最後までフォローする仕組みをつくって、各自が責任を果たす態勢にした。CEOが最後通牒を突きつけるまで、大人しく座っていただけの事業部門責任者も責任を果たさざるをえない。そして、CEOの行動は、全社に対して、方針が決まれば進捗状況がチェックされるとのシグナルを送るものだった。

成果を上げた者に報いる

社員に具体的な成果を求めるなら、それに見合った処遇が必要だ。これはあえて言う必要もないほど明白な事実だと思える。だが、業績と報酬がきちんと連動している企業は多くない。基本給でもボーナスでもストックオプションでも、**成果を上げた社員と上げなかった社員が区別されていない。**

ボシディ　実行力の乏しい企業は、実行の方法を知っている社員を評価せず、報いず、昇進させていないようだ。成果を上げた者とそうでない者のあいだで、昇給率にほとんど差がない。ボーナスやストックオプション、株式による報奨金にも、十分に差がつけられていない。リーダーに自信がなければ、直属の部下になぜ予想より報酬が低いのかを説明できない。

優れた企業リーダーは、こうした差異化を徹底し、組織全体で差異化を当然のことにしている。そうでなければ、社員は社会主義体制の一員だと考えはじめる。実行の文化を根づかせようとするなら、これは望ましくない。報酬と評価は業績にもとづいて決められる点を全員に徹底させなければならない。

第4章では、成果を上げた者に報いない企業が多いのはなぜか、実行力のある企業はどうしているのかを取り上げる。

指導《コーチング》によって社員の能力を伸ばす

リーダーなら多くの知識を身につけ、経験を積んでいるはずだ。英知とすら呼べるものを持っている。リーダーのもっとも重要な役割のひとつは、それらを次世代のリーダーに伝えることだ。リーダーは、伝えることによって社員全員の個人としての能力、集団としての能力を伸ばしている。それによって今日の成果が得られ、振り返ったときに誇れる財産を残すことができる。コーチングほど、他人の能力を伸ばすうえで重要なものはない。こんな警句を聞いたことがあるはずだ。「魚を1匹与えれば、人は1日、生きられる。魚を釣る方法を教えれば、生涯、食うに困らない」。これがコーチングだ。命令するのとやり方を教えるのではまるで違う。優れたリーダーは、あらゆる場面を指導する機会だととらえている。

チャラン　もっとも効果的なコーチング法は、まずその人物の行動を観察し、役立つフィードバックを行なうことだ。その際、優れた点や改善すべき点を、具体的な行動や業績を挙げて指摘すべきだ。

リーダーが事業や組織の問題を何人かと議論する場合、その場の全員が学んでいる。問題に集団で取り組み、賛成・反対、代替案を検討し、どれが理に適《かな》っているかを決めるなかで、個人としても集団としても能力が高まる。正直さと信頼があればの話だが。

コーチングのスキルは、質問の巧拙にかかっている。的を射た質問をすれば、相手は考え、発見し、探求する。アメリカの大手多国籍企業の戦略レビューの例を挙げよう。ある主要事業部門の責任者が、ヨーロッパ市場で3位から1位になるための戦略について説明していた。意欲的な計画で、ドイツ市場でのシェアの大幅な拡大が前提になっていた。説明が終わったあと、「興味深いプレゼンテーションだった」とCEOは言った。だが、ドイツが世界でもっとも手強い競争相手の牙城だと指摘した。事業規模は4倍だ。「どうやってシェアを拡大するのか。どんな顧客を獲得するつもりなのか。ライバルのドイツ企業に打ち勝ち、市場シェアを獲得し維持するには、どんな製品、どんな優位性が必要なのか」

部門責任者は、こうしたビジネスの核心に関わる質問への答えを用意していなかった。そこでCEOは、矛先を変えて、組織の能力について尋ねた。「君の部門の営業担当者は何人だ」「10人です」「最大のライバルにはどのくらいいるか」。消え入りそうな声でよく聞き取れなかったが、答えは「200人」だった。最後の質問は、質問というより詰問に近かった。「ドイツの責任者は誰か。数か月前まで別の部門にいたのではないか。ドイツの責任者は君より数段階、下の階層ではないか」

CEOは、単純だが核心をついた質問をいくつかすることで、この戦略には絶対に実行できない弱点があることを浮き彫りにした。

多くのCEOは、ここで議論を打ち切る。責任者は叱責され、惨めな思いをする。そして、それによって、会議で各レベルの幹部を指導し、個人の成長と会社の成長を助けるという重要な機会を逃している。だが、このCEOは、現実的な計画を立てることを部下に教えようとした。

「この計画がうまくいく方法があるかもしれない」と指摘した。「全般的に攻めるのではなく、市場をセグメント化し、競争相手の弱点を見つけ、実行のスピードを上げたらどうか。競争相手の製品ラインのどこに穴があるのか。それを埋めるような製品を開発できるのか。製品を買ってくれそうな顧客を特定し、的を絞ることができるのか」

会議が終わるころ、課題に発奮した責任者は、計画の見直しに同意した。そして、90日後には、もっと現実的な案を持ってきた。そして、戦略がどのようなプロセスで策定されるかについて、全員が重要な教訓を学んだのだ。

＊　＊　＊

一対一で個人を指導する場合にも、おなじ原則があてはまる。どんな指導スタイルでも——懇切丁寧でも愛想がなくても、実態を浮かび上がらせる質問をし、問題点の修正を手助けするのが最終目標だ。

ボシディ　業績は文句なし、約束した目標は必ず守るが、行動がめちゃくちゃな人間がいるとしよう。チャーリーという名のその男は、部下を1日も休ませず、怒鳴り散らし、女性は採用しない。チャーリーを呼んで、こう言う。「チャーリー、君は大切な幹部だが、いまのようなことを続けていると、いずれ業績が達成できなくなる。部下はついてこなくなる。選択肢はいくつかある。わたしが君を指導する。直接、君に話す。それで行動を変えてもらう。あるいは君が行動を改める。それができなければ、辞めてもらうしかない」

それほどひどいことはしていないと反論されるかもしれないが、その場合は証拠を突きつける。「君の行動をひどいと言っている人間が10人いる。全員が間違っているのか。週末に部下を働かせたことはないのか。パソコンの履歴から、君の部下全員が土日も出勤していることはわかっている。わたしは社員全員に、『毎週末に出勤してもらいたくない』と言った。わたしは嘘をついていたのか」「いいえ」「では、君の行動が間違っていることになる。違うか」「その通りです」「では、どうやって修正するかを考えよう。これで一巻の終わりではないが、行動を改めてもらわなければいけない」

チャーリーのような人間は、行動を改める場合もあるが、改めない場合もある。改めない場合は、排除するしかない。最終的に業績に影響が出るからだ。要は数字ではなく、行動なのだ。

社員の能力を伸ばすうえで、教育が果たす役割は重要だ。正しく行なわれれば、の話だが。この点を勘違いして、ごく一般的な管理職研修や幹部研修を頻繁に行ない、大量の幹部を参加させている企業が少なくない。

ある企業では、ボーナス支給対象の幹部全員が管理職養成講座を受けていた。5割の幹部にとっては、まったくの時間の無駄だ。この講座が役に立つのは誰か、組織の能力を伸ばすために、この研修で具体的にどんな成果を目指すのかを判断することが必要だ。

ハネウエルでは、組織の一員として社員が身につけるべき能力を前提に、研修戦略が立てられている。たとえば研修科目には、シックスシグマやパソコン、ワークセルと呼ぶ自律的なチームによる原材料フローの管理などがある。管理職の養成には、もっと幅広い研修が実施される。もっとも望ましいのは、事業に関わる実際の問題に取り組むことだ。会社が直面している問題を3つか4つ挙げて、チームごとに問題に取り組ませるのだ。

学習の8割が教室の外で行なわれるものだという点は、銘記しておかなければならない。リーダー、監督者ひとりひとりが教師になる必要がある。教室での学習は受講者に必要なツールを与えることを目的とすべきだ。

己を知る

組織を率いるには精神的に強くなければならないとの考えに、誰もが一応は同意する。実行面では、これが絶対的に必要だ。精神的なタフさがなければ、自分自身に正直になれないし、ビジネスや組織の現実とまともに向き合うことも、社員を率直に評価することもできない。**組織が内**

向きにならないためには、多様な観点や意識、経歴の社員が必要だが、精神的な強さがなければ、その多様性に耐えられない。それらができなければ、実行はできない。

必要とする情報なら、耳障りなものにも、そうでないものにも公平に耳を傾けるには、精神的な強さが必要だ。精神的に強ければ、自分と対立する見方を受け入れ、対立を収拾する勇気が持てるし、集団のなかでも批判的な意見が出るように促し、それを受けとめる度量が持てる。自分自身の欠点を受け入れ、直すことができるし、能力を発揮していない社員には毅然とした態度で臨み、敏捷で複雑な組織につきものの曖昧さに対処できる。

チャラン　ここまでで気づいたと思うが、最高のリーダーとは、必ずしも組織のなかでもっとも聡明な人間ではなく、事業を一番よく知っている人間でもない。自分より明らかに優れた面を持つ者に対して、リーダーとしての自信を持つには何が必要か。

ヒントをあげよう。あるCEOは強力なリーダーになるための重要な資質が欠けていた。わたしも関係する大手企業のCEOで、直属の上級副社長がふたりいた。副社長のひとりは、6割近い事業に責任を持ち、CEOより年上で、人望があり、CEOに忠実だった。だが、事業はうまくいっていなかった。CEOは頭ではわかっていたのだが、この副社長を解任できなかった（CEOがこの問題にぶつかり、身動きがとれなくなったのは、これが初めてではない。前回は、ほかの人間が尻拭いした）。最終的には、取締役会がCEOに副社長の解任を求めた。これで実権が取締役会に移り、当然の結果として、まもなくCEO自身が辞めざるをえなくなった。

このCEOは頭脳明晰で人当たりがよく、事業をよく知っていた。だが、精神的な強さがなかった。それどころか、精神的な弱さから、副社長の欠点に真正面からぶつかることができなかった。人によっては、精神的な弱さが原因で、リーダーに求められる行動が鈍ったり、まったくとれなくなったりすることがあると心理学者は指摘する。精神的な弱さがあると、対立を避けたり、決断を先延ばしにしたり、他人任せであとのことは関知せずという態度をとったりして不愉快な状況から逃げる場合がある。悪くすれば、他人を侮辱し、活力を殺ぎ、不信感を持たれることすらある。

＊　＊　＊

精神的な強さは、自己の探求や克己心から生まれる。これが人材スキルの基礎になる。優れたリーダーは、対人関係での自分自身の長所と短所を自覚し、長所は伸ばし、短所は直しているものだ。内面の強さや内なる自信、部下に力を発揮させる能力を下の者から認められ、同時に自分の能力を伸ばせてはじめて、リーダーシップを獲得できる。

長期にわたって揺るぎないリーダーは、判断の基準になる倫理的枠組みを持っていて、それがどれほど困難な課題でもやり遂げるだけの力とエネルギーの源になっている。自分の信念からぶれたりしない。この特質が基礎になって正直さや高潔さを保つことができ、尊厳を持って部下と接することができる。これがビジネスにおいてリーダーに求められる倫理なのだ。

いまの時代、リーダーは短期間なら精神的弱さを隠せるかもしれないが、長期間、隠しつづけることはできない。精神的な強さを試される難題に始終ぶつかっているからだ。難題を避けていては、結果は出せない。実行力があるかどうかは、結局のところ、いくつかの行動がとれるかどうかにかかっている。精神的な強さがなければ、自分自身にも、ほかの者に対しても、それらの行動を促すのはむずかしい。社員が正直に話さず、リーダーに、対立を表面化させる気概も対立を収拾する自信もなく、率直に批判したり、また批判を受け入れたりする姿勢がなければ、企業は現実を直視できない。各人に自分の答えがすべて正しいわけではないと認める心の強さがなければ、全体として間違いを正すことも、より良くすることもできない。

適材を適所にあてるには、精神的な強さが必要だ。**成績不振者に対応できないことは、どの企業にも見られる共通の問題だが、精神的な弱さに原因がある。**それ以上に、精神的な強さがなければ、優秀な人材を採用できなくなる。運がよければ、自分よりも優れた人材が新しいアイデアや活力をもたらしてくれるだろう。だがリーダーが精神的に弱ければ、自分の立場が脅かされかねないと考えて、優秀な人間を遠ざけようとする。自分のもろい権威を守ろうとする。自分に忠実だと信頼できる人間で周りを固め、新しいアイデアで自分を脅かしそうな人間を排除するものだ。結局、こうした精神的な弱さがリーダー自身を、そして企業を破滅させるのだ。

長年、企業とともに仕事をし、観察するなかで、わたしは精神的な強さを支える4つの資質を見出した。

① 本　物

心理学でいう本物は、一般の見方とかなり近いようだ。自分は本物であり偽物ではない。**外面と内面とが一致しており、仮面を被《かぶ》っていない。その人となりは言動と一致している。**本物の人間だけが信頼を築くことができる。偽物はいずれ見破られるのだから。

どれほど立派な心得を謳っても、見られているのは言動だ。リーダーが労力を惜しめば、優秀な社員は信頼しなくなる。出来の悪い社員は真似をする。残りの社員は、規範が曖昧ななかで、生き残りに必要なことをやる。これで至るところにカベができ、実行が妨げられる。

② 自　覚

己を知れ。これは昔からの格言であり、本物かどうかの核となるものだ。己を知れば、自分の長所には満足でき、短所で身動きがとれなくなることもない。自分の行動の足りない部分や、精神的な弱さを自覚していて、それに対処する方法を知っている。自分の周りに人を集めるのだ。己を知れば、うまくいった点からだけでなく、間違った点からも学べる。それによって成長を続けられる。

実行を重視する文化ほど、自覚が重要なものはない。理性と感情を総動員するものだからだ。社員を的確に評価でき、優れた戦略家であり、優れた現場のリーダーでもあり、顧客とも対話できるなど、すべてのことがこなせるほど能力の高いリーダーはいない。だが、欠点を自覚していれば、少なくともその点を克服しようと、自分の事業や部門に助けを求められる。実行に必要な助けを得るための仕組みを導入するだろう。**欠点にさえ気づかない者は、実行などできない。**

③ 克己心

己を知れば、己に克てる。利己心を絶えず抑制し、行動に責任を持ち、変化に適応し、新たなアイデアを取り入れ、どんな状況においても高潔さと正直さという己の基準を守ることができる。

克己心は本物の自信へのカギとなる。ここでいう克己心は本物で前向きなものであり、弱点や不安を隠すもの――過剰な自信や傲慢とは正反対のものである。

対話にもっとも貢献するのは自信のある人間だ。自信があって落ち着いているから、未知のものに対処でき、それを必要な対策と結びつけることができる。自信のある者は、自分がすべてを知っているわけではないとの自覚を持っている。そのため好奇心が旺盛で、議論を促して逆の見方を引き出し、周りから学べる環境をつくる。リスクをとることができ、自分より聡明な者を起用することに喜びを感じる。そのため問題にぶつかったとき、泣き言を言ったり、責任を転嫁したり、被害者意識を持ったりする必要がない。自分が解決できることを知っているのだ。

④　謙虚さ

利己心を抑えられれば、自分が抱える問題について現実的になれる。人の意見に耳を傾ける方法を学び、自分がすべての答えを知っているわけではないと認められる。いつでも誰からでも学べる姿勢を示すことができる。自尊心が邪魔して、最高の結果を出すのに必要な情報収集を怠るようなことはない。功績を独り占めするようなこともない。謙虚さがあれば、自分の間違いを認められる。間違いを犯すのは避けられないことだが、優れたリーダーは、間違いを認め、間違いから学び、やがてその経験をもとに意思決定の方法を編みだすようになるものだ。

ポシティ　リーダーの仕事を完璧にこなせる者などいない。間違いを犯したら、そこから学ばなければならない。ニューヨーク・ヤンキースのジョー・トーリ監督は、三度も解任されている。だが、いまでは野球の達人ともてはやされている。トーリは何かを学んできたのだ。

ジャック・ウェルチは自伝『ジャック・ウェルチ　わが経営』のなかで、最初のころ、人材の起用で数多くの失敗をしたことを率直に認めている。ウェルチは決断の多くを直感に頼った。だが、間違っていたとき、「自分の間違いだ」と言う。なぜ間違ったのかを自分自身に問い、他人の意見に耳を傾け、データを集め、原因を突きとめる。絶えず良くすることを怠らなかった。また、誰かが間違いを犯したとき、本人を責めても効果がないことを認識していた。逆に、間違いを犯した者を指導し、励まし、自信を取り戻させた。

⋆　⋆　⋆

どうすれば、こうした資質を養えるのだろうか。もちろん、この点について書かれた本があり、なかには役に立つものもある。GEやシティコープなど、幹部育成プログラムのなかに自己評価を取り入れている企業も少なくない。

しかし、究極の学習法は、経験に目を向けることだ。経験を振り返り、指導を受けることで、欠点を克服でき、精神的に強くなれる。他人の行動を観察することで、リーダーの資質が養える場合もある。観察力があれば、自分自身にも直すべき欠点があることに気づく。いずれにせよ、自己評価を重ねれば、内省を深め、個人の能力を伸ばすことができる。

こうした学習は頭の体操とは違う。粘り強さ、根気、日々の取り組みが必要だ。過去を反省し、行動を変えていくことが必要だ。ただ、わたしの経験では、一度、この軌道に乗れば、成長の可能性は限りなく広がる。

リーダーの行動は、究極的には、組織の行動になる。つまり、文化の基礎なのだ。次章では、企業文化を変革するための新たな枠組みを示そう。

第 4 章

構成要素その 2

文化の変革に必要な枠組みをつくる

事業がうまくいかないとき、経営者は企業文化の変革を考えることが少なくない。社員の考え方や行動などの「ソフト」が、組織構造などのハード以上と言わないまでも、おなじくらい重要だと考えている点で、その認識は正しい。戦略や構造を変えるだけでは、企業は生まれ変われない。コンピューターのハードは、それに対応したソフトがなければ使い物にならない。企業もおなじだ。戦略や構造などのハードは、考え方や行動といったソフトがあってはじめて機能する。

企業文化の変革がたいてい失敗に終わるのは、業績の向上と連動していないからだ。変革の考え方や手段は曖昧で、戦略や業務の実態に密着していないのだ。企業の文化を変えるには、社員の考え方や行動を、業績と直結するものに変える一連のプロセス——社会的仕組みが必要だ。

この章では、実行の体系を確立し強化する企業文化をつくるための現実的な枠組みを示していく。この方法は実践的で、計測可能な業績と完全に連動している。

基本的な前提は単純だ。実行を目指せば、文化の変革が実現するというものだ。高度な理論や社員の調査がなくても、この枠組みは活用できる。必要なのは、結果を出すよう社員の行動を変えることだ。まずは、どんな結果を出してほしいのかを社員に明確に伝える。つぎに、どのような方法でその目標を達成するかを話し合う。これがコーチングの柱になる。そして結果を出した社員には報いる。結果を出せなかった社員に対しては、さらに指導を行ない、報酬を減らし、ほかの仕事を与える。あるいは解雇する。以上のことをすれば、実行の文化が生まれる。

チャラン　フォーチュン20社のうちの1社で、新設された事業部門の会議にオブザーバーとして出席したことがある。この事業部門は、2001年におなじ業界の二社が合併してできたもので、2万人あまりの社員を抱えていた。経営幹部も一新され、この日が二度目の会議だった。最大の課題は、いかにして文化を刷新し、容認できないほど低迷した業績を向上させるかだった。資本利益率は6パーセントを下回り、株主価値は破壊されていた。新たに就任した部門CEOら幹部は、合併の相乗効果によるコスト削減だけでは、好業績を上げることはできないと認識していた。

合併前の両社は、結果に責任を負う体制になっていなかった。チームワークというお題目の下で、経営幹部はその役割を果たしていなかった。両社とも市場シェアを落とし、投資利益率の低下に悩んでいた。競争相手ほど物流コストの削減が進んでいないのが原因だった。物流コストの削減は、間違いなく経営幹部が管理すべき問題だが、担当役員は、ほかの幹部と変わらない報酬を受け取っていた。

経営幹部はそれ以前に、人間行動にもとづいて企業文化の診断を専門にするコンサルティング会社を起用していた。コンサルタントは、高潔さや正直さなど、部門がどんな価値観を持っているか、意思決定が独断で行なわれているか集団で行なわれているか、権限がどのように分散されているかなど、社員に50から60の質問をし、その結果をもとに一般的な文化の分析を行なった。報告の体裁は整っていたが、どうすれば考え方や行動を変えて、めざましい業績が上げられるかについては一切触れられていなかった。

低調な会議が一変したのは、部門CEOが適切な質問をし、つぎつぎと質問をぶつけるやり方をとってからだ。「文化を変えたいのなら、つぎはどんな質問をすべきか」

幹部のひとりが「文化をどう変えるべきか」と発言すると、別の幹部が「良くする」と答えた。すると別の幹部が尋ねた。「何をどう良くするのか」。つぎつぎと質問が飛びだした。

CEOは幹部を6人ずつのグループに分け、「何をどう良くするのか」を10項目ずつ挙げるよう指示した。各グループが挙げたのは、大局的な見地からのものだった。「業績を上げられない文化から、業績を上げられる文化へ」「停滞から持続的な改善へ」「国内志向から世界志向へ」。だが、具体性に欠けていた。

そこでCEOは、もっと具体的に、これを実行すれば、部門の中核を担う人間の行動を劇的に変え、全員の行動に影響を与えるようなものを挙げるよう指示した。なかなか具体策が挙がらなかったので、つぎのステップに移った。今度は二人一組にして、文化の現状とそれをどう変えるべきかをひとつずつ挙げるよう指示した。

全員の意見が一致したのは、責任の強化が何より重要だという点だった。「どこから始めるか」と尋ねるCEOに、「われわれ幹部から始めよう」という答えが返ってきた。「ひとりひとりに責任を取らせるつもりか」との問いに、全員が押し黙った。「われわれが正しい行動を実践しなければ、ほかに誰がやるというのか」。答えは言うまでもなかった。

最後の質問はこうだ。「われわれが行動を変えたら、つぎに何をすべきか」。人事部門の責任者は「それを2万人に伝える」と答えた。それに対しCEOはこう言った。「それでどうやって変えられるのか。それだけではうまくいかない。まずは、われわれの責任を明確化する。自分自身の責任を明確にしたら、つぎの段階では、この部門の300人のマネジャーに業績の責任を持たせる。そうしてはじめて、3000人の中間管理職や1万7000人の従業員が、実行の文化と体系を実感できるようになる」。そこで、上級幹部とその直属の300人のマネジャーに責任を持たせるための、具体的な行動について話し合った。最後までフォローを怠らず、フィードバックし、個人の業績や行動と連動した報酬を与えることにした。直属の部下に責任を負わせることも、経営幹部に期待される行動のひとつだ。

実行を可能にする文化

最近よく耳にする言葉がある。それは、考え方で行動は変わらない、行動が変われば考え方が変わる、というものだ。

行動によって考え方を変えるにはまず、「文化」という言葉を読み解くところから始めなければならない。企業文化とは、突き詰めれば、社員が共有する価値観や考え方、行動規範が集まったものだ。文化の変革を目指す人たちは真っ先に、価値観を変えるべきだと主張する。だが、それは間違いだ。価値観とは高潔さや顧客の尊重、GEの場合ではバウンダリレスネス（境界のないこと）といった基本原則や基準であり、強化する必要はあっても、変えなければならない場合はほとんどない。会社のなかでもとくに高い地位にある幹部が、その会社の基本的な価値観に違反したとき、リーダーは断固とした姿勢をとり、誰にでもわかる形で罰しなければならない。それができなければ、精神的な強さが欠けていると見られる。

多くの場合、変えなければならないのは、具体的な行動に影響を与える考え方だ。考え方は、研修や経験、社内外での会社の評判、リーダーの言動に対する見方によって形づくられる。人間が考え方を変えるのは、それが間違いだったと納得できる証拠が示されるときだけだ。たとえば、自分たちの業界が成熟していて成長の見込みはないと考えれば、社員は時間や労力を割いて成長の機会を見つけようとはしない。自分ほど働いていない者がおなじ報酬をもらっていると考えれば、やる気をなくす。

EDSでディック・ブラウンが最優先したことのひとつは、考え方と行動に的を絞って文化を変えることだった。2000年1月の上級幹部会議では、過去5年間に自社についての見方を決めたもっとも重要な考え方と、今後、必要な考え方を挙げるよう指示した。グループに分かれて議論した結果、つぎのようなリストができあがった。

EDSの古い考え方

- 《当社の事業はありふれている。》EDSが身をおいているのは、成長率が低く、成熟した産業——コンピューター・サービスのアウトソーシングである。この業界は競争が激しく、差異化できず、したがって利益率が低くなるのも当然だ。
- 《当社は市場平均並みの成長はできない。》EDSはありふれた業界の最大手であり、利益を出しながら成長するのはむずかしい。
- 《利益は売り上げについてくる。》受注を増やせば、その事業で利益を上げられる(こうした考え方では、リソースの配分を誤ることになる)。
- 《各リーダーが部門内のリソースをすべて所有する——管理がカギとなる。》各部門は完全な自主権を持ち、自分の縄張りを守る(こうした考えでは、事業部門間の協力が不可能になる)。
- 《同僚は競争相手だ。》(リソースの所有とおなじく、この考え方が成功への大きな障害になっている。社内で競争的な行動をとるのは建設的でない。競争相手は隣の部門ではなく、市場にいるのだ。市場で

勝利するには、チームワーク、知識の共有、そして協力が欠かせない）

●《社員は責任をとらない。》（「わたしの責任ではない」が決まり文句になっている）

●《顧客よりもわれわれの方が知っている。》

●《顧客にどのようなソリューションが必要かは、当社の社員が教える。》（こうした考え方が、顧客の問題やニーズに十分に耳を傾けるのを妨げる）

EDSの新しい考え方

●《市場を上回る成長は可能であり、しかも収益性が高く、資本効率が高い形で達成できる。》

●《生産性を毎年、向上させることができる。》

●《顧客の成功を手助けする。》

●《卓越したサービスを実現する。》

●《われわれの成功にとって、協力がカギである。》

●《われわれは責任を負い、熱意を持って取り組む。》

●《顧客の声にもっと耳を傾ける。》

二番目のリストが、上級幹部だけでなく、すべてのリーダーの行動を変える指針になった。

行動とは、考え方を実行したものだ。行動が結果を生む。真価が問われるのが行動だ。行動について問題になるのは、個々の行動よりも行動規範だ。行動規範とは、企業という場で受け入れられ、期待されている行動であり、「関わり合いのルール」とも呼ばれる。行動規範は、社員が集団としていかに動くかを示すものだ。だからこそ、企業が競争優位を築くうえで重要になる。

報酬を業績に連動させる

行動を変えるにはまず、報酬を業績と連動させ、その関連に透明性を持たせることが基本となる。企業文化とは、社内で何が評価され、尊敬され、最終的に報酬を与えられるかを決めるものだ。何が評価され、何が認められるかを社員に教える。キャリアアップを目指す社員は、そこに注力すればいい。企業が実行面で成果を上げた社員に報酬を与え、昇進させれば、その企業の文化は変わるはずだ。

報酬と業績をきちんと連動させている企業はあまりない。何が問題なのだろうか。

チャラン　報酬と業績をうまく連動させている経営者や企業はないわけではないが、たいていは腰が引けている。気前よく報酬を与える経営幹部に数多く出会ってきた。社員に嫌われたくないのだ。こうした人たちには精神的な強さがないため、率直なフィードバックをせず、報酬を減らすことも、罰を与えることもできない。業績や行動を報酬と結びつけることには前向きでない。先延ばしにし、上辺を取りつくろい、正当化する。業績不振者のために、仕事をつくることすらある。その結果、組織は混乱を極める。

EDSでは、ディック・ブラウンが素早く動き、好業績を上げた者の報酬が、そうでない者よりも確実に多くなるようにした。責任を明らかにする姿勢の欠如がEDSの最大の問題であることは、経営幹部もよくわかっていた。「業績が悪くても、何のお咎めもなかった。お咎めがないばかりか、仲良しグループの一員であれば、会社に悪い影響を与える行動をとっても、責任は問われなかった」とある幹部は回想する。「いつも自分以外の誰かの責任になった」と別の幹部は付け加えた。

ブラウンは、幹部全員を相対評価でランク分けし、それに応じて報酬を支払う制度を導入した。この制度は、GEのジャック・ウェルチが導入した「活性化カーブ」――社員を「A」「B」「C」にランク分けする制度――に似ている。

こうした方法で社員をランク付けする場合、制度の設計や運用がまずければ、一定数の社員を解雇するために恣意的に使われるなどの問題を引き起こす。だが、コーチングによって境界線上の社員に業績を向上させる機会を与えれば、結果重視の文化を導入するのに大いに役立つ。プロセスは厳正でなければならない。行動基準や業績基準に照らして正しい情報を集め、活用しなければならない。リーダーは部下に対して、ありのままをフィードバックする。最下層にランクされた社員に対してはとくにそうすべきだ。

ブラウンはまさにそうした。たとえば、こう言っている。「最初の年、わたしのところにやって来て、こう言った者がいた。『この制度はなっていない。去年、わたしは上位にランクされた。今年、おなじ仕事をして、おなじ程度の業績を上げたのに、下の方にランクされた』。わたしはこう言い返した。『理由を教えよう。つぎの2つのうちどちらか、それとも、その両方だ。第一に、君が思っているのと違って、去年ほどよくなかった。第二に、去年とおなじくらい良くて、今年もおなじ仕事をしたのにランクが下がったとしたら、君には進歩が見られず、君以外の者がみな進歩していたからだ。気づいてもらいたい。EDSは進歩しており、全員が自分の仕事で進歩しなければならない。おなじところにとどまっているなら落伍するだけだ』」

EDSでは、個人の行動も報酬に反映させた。新たなビジネス・モデルでは協力が成功のカギになるが、それまでのEDSでは協力的な行動はほとんど見られなかった。そこで幹部報酬のインセンティブ部分で協力の度合いを評価し、それに応じて報酬を支払うことにしたのだ。ある事業部門に属するボブが、自分が開拓した顧客を、その顧客へのサービス提供にもっとも適した別の部門のリンダに紹介したとする。ボブの業績評価では顧客を譲った点が明記され、事業部門責任者は、ボブのボーナス査定でこの点を考慮する。営業担当者は、他部門に紹介した仕事に対して特別なインセンティブ報酬を得る。

どのような方法で報酬を決めるにせよ、目的はひとつ。**報酬制度は正しい結果を生むものでなければならない。好業績だけでなく、望ましい行動にも報いるべきだ。行動と業績の両面で優れたAのプレーヤーの数を増やさなければならない。**業績を上げない者は取り除かねばならない。次第に社員は強くなり、業績が好転するはずだ。

ポジティブ

経営者が何を評価するかで結果が変わる。これはきわめて明快なプロセスだ。年の初めに、わたしはハネウエルのラインとスタッフのリーダー全員に「今年の各人の目標に関する合意点」を記した手紙を出す。第一の柱は、財務上の目標であり、売上高伸び率、利益、キャッシュフロー、生産性、そのほか事業の性格に応じた指標や、その時点で達成を目指す目標を書く。これらの目標は、事業の性格に応じてウェートづけする。たとえば、ある事業で新製品を4つ開発する必要があれば、売上高伸び率と生産性のウェートを引き下げ、新製品開発のウェートを引き上げる。

第二の柱は、それ以外の目標であり、その年に実行することと、長期的に実行することの2

つに分ける。シックスシグマの基盤づくりから新規市場への参入まで、あらゆるものが目標になりうる。ハネウエルでは、年に2回、経営資源評価で業績と将来性を評価する。その評価を報酬と連動させる。

各事業の総責任者は、直属の部下に目標を与える。財務目標については全員がおなじ場合もあるが、それ以外の目標は異なり、組織の強化であったり、事業の多角化であったり、その時々の重要な課題が目標になる。

ストックオプションやボーナス、昇給額には各人で差をつけなければならない。この差異化は、業績重視の文化をつくるうえで欠かせないものだ。ハネウエルでは、上位250人にストックオプションを活用している。基本給でも他社と遜色ないが、もっと稼ぎたければ、ストックオプションで実現する。ストックオプションも権利ではなく、平等には支給しない。たとえば、立派な仕事をしているが、それ以上伸びる見込みがない専門職がいるとする。こういう場合、ボーナスはきっちり現金で支払い、ストックオプションの比率は下げる。株式ボーナスは与えない。逆に、将来性は大きいが、ある年の成績が期待ほどではなかった社員については、現金を少なくするが、ストックオプションでインセンティブを与えつづける。会社の将来の財産だと考えるからだ。

ベストを尽くしている社員には、あらゆる手段を使って報いる。それによって業績重視の文

化をつくることができた。２００２年には景気低迷の影響で、ボーナスを少額に抑えるか、まったく出さない企業が続出するだろう。当社の航空宇宙向けコンポーネント事業は、９月11日の同時多発テロで大きな打撃を受けた。業績が前年を上回っている事業はほとんどない。しかし当社では、この環境のなかで競争相手と比較してどの程度健闘しているか、という観点から社員を評価している。業績が良ければボーナスを与える。

＊　＊　＊

報酬を業績と連動させることは、実行の文化をつくるうえで不可欠だが、それだけでは十分でない。ありがちなのは、冷徹な新経営者が業績重視の文化を実現しようと、厳格な業績基準を設け、そのあとは部下任せにすることだ。「溺れたくなければ泳げ」というのがメッセージだ。多くの人たちが溺れ沈む方に進み、企業もまた沈む。アル・ダンラップ率いるサンビームがそうなったように。

実行に必要な行動に報いる報酬体系をつくっても、乱暴な運用しかしないリーダーもいる。社員を助けて新たに求められる行動を身につけさせるという、重要なステップを踏んでいないのだ。指導をしない。大きな考え方を、短期間で実行できる小さくて重要なタスクに分解することを社員に教えない。対話によって実情を浮き彫りにし、考え方を教え、問題解決に導こうともしない。

ここで欠けている部分を、われわれは実行の社会的ソフトウエアと呼ぶ。

＊　＊　＊

実行の社会的ソフトウエア

チャラン　会議で何をするか全員が合意したはずなのに、結局、何も起こらなかった経験が何度もあるのではないだろうか。活発な議論が行なわれないため、疑問を持っていても誰も口にしない。反対意見を出すのではなく、気に入らないプロジェクトが自然消滅するのを待つ姿勢をとるのだ。

わたしは大企業やその経営者に助言するなかで、経営幹部のあいだですら、真実を言わなかったり議論を詰めなかったりしたために、決定が見せかけだけのものになった例を何度となく見てきた。「見せかけだけ」というのは、疑問を口にせず、行動に移さないため、結局、決定が実行されないからだ。こうした優柔不断な例には共通点がある。結果を出すべき社員同士が協力しないのだ。決定を下し、それにもとづいて行動すべき社員同士が情報を交換し協力して行動することがない。階層組織の集団心理を恐れ、形式主義と不信感にとらわれて、確信のないまま公式見解を無表情に話すだけにする。計画を実行する立場にある社員が決定に熱意を持っていないので、断固とした行動をとらない。

見せかけだけの議論が単独の現象であることはめったにない。ある会社で大きな決定、小さな決定が下されるとき——あるいは下されないとき——その会社全体に共通して見られるものだ。断固とした行動をとれないのは、つまり、**実行力がないのは、企業文化にその原因があり、社員の立場からは変えようがないように思える。**

ここで重要なのは、「思える」という言葉だ。実際は、決断力のない文化をつくったのはリーダーであり、リーダーはこれを打ち破ることができるからだ。文化を変えるため真っ先に使える手段が、その企業の社会的ソフトだ。

コンピューターとおなじように、企業にもハードとソフトがある。われわれは、企業のソフトウエアを「社会的ソフトウエア」と呼んでいる。ふたり以上の人間がいる企業は、社会的システムだといえるからだ。

ハードには、組織構造や報酬体系、賞罰、業績報告とそのフローの設計などがある。情報交換のシステムもハードの一部だ。階層での権限分散もハードであり、仕事の割り振りや予算の承認権限が正式に目に見える形で組み込まれている。一方、社会的ソフトとは、価値観や考え方、行動規範など、ハードに入らないあらゆるものを含む。コンピューター・ソフトと同様に、企業のハードに生命を吹き込み、機能させるのがソフトだ。

組織の構造は、部門ごとに決まった仕事をするよう設計されている。組織構造の設計が重要なのは言うまでもないが、組織をひとつにまとめ、足並みを揃えられるようにするのはソフトだ。ハードとソフトの組み合わせで、社会的関係や行動規範、力関係、情報の流れ、決定の流れが生まれる。

たとえば、基本的な報酬制度は、数量で測れるという点でハードだといえる。結果を出せば、公式にあてはめて報酬が計算され、支払われる。だが、ほかの行動を報酬の対象にしたいとき、たとえば、シックスシグマを向上させたり、幹部に多様な人材を登用したり、同僚との協力を評価したりしたいとき、ソフトが重要になる。報酬の対象となる行動規範を決めるのはソフトだからだ。**高い業績を上げた社員や潜在能力が高い社員を手厚く処遇するリーダーは、社員の行動を左右する社会的ソフトウエアをつくっているといえる。社員は抜きんでようと懸命に働くようになる。**

*　*　*

ソフトの柱になる部分を、われわれは社会的仕組みと呼んでいる。公式・非公式の会議、プレゼンテーション、メモや電子メールの交換ですら、対話が行なわれているものはすべて社会的仕組みになる。こうした対話の場が、ただの会議でなく、社会的仕組みになるのは2つの要素のためである。第一は統合性。全社を統合し、部門や機能、専門部署、業務プロセス、階層のカベを打ち破るとともに、外部環境と結びつけて考えられる。社会的仕組みは、新たな情報の流れを生み、仕事上の新たな人間関係をつくる。ふだんはあまり接点のなかった社員同士が意見を交換し、情報やアイデアを共有し、会社を全体として理解しようとする。透明性を確保し、一斉に動けるようになる。

第二に、考え方や行動が絶えず実践される場になっている。社会的仕組みを通して経営者の考え方や行動、話し方は企業全体に伝わる。各部門のリーダーは、トップの考え方や行動を公式・非公式の会議やコーチング、フィードバックなどの機会に下のレベルに伝える。伝えられたものは、そのレベルで社会的仕組みになる。おなじことがラインの下へ順次起こっていく。

社会的仕組みが相互に結びつき、評価制度、報酬制度と結びついたものを、本書では社会的オペレーティング・システムと呼ぶが、これが企業の文化を左右する。たとえば、人材、戦略、業務の各プロセスのなかで、企業の上級幹部が集まるレビュー会議は社会的仕組みであり、プロセス同士が結びついたものは社会的オペレーティング・システムとなる。

GEでは、高度に発達した社会的オペレーティング・システムが、同社の成功の中心的役割を担っている。社会的仕組みには主に、四半期ごとに開かれる本社上級幹部会議（CEC）、年に一度開かれる幹部と組織の評価、セッションC、戦略と業績を評価するセッション1とセッション2、フロリダ州ボカ・ラトンで幹部が翌年の事業計画や進行中の計画の見直しを話し合うボカ会議などがある。

2日半にわたって開かれるCEC会議では、GEの事業部門責任者約35人が、あらゆる側面から事業と外部環境を検討し、自社の最大の機会と問題点を把握し、ベスト・プラクティスを共有する。CEOにとってこの会議は、幹部の考え方や協力度合いを観察し、指導する機会になる。

セッションCでは、CEOと人事担当役員が、事業部門ごとに責任者、人事担当者と8時間から10時間にわたって集中的に議論する。各事業部門の有能な人材と企業としての優先事項を検討する。戦略を実行するうえで適材を適所に配置しているか、誰を昇進させるべきか、誰に報奨を与えるべきか、誰に研修が必要か、誰の業績が不振かを検討していく。CEOは、そのときの議論や実行項目の内容、行動の中身を検討したメモを書いて、各セッションをまとめる。こうした仕組みを通した人材の選抜・評価は、GEのコア競争力になっている。

セッション1と呼ばれる戦略会議は、第2四半期の末にかけて行なわれる。この会議では、CEO、CFO、CEO補佐が、各事業部門の責任者以下の幹部と、翌年以降3か年の戦略を話し合う。CECで承認されたイニシアチブや、各戦略の実行責任者の決定が議題となる。セッションCと同様に、CEOが各事業部門責任者に、合意した行動計画をまとめたメモを送って確認する。11月に開かれるセッション2会議は、事業計画会議であり、今後12か月から15か月に焦点を絞り、戦略を実行の優先順位や経営資源の配分に結びつける。

セッション1とセッション2のあいだにも、ほかの社会的仕組みが機能している。4月には、1万1000人の従業員を対象に、イニシアチブが全社にどの程度理解されているか、電子メールを使って調査を行なう。10月には、150人の本社上級役員がクロトンビル研修所に集まり、プロジェクトの進捗状況を検討し、翌年の事業計画を策定し、上級研修プログラムに参加する。12月のCEC会議の目玉は、1月のボカ会議での議題の設定だ。

社会的仕組みが結びついたこのシステムがあるからこそ、GEのリーダーは、複合企業（コングロマリット）と呼ばれるほど多岐にわたる事業を束ねることができる。社会的オペレーティング・システムによって、幹部の育成や事業計画をはじめとする各事業部門の動きに、GE全体の戦略が明確な形で反映されている。前CEOのジャック・ウェルチがつくりだした行動規範である対話は、率直で現実を直視したものだ。フィードバックは本音で行なわれる。そしてCEOはあらゆる会議に出席し、最後まで積極的に参加する。これこそ、実行に必要なオペレーティング・システムだ。

現代の企業は複雑であり、多くの部分が絶えず動いている。経営環境の変化に対応して組織が変化し、考え方が変わり、決定が変わり、人が変わる。これに対して社会的オペレーティング・システムは一貫している。何よりも、考え方や行動に関する共通の規範をつくるのに必要な一貫した枠組みを提供する。時の経過とともに、深く根を張った部門ごとの文化すら克服する。

ボシディ　ハネウエルの社会的オペレーティング・システムはGEほど洗練されていないが、目指しているものはおなじだ。われわれの行動は、人材プロセス、戦略プロセス、業務プロセス、さらには100人以上の幹部が出席する2つの幹部会議に表れている。行動が顕著に表れるのが、この会議だ。この会議から、組織の下部に伝わっていく。

これらのプロセスから社員が取り入れるもののなかでとくに重要なものは、建設的な議論によって協力する方法を理解することだ。完璧なアイデアや完璧な答えを持っている者などいない。問題にぶつかれば、何人かが集まって解決策を見つけようとする。ただじっと座っていたり、解決策がないと嘆いたり、コンサルタントを雇ったりするわけではない。社員にはすべてを知ることを求めない。ただ、可能なかぎり最善の答えを見つけだすよう求める。そして、ほかの社員と協力して見つけだすよう求める。こうした建設的な議論を続けていれば、予想外の問題が持ち上がったときに、解決できる自信が生まれるものだ。

活発な対話の重要性

活発な対話――つまり、オープンで率直でざっくばらんな議論によって現実を浮き彫りにしなければ、実行の文化は実現しない。活発に対話が行なわれる組織は、効率的に情報を集め、咀《そ》嚼《しゃく》し、加工して意思決定をすることができる。創造性が養われる。画期的な製品や発明は、活発な対話のなかで育まれる。最終的には、競争優位を拡大し、株主価値を高めることになる。

活発な対話は、胸襟を開くことから始まる。先入観にとらわれることなく、本音を隠すこともない。新しい情報を取り入れて最善の選択をしようと、あらゆる意見に耳を傾け、自分の意見を述べる。

率直に話すときには、本音を語っている。力のある者に取り入ったり、和を乱すことを気にしたりしない。誰も傷つけまいとして、調和を重んじるリーダーが少なくないが、じつのところ調和は真実の敵になりうる。批判的な意見が封じ込められ、意思決定が水面下で行なわれるようになる。調和が偏重されると、会議の場では議論せずに、主要人物がその場を離れたあと、気に入らない決定を黙って無視するようになる。「調和よりも真実」が守るべきモットーだ。率直さがあれば、面従腹背や議案の握りつぶしを防ぎ、イニシアチブが行き詰まるのを防ぎ、やり直しでやる気が殺がれることもなくなる。

率直であるためには、ざっくばらんであることがカギとなる。ざっくばらん（「Informality」）はジャック・ウェルチが好む言葉だ。改まった雰囲気では会話も湿りがちになるが、ざっくばらんな雰囲気であれば会話が弾む。改まった会議やプレゼンテーションでは、対話の余地はほとんどない。改まっているとは、台本があり、段取りがあらかじめ決められていることだ。ざっくばらんな会話は開かれている。質問を歓迎し、その場の思いつきや批判的な意見も呼び起こす。上下関係がはっきりした改まった会議では、いいアイデアが出ても、力のある者に潰されかねない。だが、ざっくばらんな会議では、互いの考えをテストし、実験し、相互にチェックできる。同僚、上司、部下のあいだでリスクをとれるようになる。ざっくばらんな対話では真実が明らかになる。型破りなアイデア、最初はばかばかしく思えても突破口を開いてくれるアイデアが引きだされる。

最後に、活発な対話は結論を出せる。会議の終わりには、各自がいつ何をすべきか合意ができる。公の場で約束したのだから、結果には責任を持つ。

多くの企業が現実とまともに向き合っていないのは、効果的な対話ができていないからだ。そして、それは結果に表れている。自分が出席した会議を思い浮かべてみればいい。絶望的に時間の無駄だと思える会議があるかと思えば、やる気が湧き、大きな成果が得られる会議もある。違いはどこにあるのだろうか。議題ではない。会議が時間どおりに始まったかどうかではないし、整然としていたかどうかでもない。まして、改まったプレゼンテーションが行なわれたかどうかでもない。そうではなく、違いは対話の質にある。

事業報告など、企業の一般的な会議では、対話は制約され、駆け引きに使われている。自分の意見を曖昧にしたり、言葉を柔らげたりして、対立を避けようとする者がいれば、相手をねじ伏せようとする者もいる。両方のタイプの人が出席する会議では（多くの会議がそうだ）、対話は強気の人間にとっては格闘の場になり、受け身の人間にとっては屈辱の場となるか、退屈なものになる。現実が明らかになることはほとんどなく、問題にはほとんど進展が見られない。

大きな成果が上がった会議について考えてみよう。現実が明らかになり、結果に繋がる計画が出される会議だ。どうすれば、そうできるのだろうか。

対話は集団の心理を変える。集団の能力を広げることもあれば、狭めることもある。やる気になることもあれば、やる気をなくすこともある。自信を持ち前向きになることもあれば、後ろ向きになることもある。団結を生む場合もあれば、派閥をつくる場合もある。

活発な対話があれば、社員にとって不都合なものであっても現実が浮き彫りになる。対話には目的と意味があるからだ。活発な対話は、誰でも参加でき、厳しく、的が絞られ、ざっくばらんなものだ。さまざまな見方を取り入れ、それぞれの見方の長所と短所を検討し、誠実に素直に新たな見方を確立しようとする。古い秩序を死守しようと無駄なエネルギーを使うのではなく、斬新な質問や斬新なアイデア、斬新な見方を引きだす原動力になる。

昔ながらの駆け引きや責任逃れに慣れている人たちに、活発な対話をさせるにはどうすればいいのか。まずは上から、組織のリーダーから始めることだ。リーダーが活発な対話を実践すれば、周りはそれに倣《なら》う。なかには精神的な弱さから、反発されると防戦一方になるリーダーもいるだろう。また、建設的な批判や対話ができるよう部下を指導するスキルを学ぶ必要も出てくるだろう。こうした人たちは助けられるようにする。

だが大事なのは、業績を目標にして、行動から考え方を変えるようにすることだ。業績に応じて報酬を与えれば、業績に対する関心が深まり、対話が引きだされるだろう。誰もが最高の答えを必要としている。それには全員が率直に議論しなければならない。誰ひとり完全なアイデアを持っているわけではないのだから。自分と意見の違う人に対して、それは大間違いだと非難すれば、つぎに意見を言ってくれる人は少なくなる。そうではなく「わかった。その点を議論しよう。みんなの意見を聞いて決めよう」と言えば、いい反応が返ってくるはずだ。

リーダーが示す行動、許容する行動を部下はとる

社会的ソフトウエアが理解できれば、リーダーが現場から離れていては、文化を変えることも維持することもできないことがわかるだろう。ディック・ブラウンはこう言っている。「企業文化とは、リーダーの行動そのものだ。リーダーが示し、許容している行動がそのまま自分に返ってくる。企業の文化を変えるのであれば、リーダーの行動を変える。リーダーの行動や業績の変化が、文化が変わったかどうかの尺度になる」

実行力のある企業をつくるには、リーダーみずから、望ましい行動と率直な対話という社会的ソフトウエアを生みだし、強化しなければならない。社会的仕組みのなかで、それを絶えず実践し、反復しなければならない。

たとえば、ある経営者は、社会的仕組みのひとつとして定期的な電話会議を活用し、幹部の議論や意思決定に率直さや現実を直視する姿勢を持ち込むことによって、文化の変革を主導している。電話会議を通じて責任の所在を明らかにし、絶えずフォローする態勢をとる。各レベルの社員との意思疎通などリーダー自身の行動が社員の考え方や行動の規範となり、強化されていく。

電話会議で経営者が対話することで、全員が注目すべき会社の全体像を明らかにする。業績が

目標を下回っていれば、目標達成のために今後数か月にどのような対策をとるか、全員が説明できる準備をしている。会社全体について議論し、外部環境に注目することによって、参加者全員が、全体的なトレンドや競争、問題、障害について理解を深める。参加者が実行の文化をつくろうとしていれば、この情報は会社全体に伝わっていく。

＊　＊　＊

実行の文化のない大企業のなかで、自部門に実行の文化をつくることができるだろうか。白眼視されるだけではないだろうか。そうとは限らない。売り上げと利益が増えはじめれば、文化を変革できる可能性は高い。

ボシディ　リーダーなら部下を自殺行為のような任務につかせようとは思わないが、会社全体の方針になっていなくても、実行の文化を確立することは可能だと思う。わたしはレビューのときは、いつも相手が真実を見つけだしたがっていると考えている。１９６０年代後半、ＧＥの社内監査人《オーディタ》になった際、世界各地の事業所を回り、マネジャーにはさまざまなタイプがあることに気づいた。うまくやっているマネジャーと、そうでないマネジャーを見るにつけ、問題を解決するには、積極的に関与し、率直に議論する方が、より良い判断ができると確信するようになった。この教訓はその後もずっと忘れていない。

　１９７８年、ＧＥキャピタルの部門責任者に就任したときにも、この教訓を実践してはいた。しかしおなじ年、ジャック・ウェルチが消費財セクターの責任者に就任し、このプロセスを劇的に強化した。その手法は、はるかに浸透力があり、行動を重視し、具体的に何をするのかを問うものだった。方向としてはわたしにもわかっていたことだが、ウェルチはそれをはるかに強烈に実行したのだ。人材プロセスに深みと情熱と、これまでにない猛烈さを注ぎ込んだ。

　わたしはリーダーとしての経験を積むにつれ、その経験をプロセスに生かすようになった。たとえば人材プロセスでは、当初は、仕事の出来に注目していた。結局、それが企業を動かしているからだ。その点は相変わらず注目しているが、時が経つにつれて、**その人材がどんな将来性を持っているのか**、について考えるようになった。以前より多くの質問をして、長期的な可能性について議論するようになった。

　また、議論の参加者を増やした。参加者が増えれば、わかることが増えるからだ。以前に一対一の面談が多かったのは、率直に話したことが広まって、その人を傷つけるのを望まなかったからだ。だが、この問題を解決する方法を見つけた。議論の対象になっている人物は、いずれにせよ、議論の中身をすべて知ることになるのだから、包み隠さず、しかもプロフェッショナルとして議論することにした。率直に話すが、相手を傷つけるものではない。本人に面と向かって言えないような発言はしないよう、心がけている。

わたしは根っからの現場人間であり、いつも自分の仕事に懸命に取り組んできた。仕事に情熱を持ち、のめり込み、好奇心を持ちつづけてきた。この点が組織を変えられるかどうかの決め手になる。**組織を変革するのは面倒で骨が折れると思えば、うまくいかない。過程を楽しむことだ**。そうでなければ企業の変革はできない。

*　*　*

文化の変革が成功するかどうかは、ひとえに良い人材がいるかどうかにかかっている。つぎの章では、リーダーにとってもっとも重要な仕事――人材の選抜と評価を見ていこう。

第 **5** 章

構成要素その 3

他人に任せてはならないリーダーの仕事

——適材を適所にあてる

不透明な経済状況や競争相手の予想外の動きなど、企業には管理できないことが数多くあるので、管理できる点についてでは、細心の注意を払っていると思われている。管理できる点のひとつが人材の質、とくに幹部層の質である。企業にとって人材は、毎年、優れた業績を上げようとするとき、もっとも信頼できる経営資源だ。各人の判断や経験、能力が成功するか失敗するかを決める要因になる。

しかし、「人材こそが当社にとっての最重要の資産」だと主張するリーダーも、適材を適所に配置することをそれほど真剣に考えているわけではない。どのような職務が必要か、今日だけでなく明日何が求められるか、その職務にはどんな人材が必要かについて、リーダーも組織も確たる考えを持っているわけではない。その結果、幹部候補にふさわしい人材を採用し、昇進させ、育成する努力をしていない。

競争相手よりも会社を大きくし、世界的な企業にすることに熱心なあまり、人材に十分な関心を払っていない経営者には随分お目にかかってきた。人材の質こそが、競争上の最大の強みになることを見逃しているのだ。その影響は、大型合併ほどすぐに表れるわけではない。だが、長期的に見れば、適切な人材選びが、持続的な競争優位の源泉になることがわかる。

デルがはるかに規模の大きいコンパックを破ったのは、マイケル・デルが適切な人材、つまり自社のビジネス・モデルを的確に実行する方法を理解している人材を、適所に配置することに熱心だったからだ。1990年代初め、携帯電話機業界で目立たない存在だったノキアが、世界的なトップ企業に躍進した秘訣も人材にある。再建のため銀行から転じたCEOのヨルマ・オリラの下、ノキアは最大手のモトローラに先駆けてデジタル技術を採用した。また携帯電話が単なる通信手段ではなく、ファッションのひとつだと見て、毎月、新製品を発表して業界に旋風を巻き起こした。

成功を続けている企業はどこでも、リーダーが人材の選抜に熱心でこだわりを持っている。数十億ドル企業の経営者であれ、はじめて事業部門の責任者になった若手であれ、幹部を選抜し、育成するプロセスを誰かに任せるわけにはいかない。それこそ、リーダーが嬉々として取り組むべき仕事なのだ。

ボシディ　アライド・シグナルに入ったとき、もっとも厄介だと思ったのは、業務管理チームが弱いことだった。競争相手より劣っていた。さらに幹部候補の層も薄く、将来のリーダーも育ちそうになかった。だが、99年に同社を去るころには、同社の強みは、幹部層の質の高さにあると思えるようになっていた。その証拠に、有能な人材が他企業のCEOとしてスカウトされている。W・R・グレースのポール・ノリス、レイセオンのダン・バーンハム、パーキン・エルマーのグレゴリー・L・サム、アメリカン・スタンダードのフレデリック・M・ポーゼスら

はみなアライド・シグナル出身だ。

これほどの質の高さは、偶然の産物ではない。わたしは幹部を採用し、適切な経験を与え、育成するのに、常識はずれとも言われかねない時間と労力を注いできた。最初の2年間は30～40パーセント、その後は20パーセント強ほどだ。CEOがひとつの職務に充てる時間としては膨大だが、これがアライド・シグナルの成功におおいに貢献したと自負している。

まずは工場を訪問し、責任者に会い、個々の能力を確かめることから始めた。責任者だけではなく、従業員とも話し、職場環境に対する見方や行動を観察した。どちらも責任者の言動が投影されている。この訪問で、幹部の育成がおろそかにされていることが大きな問題だと考えるようになった。

直属の部下6人には感心したが、事業部門責任者とその部下には、あまり感心しなかった。なかには、別の事業でいくつかの業務を経験すれば力が伸びると思える者もいたが、大半は全般的な経営知識が欠けていて、自分の職務範囲だけで優先順位をつけていた。競争環境の理解や、部下の教育といった基礎的なスキルが身についていなかった。頭脳が明晰でないとか、怠けていると言いたいのではない。素晴らしい考えを持ち、それを説明する方法は知っているのに、実行する準備ができていないのだ。そこで、こうした人材には手厚い退職手当を用意し、独立を後押しすることにした。

つぎの段階は、もっと有能な人材を積極的に引き抜くことだった。事業を率いるだけでなく、将来の有能なリーダーになってもらわなければならない。幹部の育成はコア競争力にすべきだ。GEでは経営幹部の85パーセントが生え抜きだ——それほど幹部の育成で優れている。ここまで優れているのは、ジャック・ウェルチ、そして、後任のジェフ・イメルトがリーダーの育成を最優先課題に掲げ、幹部にもそれを求めたからだ。これに対してアライド・シグナルでは当初、幹部のほぼ全員を、GEやエマソン・エレクトリック並みの人材育成プロセスを有する企業から引き抜かなければならなかった。

ほとんどの経営幹部を生え抜きで賄うことがわたしの念願だったが、最終的にはそれが可能になった。だが、それを実現するには、CEOであるわたし自身が幹部を評価し、育てる仕事に積極的に関与する必要があった。

わたしは直属の部下だけでなく、その部下も評価した。時には、さらに下の階層を評価することもあった。アライド・シグナルでの最初の3年間、幹部候補として採用した新卒MBA300人の多くをわたし自身が面接した。

全員を面接できるわけではないが、わたしが基準を示せば、会社全体がそれに従う。わたしが有能な人材を採用すれば、その人たちがまた有能な人材を採用するようになる。

なぜ適材が適所に配置されないのか

常識では適材は適所に配置されることになっている。だが、往々にしてそうはなっていない。日々、目にする不適合をどう説明すればいいのか。リーダーは自分が指名する人物について十分に知らないのかもしれない。その職務に適したスキルを持っている者よりも、自分に都合のいい者を選んでいるのかもしれない。成績のいい者と悪い者に差をつけ、必要な措置を講じる勇気がないのかもしれない。どれも、根っこはおなじだ。リーダーみずから人材プロセスに関与し、積極的に介入する姿勢をとっていないのだ。

知識の欠如

リーダーが、誤った基準にもとづいたスタッフの評価に頼る場合も少なくない。あるいは、直属の部下の曖昧で無意味な推薦文を真に受ける。推薦者は「ボブは素晴らしいリーダーだ」と持ち上げる。「士気をおおいに高め、弁も立つ。人当たりもよく、非常に優秀だ」。これに対しリーダーは、ボブがその職務に必要な具体的な資質を持っているかどうかは、何も尋ねない。そもそも、その職務に必要な資質がよくわかっていなかったりする。妥協できない3ないし4の要件、つまり成功するために不可欠な能力という点から、その職務について考えたことがない。

チャラン　2001年11月にある消費財メーカーのCEO、副会長と昼食をともにした。同社の市場シェアは低下しており、そのときの会話から、マーケティング責任者のリーダーシップの弱さが原因であることがわかった。マーケティング責任者を更迭しなければならないのは、はっきりしていた。これが2002年を大きく左右する仕事になる。CEOの念頭には後任の候補者があった。副会長のマークが推す女性で、CEOは「彼女は素晴らしく、申し分ない」と褒めちぎった。「どういう点が素晴らしいのですか」とわたしは尋ねた。一般的な答えしか返ってこないので、それほど素晴らしいと思った理由をさらに尋ねた。CEOは具体的な点は挙げられずバツが悪そうな顔をした。

そこでわたしはCEOと副会長に、この職務で妥協できない要件を3つ挙げるよう求めた。少し話し合ったあとふたりが挙げたのは、以下のようなものだった。販促、広告、商品企画を適切に組み合わせられる。どんな広告に効果があり、その広告をテレビ、ラジオ、新聞・雑誌にどう載せればいいのかを知っている。適切な時機に適切な手順でマーケティングを実施し、新製品の投入に連動させられる。マーケティング部門の再建のため、適材を見極めることができる。

これを聞いて、候補者がこれらの要件を満たしているかどうか尋ねた。長い沈黙があった。CEOはようやく正直に答えた。「本人のことをよく知らないことがわかりました」

CEOも副会長も、それ以外の者も適切な質問をしていなかったのだ。どんな企業でも、指導者層の遺伝子プールを改善しつづけるには、人材プロセスに組み込まれたひとつの分野として、人と仕事が合っているかを率直に議論し、適切な行動が確実にとられるかどうかを絶えずフォローする仕組みが必要である。

勇気の欠如

業績が悪いのに何年もおなじ職にとどまっている社員に心当たりはないだろうか。たいていの場合、その原因は、上司にその社員と向かい合い、白黒をつける精神的な強さがないことにある。それができなければ、組織に大きな打撃を与えかねない。業績が悪い者が上に立てば、組織を破壊しかねない。

チャラン　数年前、産業用精密部品のあるメーカーが、社内には経営を引き継ぐのにふさわしい人材がいないと判断して、CEO候補をふたり他社から引き抜いた。同社はこの分野では世界のトップ企業で、長期にわたって業績は好調だった。候補者のひとりであるスタンは、同社の利益の80パーセントを生み出している稼ぎ頭、北米事業の責任者として起用された。広い意味ではおなじ業界の世界的な電子機器メーカー出身で、小規模な事業部門を率いていた。スタンは受けがよく、周りとすぐに打ち解け、精力的に働き、プレゼンテーションも見事だった。

だが、北米事業の責任者としての業績はよくなかった。就任初年度に業績目標を達成できなかった。市場シェアを失い、コスト競争力を失った。当時、業界は過剰設備に喘いでいたが、スタンは工場を閉鎖せず、コスト削減もせず、実行を重視しなかった。会社の利益率は低下し、キャッシュフローは減少し、株価は下がる一方になった。それでもCEOは動かない。スタンは就任して日が浅いので、会社の文化に慣れるまでに時間が必要だし、自分が指導すれば軌道修正させられると思っていた。

だが、2年目も目標を達成できなかった。キャッシュフローはふたたび落ち込み、株価はさらに下落した。取締役会はひどく心配するようになった。スタンから四半期報告を受けた取締役会は、CEOと社外取締役の会議を開き、スタンを解雇するよう申し渡した。だが、会社を救うには遅きに失した。この時点で株価は半値にまで下がっていた。会社は投資銀行の売り物になり、虎視眈々と買収を狙う企業の餌食となった。そして半年も経たないうちに買収されてしまった。

CEOは非常に聡明で、高潔で、部下に対してはつねに、疑わしきは罰せずの姿勢をとった。スタンはお気に入りだった。だが、業績が悪い者に対峙したり、工場を閉鎖したり、レイオフしたりする勇気はなかった。主力事業の責任者を業界の現実に立ち向かわせることができず、業績不振の責任をとらせることもできなかったのだ。

心理的な安心感

適材適所になっていないのは、上司が気に入った部下を昇進させているからでもある。経営幹部にとって、長いあいだともに働いてきた人間を大切にするのは当然だ。とくにその判断を信頼するようになった場合は。だが、部下思いが誤った要因に基づいているとすれば、深刻な問題だ。たとえば、上司が部下を気に入っているのは、部下が自分を慕っていて、楯突いたりしないからかもしれない。上司を軋轢《あつれき》から守る術《すべ》を身につけているからかもしれない。あるいは、長年のあいだに社内に派閥ができていて、おなじ派閥に属している部下を贔屓《ひいき》しているのかもしれない。

チャラン　売上高250億ドルの世界的企業のCEOに指名されたハワードは、押しが強く、野心満々で、マスコミに派手に取り上げられるのを喜んでいた。周囲の期待は高く、10年後に引退するころには、10社がひしめく競争の激しい業界で、会社を3位から1位に躍進させている

だろうと見られていた。

ハワードは、11人の経営幹部のうち3人以外に早期の退任を求め、代わりに自分に忠実な部下を起用した。最初の2年間は、それまでの経営陣の努力のおかげでうまくいっていた。だが、3年目になると、崩壊に向かいはじめた。この業界で成功するには、頻繁に新製品を投入しなければならないが、製品投入が6か月以上も遅れていた。利幅がもっとも大きい製品ラインでは、新製品を予定どおりに発売する外国の競争相手にシェアを奪われた。新製品開発の遅れは、ブランド・イメージを大きく傷つけた。

開発の遅れで、新製品投入のコストが15パーセントも上昇した。この業界は資本集約的で利幅が小さいことから、これほどのコスト上昇は深刻な痛手になる。キャッシュフローは急激に悪化し、社債格付けは二度にわたって引き下げられ、配当はカットされた。コストが上昇し、期限を守れなかった責任は、ハワードが抜擢したふたりの部下にあった。だがハワードはこのふたりがいることで安心しきり、全幅の信頼をおいていたことから交代させなかった。結局、年度が変わる前に、ハワードらが取締役会によって解任された。

これと対照的なのは、GEのレジナルド・ジョーンズが後任の会長兼CEOにジャック・ウェルチを指名したことだ。イギリス生まれのジョーンズは、育ちがよく、会話が巧みで、当時、偉大な財界人だと見られていた。一方、ウェルチは無骨で素っ気なく、負けず嫌いで、議論を好んだ。表面的には、ジョーンズと対極にあるように思えた。だが、ジョーンズはＧＥが変わらなければならないことを認識しており、自分とおなじように聡明で、熱意があり、卓越性を追求するウェルチこそが、その仕事にふさわしい知性と個性を持っていると考えた。ウェルチのざっくばらんな顔の裏には、計算し尽くした決断力と、比類ない勝利への執念が隠されていたのだ。

要するに――個人としての関与の欠如

適材が適所に配置されていないとき、問題があることははっきりしていて、すぐにわかる。リーダーは直感的に問題があることを認識しており、たいていはすぐに認めるものだ。だが、それを解決するための手を打たないリーダーが多すぎる。有能な人材を見つけるよう指示を出すだけでは、問題は解決できない。前に述べたように、**リーダーは、人材の選抜、評価、育成にさまざまな形で関与し、自分の時間と労力の最大40パーセントを割かねばならない**。フィードバックし、対話し、自分の判断を周囲に示すのは、時間が食われるだけでなく、精神的にも消耗するものだ。

しかし、偉大な企業を支えているのは、人材育成法だ。さまざまな職務に就き、周囲から学べる機会を与えるなどの形で適切な経験をさせ、率直なフィードバックを行ない、指導、教育、研修を行なう。予算管理や戦略策定、財務管理とおなじだけの時間と労力を人材育成に振り向ければ、その成果は、競争優位の持続という形で表れるものだ。

どんな人材を求めるのか

前に述べたように、一般には、ビジョンがあり、戦略を掲げ、周りを鼓舞できる者が優れたリーダーだと考えられている。リーダーが適切なビジョンと戦略を掲げ、会社全体に意図を伝えれば、社員はついてくるものだと考えられている。そのため取締役会もＣＥＯも上級幹部も、候補者の学歴や知性に惑わされることが多い。論理的か、ビジョンがあるか、はっきりものが言えるか、変革ができるか、外部とうまくコミュニケーションできるか、を問題にする。とくにウォール街とのコミュニケーションを重視する。

どの程度の実行力があるか、というもっとも重要な質問はしない。われわれの経験では、弁舌のうまさと実行力はほとんど関係ない。一般に、実行力のある人間は、あまり重視されていない。だが、実行の体系が根づいた企業にしたいのなら、実行力のある人材を選抜しなければならない。

ポシティ　論理を扱う点では卓越していなくても、必ず成功するとの気概を持っている人間は、適切な人材を見出し、結束させて目標を達成するものだ。わたしは教育の役割を否定するつもりはないし、鈍重な人を探せと言いたいわけでもない。だが、**並外れたＩＱを持ち、エリート教育を受けてきた人と、ＩＱがとくに高くはないが、絶対に成功するとの気概を持った人のどちらかを選ぶとすれば、後者を選ぶ方がうまくいく**。

わたし自身、前からわかっていたわけではない。学歴や経歴がよければ、賢明なはずだと思いがちだった。だが、それは違った。求めているのは、勝ちにこだわる人間だ。勝ちにこだわる人間は、物事を成し遂げることから満足感を得る。成し遂げたことが多くなるほど、能力は高まる。

職場での習慣的な行動を見れば、実行力のある人間はすぐにわかる。周りを元気づけ、むずかしい問題にも迷わず、人を動かして物事を成し遂げ、進捗状況を確認する習性が身についている。

＊　＊　＊

実行力の問題がとくに目につくのは、高度な知識を持つスタッフ部門の幹部やコンサルタントが、ライン部門のトップに就こうとする場合だ。有名ビジネススクールやコンサルタント会社の出身か、財務や会計、企画など社内的な仕事に携わってきた人材が多い。厄介なのは、ライン部門の社員を動かして実行するというテストを一度も受けたことがない点だ。ビジネスの直感を磨いた経験がないのだ。

例を挙げよう。ジョアンは、工業製品メーカーの急成長部門の財務責任者だった。スタッフではCEOになれる見込みがないことから、その可能性のあるラインへの異動を希望した。おなじ部門の最大の製品ラインの責任者になった。市場シェアや損益、売掛金や在庫などのすべてに責任を負わなければならない。ジョアンが部下のやる気を引きだし、焦点を絞らせるという重要な人材スキルを持っていないことは、1年も経たないうちにCEOにも、部門責任者にも明らかになった。主要幹部を代える必要があったが、それもできなかった。景気が減速するなかで、顧客から大幅な値引きを迫られたとき、価格を維持する勇気も示せなかった。

スタッフ部門の人間は絶対にライン部門に異動すべきでないと言いたいわけではない。たとえば、GEのジャック・ウェルチはCEO就任後まもなく、幹部候補がさらに必要だと気づいた。そこで有力ビジネススクールや大手コンサルティング会社の出身者を引き抜いて、企業部門やマーケティング・コンサルティング部門に配属した。これらの部門で成功を収めると、事業部門責任者よりも下のレベルで、ラインの仕事に就けるのを原則にした。そこで試され、部門責任者になるのに必要な人材スキルを備えているかどうかを示す機会が与えられた。GEの現在の

CEO、ジェフ・イメルトは、この経路で抜擢されている。コンサルティング会社やスタッフ部門の出身者で著名な経営者には、最近までIBMの会長兼CEOを務めたルイス・ガースナーや3MのCEO、ジム・マクナニー、メデトロニクスのCEO、アート・コリンズらがいる。彼らはいずれも、マネジメント能力を示す機会を与えられていた。

社員を元気づける

ポシティ　社員のやる気を殺ぐリーダーがいれば、やる気を引きだすリーダーもいる。将来有望な人物を面接する場面を想定しよう。高学歴で、実務経験は申し分なく、高い評価を得ている。だが、控えめで、ただ座っているだけだ。面接が苦手の人もいるので、過去に大成功を収めていれば、じっくり時間をかけて評価すべきだ。だが、重要な幹部職に、こうした人物を起用するのは心配だ。自分とおなじような人材を選抜する可能性があり、そういう人材が集まった部門を活性化するのに苦労するハメになりかねない。わたしなら朝、出勤したときには笑顔で、やる気に満ち、その日、その月、その年の仕事に取りかかる準備ができている人材を求める。こうした人たちはエネルギーを生みだし、ともに働く人々を元気づけるものだ。そして、自分とおなじような人材を採用するはずだ。

弁舌をふるって社員を鼓舞しろと言いたいわけではない。発破をかけたり、全員がベストを尽くせば数年後には会社は変わるなどと大風呂敷を広げたりすれば、やる気を引きだせると考えている経営者が多すぎる。ビジョンを実現した経営者は、社員を勢いづけ、その勢いを持続している。地に足がついていて、短期的な目標に的を絞っている。勝利への道筋に、アドレナリンを湧きださせる中間目標を設定しているのだ。

＊　＊　＊

現在はホーム・デポの会長兼CEOを務めるボブ・ナーデリは、やる気を引きだす経営者の代表格だ。ホーム・デポに入る前には、GEの電力システム部門を率いていたが、そこで、死に体の事業をGEの稼ぎ頭のひとつに変えた。電力システム部門のトップに就任したのは1995年で、その前は、輸送機器システム部門で輝かしい実績を残していた(これは、経営幹部がさらに上に行ける可能性があるかどうかを試す場としてジャック・ウェルチが活用した部門だ)。さらにその前に、GEの消費者向け事業の一部を率いた経験もある。電力システム部門は、大型電力発電設備では世界シェアの半分を握っていたが、景気の低迷に苦しんでいた。電力会社が設備投資を大幅に削減し、回復の見通しが立っていなかったからだ。ナーデリは、事業範囲の拡大によって成長するというビジョンを掲げた。小型発電設備も手がけ、新たな産業セグメントに進出し、顧客に設備だけでなくサービスも提供する。当初は、官僚的な文化につきものの不信感や抵抗に遭った。マネジャーは価格を引き下げなければ、成長軌道に戻れないと信じ込んでいた。

ナーデリは、自分流のリーダーシップを発揮して、マネジャーに信頼されるようになり、やる気を引きだした。事業のあらゆる側面に深く関与した。好奇心旺盛で疲れを知らず、事業への積極的な関与の重要性をみずからの行動で示した。取るべき行動を確認してからでないと、議論を打ち切ることはなかった。

また、小さな成功を積み重ねることでビジョンの信頼性を確立した。以前はお高くとまっていたマネジャーを束ね、電力会社などの顧客企業で決定権を持つ責任者と会議を開き、顧客企業でGEの電力システム部門のシェアを拡大するにはどうすればいいかを検討した。顧客ごとに新たな価値を開発するよう指導した結果、想像もしなかった可能性が見えてきた。マネジャーたちは、かつて毛嫌いしていた会議を心待ちにするようになった。電力システム部門の会議が、行動と個人の成長を促す場になったからだ。

むずかしい問題で迷わない

決断力とは、むずかしい決断を素早く下し、それにもとづいて行動できる能力のことだ。決断をせずにああでもないこうでもないと逡巡している社員がごまんといる。リーダーのなかには、精神的強さがないために、むずかしい決断ができない者もいる。リーダーが決断できないとき、動揺し、先延ばしにし、現実を避けていることに周りは気づいている。

たとえば、工場新設の予算を認めるよう求められた場面を想定しよう。事業は全般的に好調だが、景気は減速している。工場新設が時期として適切なのか、あるいはアウトソーシングを選ぶ方が合理的ではないのかを質問しなければならない。アウトソーシングを選べば、有能なマネジャーは失望し、部下から不興を買うことになる。部下にとっては自社工場を持つ方がずっと望ましく、この場合、長期的に見れば自社工場を持つ方に正当な理由がある。だが、時期的にはよくないので、むずかしい決断を迫られる。

目をかけた人物が期待どおりでなかった場合を考えてもいい。優柔不断なリーダーにとって、自分が抜擢した人物が期待どおりの働きをしてくれないときほど、対応に苦慮することはない。

チャラン　2002年1月、わたしが関係するある企業は、2つのレベルで、優柔不断によって引き起こされた問題と格闘していた。本書が出版される時点でもなお決着はついていない。

勤続20年のベテラン、ラルフは2001年1月に部門責任者に昇進した。取締役会やCEOの考えでは、2003年のCEO就任を前提とした総仕上げという位置づけだった。ラルフの事業部門の業績は、会社全体の利益や株価収益率を左右するほど重要であり、営業担当者のやる気と努力にかかっていた。だが、順調にはいかなかった。主要な営業地域がカバーされていなかった。その原因は、営業担当副社長のジョンの動きの遅さにあった。ジョンが営業担当副社長になったのは、2年間、CEOの補佐を務めたからだった。会社の将来を担う逸材と期待して、CEOがジョンに重要なラインの仕事を用意したのだ。

ラルフは最初から、ジョンにこの仕事が務まらないのではないかと危惧していた。決断力がなく、周りのやる気を引きだすタイプの人間だとは思えなかったからだ。ラルフは何度もCEOに進言したが、そのたびに、辛抱強くジョンに成長する時間を与えるよう諭された。ジョンに関する決断を先送りしているあいだに、事業部門の業績は落ち込み、会社の先行きが脅かされる事態に陥った。競争相手が市場シェアを奪い、業界は再編が進んでいる。問題の先送りをさらに続けるようなら、同社は買収の標的になるだろう。

人を動かしてやり遂げる

人を動かして何かをやり遂げるのは、リーダーシップの基礎的なスキルだ。それができなければ、リーダーとは言えない。とはいえ、そうできていないリーダーが少なくない。部下の自発的な動きや創造性を邪魔して、芽を摘んでしまうリーダーもいる。細かなことに口出ししなければ不安で、他人に指示を出し、その成果をチェックする方法を知らないので、他人を信頼することができない。細かなことまで自分が決めなければ気が済まないので、自分が目を向けるべきもっと大きな問題に取り組んだり、必ず起こる不測の事態に対処したりすることができない。部下を見捨てるリーダーもいる。権限委譲が正しいことだと信じて疑わない。部下に自力で成長しろと言い、溺れようが泳げようがお構いなしで、権限を委譲する。課題を説明し（きわめて抽象的で、皮相的な場合もある）、部下に丸投げする。中間目標を示すこともなければ、絶えずフォローすることもしない。そして、物事が予定どおりに進まなかったときには、不満を爆発させる。どちらのタイプのリーダーも、組織の能力を殺している。

なかには、ほかの人とは一緒に仕事ができない気性の人もいる。

ボシディ　わたしは人材の採用がうまくいった方だと思うが、失敗もしている。一例を挙げよう。スタッフ部門のアドバイザーとしてある人物を副社長に起用した。仮にジムとしよう。みな感心しきりだった。聡明で、弁が立ち、上の者との関係は非常によかった。1年経って、ジムを主要事業部門の責任者に抜擢した。だがその1年後、この事業部門は苦境に陥った。新製品の投入はずれ込み、市場でのシェアを失い、生産性は低下した。

ジムの業績評価で、部下の評判がひどく悪いことがわかった。怒りっぽく、ともに働いた幹部の言葉を借りれば、「鬼軍曹のようだった」という。何かを決める際には、誰にも立ち入らせなかった。ジムと部下の溝は次第に広がり、部下がついていけなくなった。われわれはジムを解任せざるをえず、後任の責任者がこの事業部門を回復軌道に乗せるまでに1年かかった。

部下を使って仕事を進められないリーダーは往々にして、仕事に途方もない時間を費やしており、周りにおなじことを強いるものだ。第3章で述べたチャーリーもそうだ。こういう人たちには「何を成し遂げたか、全員がそれに関わっているか」と尋ねることにしている。業績評価では、非常に聡明で週に80時間働いている社員に対して働き方を変えるべきだ、週に80時間も働いているのが大きな欠点だと言わねばならない場合がしばしばあった。こうした人たちは、オフィスや工場で自分の部下を休みなく働かせているものだ。部下をぼろぼろにして、周りの人間からエネルギーを奪っている。わたしはこう言う。「会社にいる時間を減らし、しかも業績を落としてはいけない。いまとおなじ水準を保たねばならない。部下を使って物事を進めるやり方を学ぶ必要がある。それができないなら、君自身がいつか溺れるか、燃え尽きる」。働いている時間の長さに目を奪われ、それを根拠に部下を昇進させれば、その部下もおなじ問題を抱えることになる。

ほかの人間と一緒に仕事をできない者は、組織の能力を狭める。部下の能力を最大限に活用することができず、全員の時間を無駄にする。自分自身の時間もまた無駄にしている。

最後までフォローする

最後までフォローすることは、実行の試金石であり、実行力のあるリーダーはみな徹底して絶えずフォローしている。絶えずフォローすることによって、合意した予定表に沿って物事が進められるようになる。フォローすることによって、規律の欠如や、アイデアと行動を繋ぐものの不足が明らかになり、組織の各部の足並みを揃えるのに何が必要かを具体的に考えざるをえなくなる。環境が変化したために計画が実行できないとき、絶えずフォローする仕組みがあれば、迅速に前向きに対応できる。たとえば、GEの上級幹部はセッションCの90日後――セッションSが始まる前に――長期プロジェクトの関係者のあいだで45分の電話会議を開いてフォローアップを行なっている。

絶えずフォローすることは、一対一でもできるし(第3章で論じたディック・ブラウンの「課外授業」のように)、フィードバックの手法のひとつとしてグループでもできる。グループで行なえば、全員が何かしら学べることがある。さまざまな視点が取り込まれることによって、決定がなされ、判断がなされ、優先事項が入れ替えられるのを目の当たりにする。これにより各自の判断が収斂し、チームがまとまる。

どのようなフォローをするか、誰が担当するか、いつどのような形で実施するか、どのような資源を使うか、いつどのような形で次回の評価を行なうか、参加者は誰か。以上のようなことを

はっきり決めないで会議を終えてはならない。そして、何かのイニシアチブを起こそうとするとき、自分自身が関わって、組織のＤＮＡに根づくのを見届ける準備がないのであれば、手をつけてはならない。

ボシディ　イニシアチブを高く評価するのであれば、それが確実に実行されるようにしなければならない。６か月後に尻すぼみになれば、資金と時間を無駄にし、将来、別のイニシアチブを指揮しようとしても支持が得られなくなる。社員は「３か月これに取り組んでも、ラリー（ボシディ）はほかのイニシアチブに乗り換えるだろう」と考えるかもしれない。態度にも不信感が見える。そこでわたしは、わたし自身が関与し、全員で取り組んでいくことを強調するようにしている。全員が支持してもしなくても、とにかくやる。そうすれば、それがただのテストではないことをすぐに理解してもらえる。

適材をいかに適所に配置するか

通常の面接は、実行力のあるリーダーの資質を見極めるのには役立たない。経歴や業務の概要を中心とすることが多いからだ。個人の実績を掘り下げ、実際の働きぶりはどうだったかを見ようとしない。どのように優先順位をつけたか。意思決定の際にほかの人間も巻き込んだか。好業績に貢献したといえるか、それとも悲惨な結果になる前に異動しただけなのか。部下を犠牲にして好業績を上げ、弱体化した組織が残されるといった例は多い。こうした人たちは絶妙のタイミングで船を飛び降り、後継者は後始末に追われる。推薦者に問い合わせても、実態に迫れない場合が少なくない。

面接の際には、質問によって得た情報をもとに、相手の全体像を描く。そのあとで、過去および現在の業績や考え方、目標について見極めなければならない。

ボシディ　リーダーの育成は、候補者を面接し、評価することから始まる。人事部門を監督し、最終候補者を面接すべきだと言いたいわけではない。みずから採用すべきなのだ。ほとんどの面接のプロセスには重大な欠陥がある。面接が得意な人がいれば、苦手な人もいる。面接が苦手でも、ある仕事には向いている場合もありうる。だからこそ、突っ込んだ質問をし、聞くべきことを把握し、それを補うデータを集めなければならない。深く掘り下げるには時間と労力がかかるが、それだけの価値はある。

わたしが何よりも注目するのは、実行へのエネルギーとやる気があるかどうかだ。何かについて話すことよりも、何かをやることに興奮を覚えるのか。学生のころから何かに、そうしたエネルギーを注いできたか。出身校はプリンストンでも田舎の大学でも構わない。そこでどれだけの成果を上げたかが問題だ。これまでの人生が達成感や充足感に満ちたものだったのかが問題なのだ。

相手は何について話したいのか。何かを成し遂げるときのワクワクする気持ちか、それとも、戦略や哲学に話題を戻そうとするのか。克服しなければならなかった障害について詳しく話すだろうか。部下の役割について説明するだろうか。仕事のなかで人を説得する能力や、支持を取り付ける能力がありそうか。

社外の候補者を評価する場合、その人物の過去を確かめたいと思う。推薦者と直接話すことが重要だ。アライド・シグナルでは、数十人の候補者の推薦者に自分で問い合わせた。知り合いのCEOから「どうして君が電話してくるのか」と聞かれ、自分が採用を担当しているからだと答えたことがある。誰かを採用するときには、その人物の調査を人事部門だけに任せるのではなく、自分の手で調べたいのだ。その場合も、推薦者ひとりに聞いて、あとは人事部門に任せるのではなく、時間はかかっても2～3人の話を聞く。優秀な人材を獲得し、育てるのに、どれほど時間をかけても、かけすぎるということはない。

わたしが推薦者にかける電話はふつうと違うと言われることが多いが、それは候補者のエネルギーや実行力、成果を重視しているからだ。わたしはつぎのような質問をする。「どのように優先順位をつけたか。どんな資質があると言われているか。意思決定の際に、ほかの人の意見も取り入れたか。どんな職業倫理を持ち、どれだけ意欲があるか」。こうした質問によって、その人物のほんとうの潜在能力がわかる。

自分で電話するのは、本音を引きだせる可能性が高いからでもある。わたしが推薦者と顔見知りなら、その意見にバイアスがかかっていないと確信できる。推薦者に知り合いがいなければ、採用したいとは思わない。それでも、何人かに当たれば、候補者と繋がりのある人が見つかるものだ。

この教訓を学んだのは、アライド・シグナルに入ったばかりのころ、手痛い間違いを犯したからだ。自分が採用したマーケティング部門の上級幹部を、ほどなく解雇せざるをえなくなったのだ。この幹部は上っ面は良かったが、口先ばかりで何ひとつ実行しなかった。解任後、事後処理の一環として推薦者にもう一度尋ねた。そのうちのひとりで、わたしと個人的に親しくない人物は、「それはずっと前から問題だった」と言った。わたしに前もって言わなかったのは、候補者から訴えられるのが怖かったからだという。

要は、粘り強く推薦者に確認し、本質を見極めることだ。

ありのままの真実をつかむ

たいていの企業では、社内の候補者を検討する場合にも、社外の候補者を検討する場合とおなじ問題に悩まされる。一般に、評価プロセスはきっちり決められている。官僚的、機械的になる場合すらある。候補者の評価を担当する経営幹部は、スタッフ部門が作成した書類を頼りにする。そこには幹部の基準が記されている。

個人の実績を評価する際には、有能だといえるのはどの点かを把握しなければならない。どんな実績を上げたか、それはどの程度むずかしい仕事でのものなのか。ほかの人たちをやる気にさせ、実行させられたのか。

機械的な評価で見落とされる点は多いが、そのうちのひとつが、目標達成の方法だ。**組織や部下の能力を強化する形で達成したのか、それとも弱体化させる形で達成したのか。どのような方法で目標を達成したかは、目標を達成したかどうかとおなじくらい重要であり、それ以上に重要な場合も少なくない。**いくら目標を達成しても、方法が間違っていれば組織に大きな打撃を与えかねない。

機械的な評価でわかるのは、目標を達成したかどうかだけだ。候補者に課せられた目標が書いてあり、それを達成したかどうかが数字で示されている。しかし、目標達成の難易度に影響を与えるほかの要因は考慮されていない。逆風のなかで素晴らしい仕事をしたのか。あるいは目先の成功のために、事業の将来を危険にさらしたのか。目標を達成するなかで、部下にリーダーシップを磨くような課題を与え、個人として成長できる余地を与えて組織を強化したのか。あるいは、残された部下は燃え尽きてしまったのか。チェック項目には、こうした質問に対する答えは見当たらない。

目標達成の方法が間違っていれば、極端な結果を招く場合がある。ルーセント・テクノロジーズなどの通信機器メーカーが苦境に陥ったのは、大幅な売り上げ増を達成するために、一部の顧客に過大な信用を供与して、顧客が製品を販売できなかった場合に買い戻すことに経営幹部が合意したからだった。

だが、もっと一般的な場面を考えてみよう。昨年デイブとマイクは業績目標を達成したが、スーは達成できなかったとする。機械的な評価――客観的な評価とも呼ばれる――では、デイブとマイクにはボーナスは出るが、スーには出ない。しかし状況を詳しく見れば、違った結論になる。デイブが目標を達成できたのは、市場が予想以上に強かったからだ。うまくすれば、予想を20パーセント上回れたはずだ。スーの事業部では、予想外の原材料不足でコストが20パーセント上昇した結果、利益が減少した。スーが生産性の向上を加速させていなければ、業績ははるかに悪くなっていただろう。競争相手はスーの事業部以上に目標を大きく下回っている。

マイクの場合、スーとおなじように事業が打撃を受けたにもかかわらず、業績目標を達成した。だが、それは2つの新製品開発を中止し、流通段階に大量の製品を押し込んで達成したものだ。これでは来期に過剰在庫を発生させ、事業を傷つけることになる。いいかえれば、将来を犠牲にして目先の数字を達成したわけだ。

ボーナスを受け取るべき人物がいるとすれば、それはスーだ。だが、評価に際しては、数字や客観的だとされる基準だけが重視され、それにしたがって序列がつけられることが多い。もらうべきでない人間が報酬をもらうと、組織全体が壊れる。問題は解決されず、何もしない人間が出世し、仕事のできる人間は、自分の貢献を認めてくれる場所に職を求めるようになる。

優れた評価とは、どのような方法で目標を達成したかを詳しく検討するものだ。絶えず目標を達成しているのは誰か。逆風のなかでも工夫し、意欲的で、結果を残したのは誰か。簡単に目標を達成できたが、さらに上を目指そうとしなかったのは誰か。組織のモラルや長期的な業績を犠牲にして目標を達成したのは誰なのか。

人事プロセスほど率直な対話が重要な場はない。誰かを評価する際にありのままを話せないのなら、組織にとっても、フィードバックを求める本人にとっても、評価の意味はない。

だが、われわれが出会った人たちの多くは、率直な評価を受けていなかった。率直な評価をするには、勇気と精神的な強さが必要だ。つぎのように考えるマネジャーは多い。「ここで行動に問題があるといえば波風が立つ。そうはしたくない」。何よりも多くのマネジャーには、指針や慣行、サポートがないので、自分の客観的な評価が重要であるとの自信を持てないのだ。

ドン・レドリンガーはハネウエルと合併する前のアライド・シグナルで人事部門責任者を務め、2001年、合併後のハネウエルにおなじ役職で戻ってきた。レドリンガーはこう回想する。ボシディ就任前のアライド・シグナルでは、「業績評価は楽しいものだった。部下には『ハリー、6つの仕事はよくやった』『コミュニケーションのとり方を考えたらどうか。コミュニケーション能力をさらに高めるのはいいことだ』などと言う。曖昧で前向きなことばかりで、耳障りなことは言わなかった。

評価する側としては、自分が問題点を指摘し、それを直してもらうようにすれば、相手ははるかに良くなると考えるべきだった。上司と話し合っても、自分の短所を指摘してくれないなら、席を立つべきだ。何も得るものがないのだから」

ボシディ　わたしは幹部に、人事評価では日常の言葉、自分の言葉を使うべきで、人事の専門用語を使うべきではないと言っている。自分の考えを人事担当者にぶつけて構わない。わたし自身がそうしている。「わたしはこう評価している。君はこの人物をよく知っているはずだが、

違う見方をしているか」と尋ねる。優れた見方があれば、自分の評価に取り入れる。だが、基本的な責任はわたしにある。評価される者が、評価したのはほかの誰でもなくわたしであり、わたしが気にかけていると感じられるようにしなければならない。

率直で優れた評価とは、対象者の優れている点、改善が必要な点を指摘するものだ。ごく単純なことだ。無意味な言葉は使わない。単刀直入で、具体的であり、的を射ており、役に立つものだ。

たとえば、評価の対象者にこう言う。「君は志が高く、前向きで、周囲ともうまくやっている。論理を重視し、分析的で、チームを尊重している。では、もっとよくするには、どうすればいいか。ひとつには、積極性が足りない。優柔不断だ。基準が高くない。われわれが求める水準まで、組織を育てていない。昨年、昇進させた部下の数は少なすぎる」。こうした点を、具体的な事実を挙げながら指摘していく。

また、対象者の仕事と関連させて、評価する必要がある。たとえばハネウエルでは、経営幹部が絶えず人材と業務、戦略を関連づけ、ひとつひとつの分野について個人の業績を見ていく。事業部門の幹部が戦略的で弱ければ、努力すべき点として明記される。

評価を担当する幹部は、本人に話しただけで不十分なら、対象者の短所をどのような方法で克服させるかも示さなければならない。「コーチをつける」とか「この欠点を克服するには、別の課題が必要だ」と言う。幹部みずからこれを助けるのだ。

つぎに幹部は対象者と向かい合い、評価について話し合う。わたしが評価担当者だとすれば、最後にこう言う。「評価の最終行に何を書くかは君に任せる。わたしの意見を聞いて、何か付け加えたいことがあるだろうか」。相手の答えを受けて、こうしめくくる。「努力すべき点について、われわれの意見は一致した。欠点のいくつかは生まれながらのもので、変えられないかもしれないが、修正し、改善することはできる」。最後に対象者は書類にサインし、こう返す。「有益な助言をいただきました。感謝します。学ぶべきことがあることを認め、克服するよう努力します」

ハネウエル全体で数千人の社員がこうした評価を行なっている。わたしは事業部門に行くと、その事業部門の上級幹部全員とその直属の部下、50人から75人の評価を見る。何らかの進歩や功績が認められ、この部門に異動してきた将来有望な人材をすべて調べる。出来のよくない社員を見極め、どう処遇するかを決める。ひとりひとりに5ページから6ページのメモを書いてフォローする。半年後、行動がとられたかどうかを確認する。

こうしたやり方が組織全体に広がれば、社員は変わるはずだ。

＊　＊　＊

率直に評価することに慣れていない人たちは、初めのうちは戸惑うだろう。「抵抗を受ける」とレドリンガーは言う。「どうやって理解させるのか。当初は反発され、簡単にはいかなかった。時には極端な立場に立って注目を引くことも必要だ。たとえば誰かが『老兵のハリーはいい仕事をした』と持ち上げたときに『とんでもない。ハリーは足手まといだ。結果を一度も出していない。口先ばかりだ』と言わねばならないこともある。こうした人たちについては議論になったが、最後には全員が調査の対象者について詳しく知ることになった。

率直な評価によって、ゼネラル・マネジャーは競争優位の源泉として人材の質を重視することを学んだ。やがて組織が変わると、事業がうまく回り、はるかに効率的に有能な人材を獲得できることを理解するようになった。会話の性格も変わった。個人の資質や業績を議論するのではなく、知識や経験、能力の不足する点をどうすれば補えるか、あるいはどこに異動させるべきかに重点をおくようになった」

適材を適所に配置するプロセスに複雑なものは何もない。面接・評価、有益なフィードバックによる人材育成を体系的に行ない、一貫性を持たせることだ。

第II部で述べた3つの構成要素は、実行の3つのコア・プロセスの基礎になるものだ。適切な行動をとるリーダーを擁し、成果に報いる文化があり、適材を適所に配置する一貫したシステムがあれば、それぞれのプロセスを効果的に運営・管理する基礎はできていることになる。

第 III 部

実行の
3つのコア・プロセス

第III部　解説――人材プロセス

――ビジネスの仕組みの本質は、人材、戦略、業務という3つのプロセスがいかに結びついているかにある。リーダーは個々のプロセスと、それが全体としてどう関連し合っているかを学ばなければならない。それが実行という体系の基礎であり、戦略を策定、実行するうえでの柱になる。それらが、競争相手に差をつける手段になる。（本文より）

第III部では、実行の3つのコア・プロセスのうち、最も重要なものは人材プロセスであると位置づけ、戦略プロセスや業務プロセスと連動させる方法を述べている。注目してほしいのは、次世代の幹部を養成する「リーダーシップ・パイプライン」の形成についてだ。

無形資産を最大化するのは勉強だが、勉強し続ける優れた人材を確保することも、経営者の重要な仕事である。永遠に現役で指揮をとれる人はいないのだから、時代を超えて社会に価値を残していくには、次世代を育成しなければいけない。

だが、能力がある人が簡単に見つかるわけではない。原石を見つけて育てるには、時間、適切な関与、何よりもヒューマンスキルが必要となる。また、手塩にかけて育てた良い人材には、他社から転職の誘いが入ってくるという問題もある。

これからの時代の事業戦略を実行してくれる幹部候補生を育成するために、経営者は何をすべきかを解説しよう。

自分より賢い人間をマネジメントする

第Ⅱ部で、「転職市場が盛り上がっているが、改めて新卒育成の価値を見直すべきだ」と述べた。だがこれは、「全精力を新卒採用に注げ。若手を育てれば組織の実行力が上がる」という平板な話ではない。

新卒や第二新卒の採用にばかり力を入れている会社もあるが、彼らを育てるのは既存の中堅社員である。彼ら自身が勉強し、スキルを上げなかったら、入社してきた新人たちは失望するだろう。

「せっかく入ったけれど、こんなレベルなのか？　自分がここで成長していくにあたってのロールモデルがいないではないか」と。

もちろん、人は他人を批判するものだ。「言うは易し、行うは難し」という言葉通り、経験が

「人への投資」で後れをとる日本

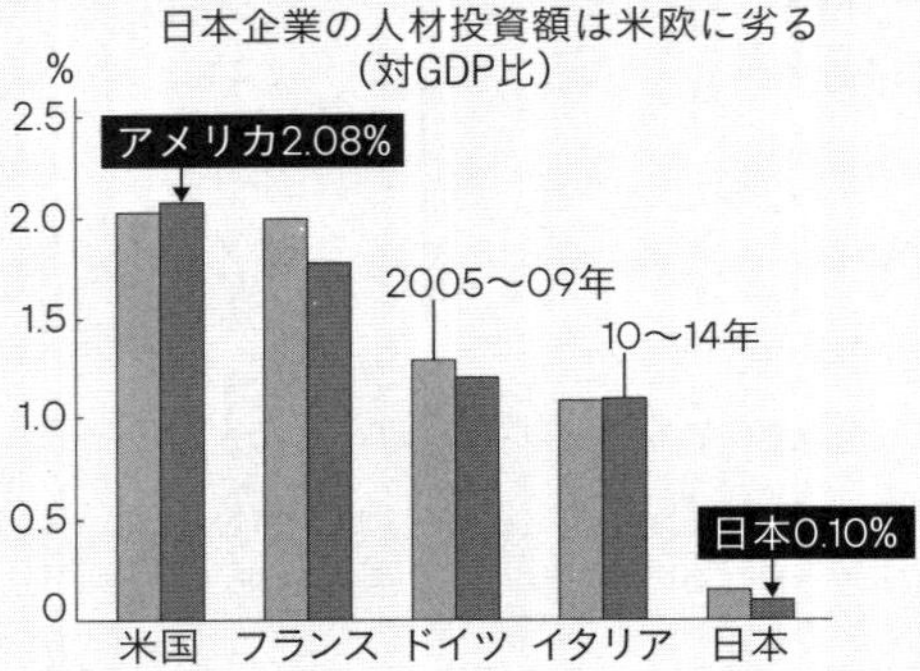

（注）内閣府「国民経済計算」、JIP データベース、INTAN-Invest database を利用し、学習院大学経済学部宮川努教授が推計

（出所）厚生労働省「平成 30 年版 労働経済の分析 - 働き方の多様化に応じた人材育成の在り方について」を基に作成。

ない若手が先輩を指して「何もわかっていない、実力がない」と軽んじるのは、ある種の通過儀礼のようなものだ。新入社員が仕事を通じて、「いやいや、先輩はちゃんとしている」と気が付く程度に、中堅のレベルが上がっているのがいいだろう。

理想は、既存の人材も新たに入ってくる人材も含め、全体のレベルが上がっていくことである。そのために米欧では、人材に投資をしている。上のグラフを見てほしい。日本の投資額が各国と比較して極端に少ないのは、由々しきことだと私は捉えている。

なぜ米欧の経営者が人への投資に注力し、熱心にマネジメントを学ぶのかといえば、「自分よりも賢い人間を部下として置くため」に他ならない。

年齢が若いほど伸びしろがあって優秀であることは、すでに述べた。勉強する時間も若いほうが捻出しやすいから、どんなに優秀なベテランでも、新たな課題について若い人と同じスタートラインで競争したら、ほぼ負ける。監督と現役選手が競った時、どちらが勝つかははっきりしているのと同じことだ。

したがって経営者たるもの、自分が若者のように伸びていこうとするより、自分より賢い人間をマネジメントするヒューマンスキルをつけたほうが理にかなう。考えてみれば、ごく単純な話だ。

次世代リーダーを育てられない理由――①世襲

日本の経営者のほとんどは、人材に投資しないうえにリーダーを育てるのが得意ではない。いや、率直なところ相当に下手だと私は見ている。その理由を指摘しておきたい。

第一の理由は、日本企業の世襲の多さだ。日本は中小企業がほとんどだというのも手伝って、同族経営が非常に多い。つまり、次世代リーダーは自動的に「社長の子供」と決まっている。そのために、「優れた人材を見出して育てる」という意識が抜け落ちてしまう。

令和３年　国内同族会社の内訳（単体法人）

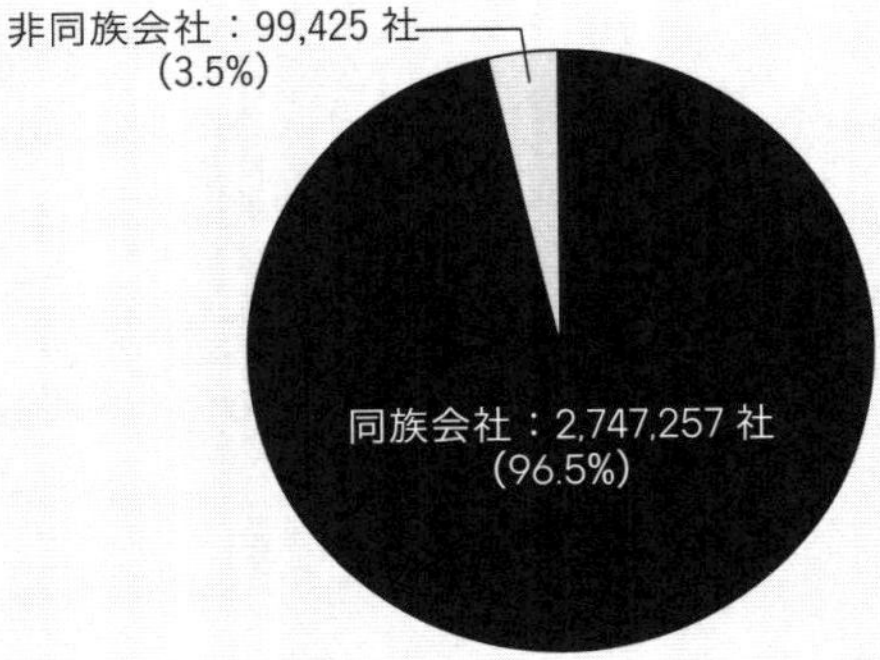

出所：国税庁 長官官房 企画課『会社標本調査』（令和５年３月）

戦国武将を見るまでもなく、我が子を自分の後継者にしたいのは古今東西変わらない。私は「世襲＝悪」と決めつけるつもりはない。問題は、経営者が後継者に勉強させていないことだ。

「ジュニアが後継者だ」と決めている経営者の中には、当人を甘やかすだけでなく、後継者を支える幹部となりうる次世代リーダーの育成もしない人がいる。これでは会社全体がレベルダウンしてしまう。

同族であろうと他人であろうと、リーダーになる人は誰よりも勉強し、優れたヒューマンスキルを身につけなければならない。人の上に立つ責任を知り、社員の能力や可能性を本当に活かす力を育むのは容易ではないからこそ、勉強が必要なのだ。経営者は次世代を担う後継者に、それを教える役目がある。

同族経営であれば戦国武将やヨーロッパの帝王学に倣い、子どもの頃から厳しい英才教育をするべきだ。「後を継ぐためにはもっと社員のことを理解しなければいけない。そのために身につけるスキルは……」と、丹念に勉強させていくのだ。

戦国武将やヨーロッパの王がなぜ後継者を厳しく育成したかといえば、いつ敵に寝首をかかれるかわからない時代だったからだ。後継者が愚かだと、自分が必死で築き上げたものが一瞬で瓦解するとわかっていたから、対応も厳しくなったのだろう。

そして「いつ敵に寝首をかかれるかわからない」という過酷な競争は、現代のビジネスシーンにも当てはまる。危機感を持って手を打っておかなければ、会社はすぐに傾いてしまうと意識したほうがいいだろう。

次世代リーダーを育てられない理由――②悪しき平等

同族経営であっても、社員から後継者を選ぶケースも多い。だが残念ながら、日本の経営者の大半は、これも苦手としている。原因は「悪しき平等の蔓延」だ。

「人間はそれぞれ違ってそれぞれいい。みんな平等だ」

この言葉は真実だが、同時に「人間の存在そのもの」について述べた言葉である。対象が「人間の能力」となれば話は別だ。個性がそれぞれ違うように、仕事のスキルもそれぞれ違う。ビジネスではその違いを正確に評価しなければならない。

ところが学校教育で「平等」に慣れた若者たちは、社会に入った途端、シビアに評価をされることを苦痛に思う。

「学生時代はみんな平等だったのに」「なぜあの人ばかり評価されるのか？」と。

若手の中間管理職の中には、「部下を評価するのは苦手だ」と公言する人さえいるが、能力がある人とない人を同じように扱うことは、実力者にとっての不平等だ。

若手のうちは足並みをそろえていても、いずれそこからグループリーダーを選び、やがては幹部として育てていくのだ。いつまでも全員に「みんなそれぞれ頑張っている！」と、いい顔をしてはいられない。

仮にあるプロジェクトで若手チームが一丸となって成果を出したとしても、「キーパーソンとなった人」を正確に見抜き、抜擢という〝特別扱い〟をする。悪しき平等至上主義を捨ててこそ、真の平等が実現できるのだ。

さらにこれからは、個を伸ばす時代だ。組織の中でよく言われる、「一人はみんなのために、みんなが一人のために」は大切だし、誰かを傷つけてまで突出する必要もない。チームでの協力が相乗効果を生むことも事実だ。だが、強い「個」と「個」が相乗効果を生むことこそが、チームとしても最も価値を発揮できる状態ではないだろうか。前提として「個」が強くなければ、強いチームは作れない。

「悪しき平等」を撤廃しなければ、価値を生む実行にもならず、成果も出ないと知っておこう。

ヒューマンスキルの高い人を選ぶ

世襲が決定している企業は、後継者に甘えを捨てさせ、とにかく勉強させることが不可欠だ。それ以外の企業、あるいは「トップは世襲であっても、未来の役員や次世代リーダーが必要だ」という企業は、経営者やリーダーが社員の実行のプロセスに関与し、「誰が最もふさわしいか」を見極めることだ。

では、次世代リーダー候補となるキーパーソンとは、どんな人物なのだろう？　どんな人を選べばいいのだろう？

第Ⅲ部には、「過去に目を向け、現在のポストでの仕事の評価を重視している」という従来のやり方こそ、人材プロセスの最大の欠点だという指摘がある。

「えっ、今のポストでどれだけ成果を出したかで、次世代リーダーを選ぶのが普通ですよね？なぜそれが欠点なのだろう？」

ほとんどの人が、不思議に思うかもしれない。確かにどこの会社でも、リーダーや幹部候補生を選ぶ場合、「チームで最も営業成績がいい人」や「今回のプロジェクトの最優秀社員」などを選んでいる。

だが、業績とは遅行指標であり、過去の記録に過ぎない。そして第Ⅲ部には「はるかに重要なのは、明日の仕事ができるかどうか」という言葉がある。つまり、その人材の「今の実力」ではなく「未来の可能性」を見て抜擢するほうがいいと勧めているのだ。

かなり大胆な提言だが、私は実に正しく、今の日本企業に必要なことだと感じる。その理由について、ポイントを絞って述べておこう。

「明日の仕事で成果を上げる人」を私なりに定義すれば、「ヒューマンスキルが高い人」だ。ところが、「今までの仕事で成果を上げた人」は、必ずしもヒューマンスキルが高いとは限らない。成果というのは数字なので確実性が高く思えるが、実は当てにならない指標だ。たまたまタイミングが良かったから、偶然企画がフィットしたからという理由で、ぱっと数字が上がることは珍しくない。

その偶然だけで判断してしまうと、「ヒューマンスキルの低い人材をリーダーとして抜擢する」という失敗につながる。

「ヒューマンスキルは生まれつきの人間性みたいなもの」と考える人もいるが、私の意見は異なる。持って生まれた素質がゼロとは言えないが、現場で経験を重ねるうちに、徐々に蓄えられていくものだ。

勉強し続ける前向きさ、熱意、現場で起きていることや人の気持ちを感じ取る姿勢。これらを備えている人は、たとえ現時点では未熟でも、同期に比べて成果が出ていなくても、今後伸びていくだろう。

「数字でなく精神論か？」と思う人もいるかもしれないが、全くの誤解だ。解説をお読みいただいていればもうおわかりの通り、リーダーの役割は、謙虚かつ猛烈に勉強しながら、現場に正しく関与していくことだ。これにはヒューマンスキルが不可欠であり、「一人で頑張って数字を上げます！」という人材には、到底務まらない。

ヒューマンスキルが高い人を見抜く方法は、適切な関与に尽きる。注意深くしっかりと見ていれば、どんな人物かが見えてくる。

「経営陣の視点だけで見えてくるものでしょうか？」という相談をクライアントから受けることもあるが、「自分の目線＋周りの視点」という意識を持つようにアドバイスしている。すなわち、年齢、ポジション、性別の違う信頼できる人材を組織の各レイヤーに配置し、事実と主観的な意見を区別した上で情報を提供してもらうのだ。適材適所への配置の際、意識するといいだろう。

適切な関与は、実行のプロセスにおいて不可欠だ。幹部クラスのリーダーに、若手についての情報をあげてもらうと、誰を抜擢すればいいかがわかるだけでなく、個人の特性に合った適材適所の配置になる。そうすると仕事の成果を出すことにもつながり、一石二鳥となるだろう。

同じ方向を見ている人を選ぶ

次世代リーダーを選ぶ上で見落としがちなのが、同じ方向を見ているかどうかだ。どんな企業にも独自の文化があり、その組織の風土がある。いかにヒューマンスキルがあって成果を出している人がいても、「我が社に合うかどうか」を慎重に見定める必要がある。「自由と個性」の重要性が叫ばれている時代だからこそ、ここはしっかり押さえておきたい。

たとえばある企業が、健康関連の事業を手掛けているとする。スポーツクラブの運営、ダイエット食品の研究開発といったところだ。その会社で働く人の中に、努力家で勉強もするし、人をよく見ている若手がいたとする。リーダーは、「この人を抜擢しよう」と密かに思うかもしれない。

だが、もしもその人が明らかに不健康そうな印象を与えるような場合、それだけでやめたほうがいい。

ルッキズムとか、体調管理ができておらずだらしないといった理由ではない。会社の目指す方向性を体現できていない人がリーダーとなった時、戦略を立て、それを伝えてみんなを動かしていくことはできないという話だ。

もしもトヨタの社員だったらトヨタの車に乗ればいい。「ホンダが好きだから営業車もホンダがいい」という人は、会社の文化を継承できない。休みの日にホンダに乗るのは自由だが、営業車も出勤する車もトヨタであるべきだし、それを「聞くまでもなく当然のこと」であると理解できない場合、組織に合わないばかりか、ヒューマンスキルが高いとは言えない。

それぞれの個性は歪めなくていいし、自由な発言をしてもいいが、そのことで混乱する人がいるなら、控えなければならない。逆にいうと、個性を発揮すると混乱が生じるなら、その人とその企業は相性が悪いということだ。

個人の個性と企業文化に親和性があり、同じ方向を向いているかを、リーダー選出の基準にするべきだ。些細なことのようだが、あらゆる点に影響を及ぼすので、留意してほしい。

企業文化とは、社員が共有する価値観や考え方、行動規範が集まったものであり、決しておざなりにはできないのだ。

大抜擢し、報酬も惜しまない

未来のリーダーとなる人を大抜擢したら、チャレンジさせよう。歳が他の管理職よりひとまわり以上若くても、入社して数年でも、未来への期待を込めて役職を与える。実行チームの〝監督〟を任せてもいい。

たとえば、ヒューマンスキルの高い若手をリーダーに抜擢したとする。彼・彼女は勉強熱心でスキルアップに努めており、何より社が目指していることを、自分のチーム一人ひとりにうまく伝えている。適切な関与をし、自分の部下の実行プロセスを、熱意をもって見届けていれば、その先にやがてたくさんのリーダーが育つだろう。

リーダー育成の成果が出てきたら、その人をレジェンドとして扱ってもいい。

「自分より優れた人材を輩出する教育のプロだ。あなたの待遇は生涯保証する」と、思い切った報酬を与えて然るべきだと思う。

経営者が「人を育てれば報われる」と明示していれば、中間管理職が変わり、会社が変わる。「自分より優秀な部下がいると、立場が危うくなるから嫌だ」という、せせこましい概念が消え去る。社の全員が、「人材という無形資産」を育てるモードに変容するのだ。

日本企業は年功序列がなくなったとはいえ、完全に消えたわけではない。大抜擢をためらう経営者も多いと思うが、ここは大胆に実行することをお勧めしたい。

具体的に意識するべきは、「ポジション・権限委譲・報酬」の3点だ。日本の経営者によくある失敗例は、「ポジションを上げただけで、権限を与えず報酬も上げない」というものだ。

ポジションだけ上げて権限を与えないと、「名前ばかりのリーダーでなんの決定権もない。それなのに責任だけが重い」と、せっかくの人材のやる気を削いでしまう。

さらに、報酬について「調整」が入るのも問題だ。たとえば新入社員の初任給が、前年は25万円だったとする。だが、今年は見込みのある熱心なAさんが入ってきた。

「Aさんをリーダーに抜擢し、1年以内に月給を30万円にしよう」

経営者がこう言うと、必ず「それはちょっとまずい」という声があがるだろう。一番問題なのは、入社2年目、3年目の人たちだ。「自分たちの時は、そんな待遇はなかった。ずるい」と不満の声が出てくる。だが、このような過去と照らし合わせた調整をやっている限り、組織に大きな変化は訪れない。軋轢はある程度覚悟し、思い切って断行すべきだ。

あるいは、「今年からは新卒の初任給を30万円にして、より良い人材を確保しよう」と決めてしまうのもいい。これは、社員という人材が何より大切な無形資産であると、経営者自ら伝える姿勢でもある。

最悪なのは、無難かつ微妙に報酬を増やすことだ。「全社員一律5%アップ」というのは社としては大きな投資だが、社員一人ひとりには、期待もメッセージも伝わらない。

もっとたちが悪いのが、「給与は据え置きだが、頑張った社員には豪華リゾートの旅行券をプレゼント」などという前時代的な〝景品〟だ。それはあくまでおまけであって、それで喜んで集まってくるようなレベルの人材は、大切な無形資産には育っていかない。

評価はメッセージであり説明責任

「明日の仕事をする人」を抜擢する際は、評価の基準を明確にするだけでなく、「どのような理由でこの人を抜擢し、高い報酬を出しているのか」を、周りにもちゃんと理解させるべきだ。一般の社員は自分以外の人の仕事を全部見ているわけではない。その人がどれだけ勉強し、努力し、周りに良い影響を与えて、会社に貢献しているかが見えているのは、経営者やリーダーだけだ。

その人が実行によってどんな付加価値を生み出しているか、その人のどんな点を評価しているのか。明日の仕事を評価する場合、それは「営業数ナンバーワン！」といった単純な数字では表せないかもしれない。だが、丁寧に繰り返し説明し、納得感さえあれば不満は出ないものだ。

抜擢や高評価の理由を可視化していくには、言葉で伝えるのが最良の策だ。私はこれについて「評価はメッセージだ」と説明している。

仮に「正しい関与の達人」がいて、若手を育てるのが非常にうまいとする。その場合、「彼・彼女の関与によって若手が成果を出している」という説明が必要だが、それだけでは足りない。「当社は今後、より結果を出すために人材に投資する。そのためには、当座の数字より、人を育てる能力がある人材を評価したい。それが今、会社全体として必要なことだ」といった具合に、理念や戦略まで含めた企業の姿勢を経営者が十分に語るのである。

どんな理念を持ち、どこを目指し、どのような戦略を立てているのか、社員に伝える。これは株主に対する説明責任と同様に大切なことだ。

社員を納得させ、同じ方向に向かわせる力を持つのが、経営者の役割である。人材プロセスは非常に大切だからこそ、丁寧に説明をして、同じところを目指していきたいものだ。

第 6 章

人材プロセス

――戦略・業務プロセスと連動させる

人材プロセスは、戦略プロセスや業務プロセス以上に重要なものだ。結局のところ、市場がどう変化するかを判断し、その判断にもとづいて戦略を策定し、戦略を個別の業務に落とし込むのは、組織を構成する人間なのだから。要するに、人材プロセスが適切でなければ、企業の潜在能力を生かすことはできない。

しっかりした人材プロセスでは、以下の3つのことが実践されている。第一に、各人を正確に深く評価する。第二に、幹部となる人材を見極め、育成する枠組みをつくる。どんな企業でも戦略を実行するには、あらゆるレベルであらゆる種類のリーダーシップを発揮できる人材が必要になる。第三に、強力な後継計画の基礎となるリーダーシップ・パイプライン（幹部候補の層）を確保する。

これらをすべて実践している企業はほとんどない。**従来の人材プロセスの最大の欠点は、過去に目を向け、現在のポストでの仕事の出来を重視している点にある。**はるかに重要なのは、明日の仕事ができるかどうかだ。事業部門ではこれ以上ないといえるほどの成果を上げているのに、その事業を一段高い水準に引き上げる能力のない人には数多く出会ってきた。多くの企業は業績の数値が出てから主要幹部を交代させているが、その時点ではすでに打撃を受けている。業績は遅行指標なのだ。過去を記録したものであり、時間の遅れを伴って出てくるものだ。

チャラン　人材プロセスの失敗による企業の損失は、計り知れない。顕著な例を示そう。数年前、売上高40億ドルの化学会社のCEOが、インドネシアでのプラント建設に2億5000万ドルを投入した。成長率の鈍化したアメリカ市場から発展途上国に経営資源を移す戦略の一環であり、この投資は理に適っていた。責任者には、母国のプラント管理で手腕を発揮したブラジル人マネジャーを起用した。2001年初め、わたしはCEOから電話でこう切りだされた。「インドネシアに行ってくれないか。この投資がとんでもない重荷になっている。様子を見て来てもらいたい」。ジャカルタで調査すると、状況が絶望的であることがわかった。プラントの建設が遅れたため、操業開始の予定が大幅に延びていた。請負業者との交渉、営業許可の取得、労働組合への対応、必要な人材の採用など、マネジャーは何ひとつ対応できていなかった。ようやく操業開始にこぎつけても、製品を販売する能力がなかった。

このマネジャーには、事業全体を統括できるだけの幅広い知識がなかった。母国のブラジルでもそうだったが、事情がよくわからないインドネシアでは、それがいっそう露《あら》わになった。たしかに、ブラジルのプラント管理はうまくいっていたが、それは技術職だったからで、ゼネラル・マネジャーを務めたことはない。顧客との関係、市場、価格の詳細がまるでわかっていない。インドネシアのような国では政府要人との関係を開拓・維持する必要があることも知らなかった。政治家に取り入ることができなければ事業は進められないが、その才覚もない。全体像が見えず、どうすれば利益を稼げるかという経営感覚がない。経営者としては素人同然。どうすれば現地で適切な人材を採用できるかもわからなかった。さらに本社とのあいだで、まともなやりとりもなかった。もっとも本社にもインドネシアの実情がわかる者はいなかった。20人の上級幹部のうち、休暇ですらインドネシアに行ったことのある者はひとりもいなかった。インドネシアへの進出を勧めたのはアメリカのコンサルティング会社だが、この会社も実際に現地で事業を展開するための助言は一切していなかった。

現地で事業を行なうノウハウがあるかどうか確かめもしないで、CEOが2億5000万ドルもの巨額の資金をなぜ投入したのか。このマネジャーを起用したのは、技術に強く、途上国出身者なら別の途上国でもうまくやれるはずだと考えたからだ。リーダーとしての資質や経営感覚がどれだけあるかを把握する、人材プロセスを持っていなかった。

こうしたタイプの決定、つまり企業の主要戦略を実行するポストに適切でない人材を配置する決定は、よくあることだ。海外進出を加速する場合であれ、国内で新たなプロジェクトを実施する場合であれ、誰がその戦略を実行し、その能力を持っているか、というごく基本的な質問をしていない経営者が多すぎる。

戦略自体はよかったが、この会社にそれを実行できる見込みはなかった。アメリカに戻ったわたしは、この投資は損切りするしかないとCEOに話した。結局、インドネシアでの事業をあきらめ、ほかの国のプラントと交換した。

これとは対照的な人材選抜を行なったのが、やはりアメリカを本拠に海外事業を展開するある企業だ。業界3位のこの会社は、株主に大いに貢献し、過去10年間に株価はS&P500を25パーセント上回る率で上昇している。同社が世界的なデータベース上で人材情報を集めているのは偶然ではない。

1997年、同社は非常に重要な人材選抜の問題に直面した。欧州で業績の不振が続いていた。各国の拠点が独立王国のようにふるまい、同社の欧州戦略は各国の戦略を寄せ集めただけの整合性のないものになっていた。当時の欧州の責任者は、相乗効果を発揮させることができず、退任が決まっていた。

欧州事業に必要なのは、欧州全体の戦略の下で事業を統合し、情熱をもってその事業を実行できるリーダーだった。後任の責任者は、同社のCEOの最有力候補になる。そのため、適任者の基準は厳しいものになった。求められるのは、幅広く深い知識に加えて、外部環境の変化を見極め、それを事業活動と結びつける能力、新たな幹部チームを迅速にまとめる能力、優れた戦略を策定し、実行する能力だ。

歴代の責任者は、アメリカ出身者が多く、欧州出身者がそれに続いていた。だが、アメリカ、欧州出身者に先の基準を満たす者はいなかった。議論を進めるうち、世界的な人材データベースから通常では考えられない候補者が浮かび上がった。途上国出身者で、その国のトップに上りつめ、過去3年間、誰も予想していなかった好業績を収めている幹部だ。ほとんどと言わないまでも多くの企業では、社外に候補者を求めて、この幹部がレーダーに映ることすらなかっただろう。だが、あらゆる角度から検討した末、同社はこの幹部を欧州事業の責任者に抜擢した。そしてこの人物はここでも成功を収め、2002年初頭の時点で、次期CEOの有力な候補となっている。

＊　＊　＊

適材と適所の組み合わせを見極めるのは、必ずしもこの事例のように簡単ではない。文句なしの好業績を上げている幹部をあえて交代させ、事業をつぎの段階に持っていく能力が優れている幹部を送り込まなければならない場合もある。

チャラン　例を挙げよう。ある大手企業の主要部門の責任者は、1980年代末から90年代末にかけて、その事業を世界3位から1位に押し上げた。世界進出を果たし、製品提供の際にサービスを付加し、生産性を劇的に向上させた。実行面で彼以上にうまくやれた人物は、社内にはいなかっただろう。

しかし、同社の経営幹部は、戦略策定にあたり、将来の売上高を伸ばすには、市場のニーズを大胆にとらえ直し、最新技術を活用した新製品を素早く開発してプレミアム価格を実現すべきだとの結論に達した。こうした戦略上の要件と人材プロセスでの議論を結びつけた結果、この責任者の実績は買うが、この事業部門がつぎの段階に進むには、幹部の総入れ替えが必要だとCEOは結論づけた。

この決定に責任者は打ちのめされた。だが、会社は数か月かけて幹部の交代を進め、責任者には新しい仕事を探す時間を与え、サポートした。責任者は、別の会社で自分の能力に見合った重要なポストを見つけて転職した。そして、３年経って振り返ってみると、CEOの決断は正しかったといえる。新たな幹部チームは売上高で15パーセント、利益で18パーセントの年平均成長率を達成している。

もっと早く手を打てば避けられたはずの明白な問題もある。すでに述べたように、組織を犠牲にして業績を達成するリーダーは、大きな打撃をもたらしかねない。その行動が組織の足並みを乱し、組織全体のエネルギーを奪っていたため、更迭するしかなかった経営幹部は何人もいる。行動を見ていけば、その職務に向いていない幹部を見つけだすのはむずかしくない。だが、そもそも、そうした人物は重要な地位に昇進させないことだ。早い段階で行動についてフィードバックすることが、競争力を大きく左右する。

実行の体系を生みだすには、経営トップレベルの行動を変える必要がある企業も少なくない。数年前、わたしが助言していた大手鉄道会社では、上級副社長の行動が会社全体に計り知れない悪影響を及ぼしていた。仮にジョーンズとするが、外面はよかった。だが、社内では血も涙もない暴君で、各州に散らばる複数のオフィスを結ぶインターコムで部下を口汚くののしっていた。この副社長が「個人の尊重」という、最近、再確認された価値観を守っていないのは周知の事実だった。予算と社員の80パーセントを管理していたのだから、その権力は絶大で、部下を生かすも殺すも彼次第だった。

ジョーンズが手荒く扱ったのは部下や同僚ばかりではない。ほかの役員やCEOに対してすら横柄だった。CEOは一時、会社を離れ、戻ってきたあとに指名された人物だ。ジョーンズは自分がその地位に就くはずだったとの思いからCEOを疎んじていた。当のCEOは聡明で高潔で物腰の柔らかな人物であり、さりげなくジョーンズの行動を変えようとしたが、どうにもならなかった。CEOが我慢していたのは、ジョーンズに実績があったからだ。

ある日、わたしはこの会社の執行委員会に出席した。CEOは独特の礼儀正しい口調で、業績目標を達成するには、ジョーンズの担当部門を中心に大幅なコスト削減が必要だと説明した。驚いたことに、ジョーンズは乱暴な口調に見下した態度で、そんなことは絶対にできないと言い放った。解任されることなど恐れていなかった。CEOは高潔で穏健だし、自分が異論を唱えれば、執行委員会は自分に味方するとの読みもあった。自分が辞めさせられれば、会社が立ちゆかなくなるとも思っていた。だが、CEOは落ち着いてこの問題に対処し、取締役会の同意を取り付け、1か月後にジョーンズを解任した。会社では深い安堵のため息が聞こえた。ジョーンズの直属の部下が後を引き継いだ。行動が変化し、コスト削減が進んだ結果、同社の株価は4年も経たないうちに2倍になった。

ジョーンズのような経営幹部は、組織のエネルギーを奪い、部下の成長を妨げる。それを抑えられないリーダーは、リーダーとしての役割を果たしているとはいえない。

＊　＊　＊

しっかりした人材プロセスには、長期的にどんな人材にニーズがあるかを見極め、それを満たすための行動計画を策定する強力な枠組みがある。その前提になるのが、以下の構成要素だ。

- 戦略計画や、短期・中期・長期の中間目標、具体的な業績などの業務計画と結びついている。
- 持続的改善、後継者層の充実、離職リスクの低減を通して、リーダーシップ・パイプラインを形成する。
- 業績不振者の処遇を決める。

●人事部門の役割と業務を変える。

構成要素その一——人材を戦略や業務と結びつける

人材プロセスの第一の構成要素は、短期（2年まで）、中期（2年から5年）、長期（5年超）の戦略目標や業務計画目標と結びつけることだ。リーダーは、戦略を実行するにあたって適切な人材を適切な規模で確保することによって、これを実現する。

航空機メーカー向けの部品を製造するXYZ社の場合を考えてみよう。同社は、顧客維持と継続的な収入の確保を目的に、製品だけでなく、販売後のサービスを含めたソリューション提供を新たな戦略に掲げた。さらに、航空機業界以外の顧客の獲得も打ちだした。人材プロセスの議論では、ソリューション提供に対応してスキル構成を変えていくことが中心になる。同社には仕事ができる人間は山ほどいる。だが、新戦略を実行するには、経営幹部を評価し直し、これまでの人材とは違う能力を持った営業担当者を確保しなければならない。誰のスキルが通用しなくなるのか。エンジニアがソリューション設計という新たな能力を身につけるのに、どれくらいの時間が必要か。また、誰がその責任を負うのか。

組織内で好業績を上げている者が新戦略で求められる課題に対応できないと判断するのはむず

かしいものだ。優秀な社員に、つぎの段階に行ける能力がないと誰が進んで言おうとするだろうか。だが、それは避けて通れないものであり、ここで論じている人材プロセスでは、リーダーはそうした質問を提起しなければならない。

人材を戦略、業務と結びつけることは、今後、会社が直面する課題を浮き彫りにするうえでも役に立つ。XYZ社が既存顧客にサービスを販売するには、その中核スキルであるサプライチェーン管理を向上させなければならない。そのためには新たな人材を採用するほか、アフターマーケット部門を社長直属のプロフィット・センターに昇格させる必要がある。そうすれば焦点が定まり、責任も明確になる。

戦　略

XYZシステムの世界的なトップ・プロバイダーとなり、複数の顧客セグメントに奉仕する。

戦略の道標

短期（2年まで）

- 既存の製品ラインからソリューション販売への拡大
- 既存の顧客へのサービス拡大に向けた新プロジェクトの始動

● 新たな技術力の獲得

中期（2年から5年）

● 既存の顧客セグメントでの普及率のさらなる向上
● 新規の顧客セグメントへのソリューション販売方法の開発
● パートナーの評価と提携の締結

長期（5年超）

● 最先端技術のパイオニアの地位の確保
● よりいっそう有用な提携関係の構築
● 低コスト調達のアイデアの創出

構成要素その二――継続的改善、後継者層の充実、離職リスクの軽減を通して、リーダーシップ・パイプラインを形成する

中間と長期の目標を達成できるかどうかは、有能なリーダー候補のパイプラインを持てるかど

うかにかかっている。まずは現時点で候補者を評価し、各人がより大きな責任を担えるようにするための課題を決定する。こうした評価から生まれる対話によって、リーダーシップ・パイプラインが質や量の点で十分かどうかが明らかになる。企業が競争上の優位を獲得するために、これほど重要なことはない。

リーダーシップ評価サマリー

パイプラインの全容を把握するのに便利なのが、図表1に示したリーダーシップ評価サマリーだ。サマリーは、何人かの業績と行動を比較したものである。XYZ社では、どの営業担当者が大口契約を獲得しているか（業績）の評価に、誰が同僚と協力しているか、誰が一匹狼なのか（行動）の評価を組み合わせたサマリーを作成した。ソリューション販売はチームでの行動が不可欠なので、自分ひとりの手柄にしたがる営業幹部は、行動様式を変えなければ、新たな環境で成功することはできない。

リーダーシップ評価サマリーを見ると、潜在能力が高く、昇進可能な人材が一目でわかる。業績と行動の両面で資質を兼ね備えた人材は、右上の四角に位置する。同様に、業績面では基準を上回っているが、行動を改善する必要がある者、さらには業績・行動の両面で基準を下回っている者もわかる。リーダーシップ評価サマリーは最終的な結果であり、それを裏付ける情報とし

図表1　リーダーシップ評価サマリー

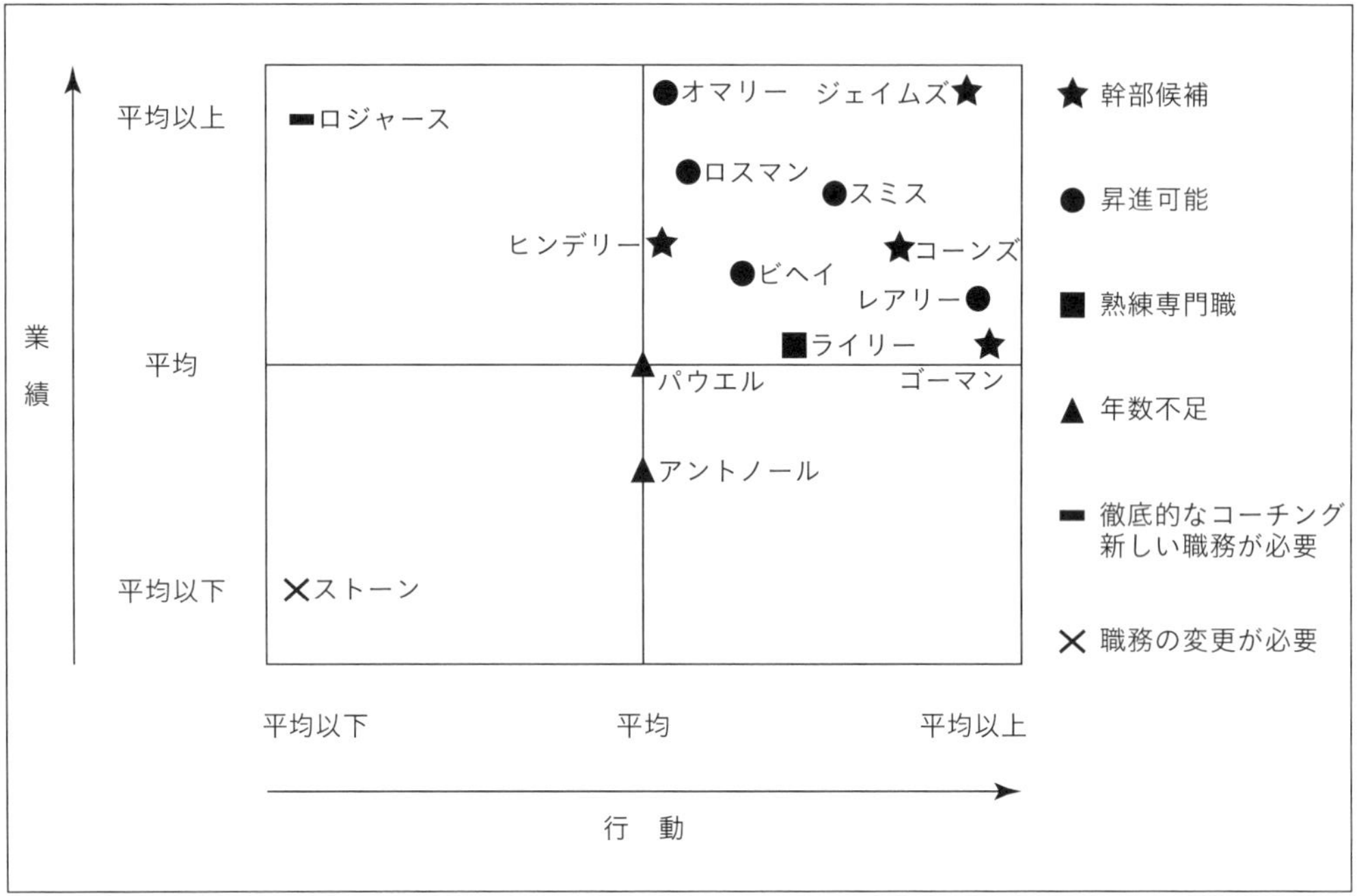

て、継続的改善サマリー、後継者層分析、離職リスク分析がある。

継続的改善サマリー

図表2に示した継続的改善サマリーは、一般的な業績評価によく似ている。違うのは、達成・未達成の主要な業績だけでなく、今後、改善すべき点が具体的に指摘されている点だ。継続的改善サマリーは、個人の業績改善に役立つ。

一例として、マーケティング担当副社長、スーザン・ジェイムズの場合を見てみよう。ジェイムズはリーダーシップ評価サマリーで高い潜在性を認められている。2001年の業績評価には、ソリューション販売で求められるアフターマーケット戦略や、欧州市場でのマーケティング戦略や増益戦略を開発してきたことが記されている。2002年の課題としては、サプライチェーン管理を中心とするアフターマーケット戦略のさらなる実行が挙げられている。ジェイムズは顧客を重視し、業界や製品をよく知っているが、今後、改善が必要な重要な点もある。コーチングによってチームをつくり、欧州を中心に業績不振者のスキルの向上にも努めなければならない。ソリューション販売に向けて大量に採用する社員を、会社に溶け込ませる役割も担っている。

継続的改善サマリーは、後継者の問題――つまり組織のなかでより高い責任を負える人材を考

図表2　継続的改善サマリー

名前　スーザン・ジェイムズ　マーケティング担当副社長			実績、特性、行動
スキル	優秀	普通	普通以下
ビジネス感覚	●		
顧客重視		●	
戦略的思考	●		
ビジョン・目的意識	●		
価値観・倫理観	●		
行動	●		
熱意	●		
チームワーク		●	
革新性		●	
人事		●	
部下の育成		●	
業績	●		

総合評価

2001年の主要実績
・ソリューション販売に向けたアフターマーケット戦略を開発
・欧州市場向けのマーケティング戦略、増益戦略を開発

2001年の目標の未達成項目
・香港、フランスで世界的な顧客2社を失う
・中国圏市場に向けた中国人のマーケティング幹部の採用が未達成

2002年の課題
・アフターマーケット戦略の実行を継続

強み
・ビジネス感覚が抜群
・高い基準を掲げ、模範を示す

改善すべき点
・人材採用の優れた手腕が不足
・部下の育成への熱意が不足
・業績不振者を早期に改善

改善計画
・人材スキルの分野でコーチかメンターと相談

異動可能性（短期0～2年まで）
・現職

異動可能性（長期2年超）
・大幅な改善がみられれば、事業部門責任者に昇進可

える際のたたき台になる。スーザン・ジェイムズは最長で2年まで現職にとどまる。近い将来の事業部門責任者の「有望株」だと見られているのは間違いない。

後継者層と離職リスク分析

後継者層と離職リスクの分析は、人材計画と潜在性の高いリーダーシップ・パイプライン構築に欠かせないものだ。これらが一緒になってはじめて、「人材が当社の最大の資産である」というスローガンが意味を持ち、各人に何が必要か、横滑りや昇進の人事をどうすべきかを議論できる。この分析では、主要な人材を引き留めたり、予期せぬ退職者や昇進者を補充したり、業績不振者を入れ替えたりするのに何をすべきかにも重点をおく。

離職リスク分析では、各人の労働市場での価値、他社へ移る可能性、他社に移った場合の自社のリスクに注目する。現職の在任期間があまりにも長いと、昇進が妨げられていると感じ、ヘッドハンターの誘いに乗りやすい。スーザン・ジェイムズの場合、XYZ社の将来を担う人物であり、ソリューションとアフターマーケット販売という新たな戦略の成功に不可欠の幹部だ。XYZ社はさまざまな手段を講じて、引き留めにかかる。功績を迅速に評価し、報酬を与える。さらには、会社の将来計画を知らせる。何が昇進を妨げているかを真剣に検討し、成長を続けられるようにする。

後継者層分析では、主要な役職に就けるほどの潜在性の高い人材が十分にいるのかどうかを判断する。また、潜在性の高い人材が不適切な職についていないか、昇進の道が開けていない場合に、社外に流出する危険はないかを見る。

ＧＥやコルゲート、ハネウエルなどでは、人材プロセスによって、人材の厚みが確保されている。１９９０年代半ば、ＧＥが世界でも有数のリーダーとなる人材を輩出していることが明らかになると、全事業部門の責任者が離職リスクにさらされた。年次報告書に名前が記載されると、有数のヘッドハンターから常にマークされるようになった。ＧＥの人材プロセスでは、データを収集し、引退まで現金化できない株式などの経済的報酬を提供することによって、いかに人材を引き留めるかが議論されている。だが、主要な人材が会社を去ると決めた場合には、必要な人材の補充を24時間以内に行なう。たとえば、２００１年春、家電部門のトップ、ラリー・ジョンソンが、ＧＥを辞めてアルバートソン・チェーンのＣＥＯに就任すると発表すると、ＧＥはその日のうちに後任を指名している。さらに、これもおなじ日に、関連する昇進によって必要となった役職すべてで後任を発表できた。

潜在性が高く、昇進の可能性のある人材を見極めることによって、避けられるリスクは２つある。ひとつは、事なかれ主義に陥って、おなじ役職に長期間とどめておくことだ（いくつかの業界に共通してみられる）。もうひとつは、昇進を急ぎすぎることだ（ドットコム企業では、経験もないのに20代そこそこで上級幹部に昇進させている)。

チャラン　企業に確かな情報に基づいた強力なリーダーシップ・パイプラインがなければ、後継者層の厚みの確保と将来の経営幹部の引き留め、当面の経済的要請のどれを優先するかで、深刻な混乱が起きかねない。大手複合企業で最近起きた例を見てみよう。

利益で2番目に大きい事業部門は、拡大路線をひた走っていた。だが、景況が悪化した。業界全体の成長率がマイナスに転じ、2、3年で上向く見込みはほとんどなかった。部門責任者は1年後の引退が決まっており、次期責任者は厳しい課題に直面することになる。さまざまなコスト削減策を実施するほか、製品ラインごとに独立採算制をとり、マーケティング、法務、人事、財務、設計担当者を抱える組織から、機能別組織に再編し、スタッフ部門を本社に集約しなければならない。

候補者はふたりいた。ポールは40歳、マーケティングで大成功を収め、顧客や同僚の受けもよく、この部門の生え抜きで、7、8年のうちにCEOになるとの呼び声が高い。ロジャーは50代半ば、ベテランの管理職で、ほかの2つの部門でも業績を上げていた。6年後には定年を迎え、CEO候補ではない。

CEOが強力に推すのはポールだった。だが担当責任者は、事業環境が悪化するなかでポールには務まらないのではないかと疑念を強めていた。損益への責任を負ったことがないし、これまでの評価を見るかぎり、コスト削減や規模の縮小、サプライヤーとの交渉、さらには事業の再構築など課題が山積するなかで、それを乗り切れるだけのタフさがあるとは思えないと指摘した。後任にふさわしいと考えたのはロジャーの方だった。いくつか損益に責任を負い、むずかしい判断も経験しているからだ。

しかし、CEOは、ロジャーを事業部門責任者にすれば、会社が後継者のパイプラインを断つことになるのではないかと懸念した。ポールは会社を辞める可能性が高く、そうなると後継者候補入り目前の有能な人材も、この会社では昇進の見込みがないと思い始めるかもしれない。さらに、ロジャーを選べば、後継者候補として意欲に燃える幹部からは、慎重すぎると見られかねない。「ポールで試そう。有能だし、仕事に見合うように成長するだろう」とCEOは言った。だが、部門責任者は食い下がった。「成長しなければ、悲惨な結果になる。この部門は当社の柱であり、株式市場も容赦してくれない。正直言って、ポールを後継者候補に入れているのは間違いだと思う」

CEOと部門責任者は、ほかの人の意見を聞く必要があると考えた。CFOと人事部門責任者が呼ばれた。4人は、時に激論を闘わせながら、4時間にわたって話し合った。最終的には、ポールはこの役職にはふさわしくないとの意見で一致した。長時間にわたる議論で、ポールの実績の欠点が明らかになった。実績それ自体に間違いがあるわけではない。だが、逆境に直面したことがなく、その性格から考えて、逆境ではうまくいかないだろうとの結論に達した。さらに4人は、ポールがもはやCEO候補ではないとまで考えるようになった。

経営陣は、この経験から貴重な教訓を得た。CEOの有力候補と目されていた人物を過大評価していたことに気づき、リーダーシップ・パイプラインに適用する厳格な基準を新たに開発した。

ハネウエルの人材評価

人材評価は、人材プロセスの中心となる社会的仕組みだ。ハネウエルでは、経営資源評価と呼んでいる。経営資源評価は、戦略会議と業務会議のあいだの時期、春と秋に2日間にわたって開かれる。全社で実施され、CEOによる最高幹部の評価から始まり、ゼネラル・マネジャーによる事業部門社員の評価へと降りていく。現職の社員とともに、その職務を引き継ぐ可能性がある社員も評価する。潜在性があり、翌年に異動させるべき社員を見極める。業績不振者に関しては、対策を話し合う。コーチングが役に立つのか、それともその職務が合っていないのか。退社したり、異動の可能性がある社員がいる場合、上司は後任候補を示さなければならない。個人の業績のほかにも、組織構成や全般的な人材育成、戦略を実行するうえで不足しているスキルも経営資源評価の議論の対象になる。

ハネウエルの幹部は経営資源評価会議の準備に時間をかける。直属の部下と、さらにその部下の評価に責任を負う。自分の考えを発表するだけでなく、議論できる準備をしておかなければならない。異論が出たときに反論できる準備も必要だ。会議では、つぎのような質問が出る。部下を育てるために何をしているか。部下は成長し、成熟しているか。業績不振者については、何が原因か、上司はどんな手を打っているか。成長するために手助けが必要な者に対して何をしたか。コーチをつけたか。欠点を克服するため別の仕事を与えたのか。

経営資源評価の参加者は、会議の1週間前に評価を記入した書類を提出しなければならない。基準を満たしていない書類は差し戻される。プロセスの誠実さを保つことが必須なのだ。

ボシディ　評価シートが突き返されるのはなぜか。中身がないからだ。評価担当者は、対象者を「素晴らしい」とし、今後、改善すべき点は「なし」と書き込んでいる。こんなふざけたことを書くマネジャーは何様なのか。神にだって改善すべき点はあるものだ。改善すべき点がないと書いた相手を、助けることはできない。わたしは「指示どおりに評価をやり直す」よう命じる。評価が率直なものであっても、評価担当者が対象者と話し合っていない場合がある。これも受け付けるわけにいかない。

評価シートに書き込まれていない重要な問題が、会議で飛びだすこともある。ある社員の評価シートに、今後、改善すべき点として「決断力がなく、性急で、話を聞かない」と書かれていた。会議で評価担当者が、「ほかにも行動に問題がある」と付け加えた。なぜ、それをシートに記入していないのか。本人はそれをどうやって把握するのか。わたしは言った。「本人に言ってないことを、わたしに言わないでもらいたい。行動に問題があるなら、シートに記入し、本人に認識させるべきだ」

この会議でとくに重要なのは、複数の見方や判断を示す点にある。どんなに優れたリーダーでも、つねに自分の印象だけに頼れるわけではない。評価に主観が入るのを恐れ、苦労している。しかし、何人かで評価すれば、判断は大きく変わる。おなじ人物を何人かが観察し、活発な議論で見方をすり合わせると、主観的な見方は客観的な見方に変わるのだ。

チャラン　何人かで人材評価を行なうと、驚くほど正確で迅速に重要な問題を把握できるものだ。わたしが顧問を務めているある会社で、34歳のマーケティング担当副社長のウォルトを事業部門責任者に登用するかどうか、上級幹部が集まって協議した。ウォルトは聡明で、人を大切にし、やる気もあり、正直だ。弁も立つ。取締役会にも気に入られていて、次期ＣＥＯの有

力候補のひとりと目されている。CEO自身もウォルトが最有力候補だろうと考えていた。事業部門を率いるポストは、CEOへの重要なステップになる。

上級幹部のうち何人かはウォルトを観察し、ウォルトの近くで仕事をしてきたラインの部下の評価も集めていた。議論していくと、評価シートには記載されておらず、CEOもさほど注目していなかった行動の問題点が3つ浮かび上がった。第一に、アイデアは色々思いつくが、それを最後までフォローするわけではない。実行は他人任せだ。第二に、大口の受注獲得に熱心なあまり、それが設備投資に与える影響を指摘されても無視してきた。資本集約的で、負債比率が高く、利益率が低い同社では、これは致命的なミスだ。第三に、大型プロジェクトばかり追いかけ、利益率が高く、少ない資本ですむ小型プロジェクトを避けていた。

ウォルトの近くで仕事をするラインの幹部が観察したものだけに、「曖昧な表現」やチェック項目に書かれた抽象的な事柄ではなく、非常に具体的な行動が指摘されている。20分もしないうちにCEOをはじめとする幹部は、ウォルトにはさらなる研鑽が必要で、事業部門の責任者としてもCEO候補としてもふさわしくないとの結論に達した。

ひとりの人物について、よく知っている人間を5人集める。5人が自由に意見を述べ、議論し、結論を導きだす。診断結果は、さまざまな見方を収斂したものになるだろう。これがしっかりした人材プロセスの核になる。

ボシディ　評価では、思ったほど明確に自分の考えを説明できていないことがある。自分の意見をほかの幹部に説明すれば、より正確な意見がまとまる可能性がある。

例を挙げよう。４人でウィルの評価を検討していた。ウィルは3年前に社外から引き抜いた意欲的な技術者で、ある事業部門の責任者だ。上司が提出した資料のうち、最初は長所に目を通した。技術に詳しい。顧客満足を理解している。助言に耳を傾ける。創造性がある。ウィルがつくり出す環境は周囲に気に入られている。ほかにもいい点は多々あった。短所にはこうある。第一に、財務に強くなく、目標の達成に何度も失敗している。第二に、ビジネス感覚が十分に発達していない。基本的には成熟しているが、ビジネスではまだ未熟な面がある。第三に、引きつづき指導が必要である。総合評価としては、潜在能力は非常に高いが、改善が必要であると指摘されていた。

全員がこの評価に同意しかけたが、ひとりがこう言った。「ウィルは財務面でも、言われている以上によくやっている。製品の技術上の問題と現場の品質の問題を解決しなければならなかった点を考慮すべきだ」。われわれはこの点について話し合った。わたしはこう言った。「ウィルは約束した業績目標を達成していない。君は理由があると言う。それは正しいのかもしれないが、目標を達成できなかったのは事実だ。この問題点について考え、ウィルの改善をサポートできるかどうか検討しよう」。わたしを含め三人は、ウィルの置かれた状況を考慮しても、判断は変わらないことで意見が一致した。予測できなかった事態にぶつかるのはみなおなじだ。最終的に成功するのは、それを克服した人間なのだ。

状況を考慮すべきだと発言した幹部は、意見を変えなかったが、それはそれで構わない。われわれは同意が得られなかった点を確認した。いつも全員の同意が得られるとは限らない。だが、意見が多いほど、総合評価はより良いものになる。

人材評価会議のあと、わたしは会議の参加者全員に、各人が部下に対してとることで同意した行動を確認する手紙を送る。この手紙は、人材計画やリーダーシップ・パイプラインの構築に欠かせないフィードバックになる。これまでに書いた手紙のなかから、コメントの一部を抜粋しよう（名前や役職は変えてある）。わたしは、できるだけ具体的な点を指摘し、その後も絶えずフォローするよう心がけている。

●「君は千人の技術者を抱えているが、第5段階（幹部）で潜在性の高い人材を7人しか見つけ出せていない。これでは不十分だ。教育計画や社外からの起用など、人材育成でなんらかの手を打たなければならない」

●「ジョン・Xは、君の説明どおり今後も改善を続ければ、今年後半、試作品が出たあと、第6段階（上級幹部）になるだろう。部下からは本音を明かさないと見られている。これは部下を率いる方法として、賢いやり方とはいえない。ジョンが自信を深め、もっとオープンになるよう手助けしてもらいたい。ジョンを見守ってほしい。いまの関係を大切にするように。ジョンの成功を望んでいる」

●「ブラッド・Xは、苦境に陥っているようだ。組織を立て直さなければならない。主要なポストで人材を迅速に補充していないため、うまくいっていない。ブラッドの職務範囲を減らすように。やる気を損なわないようにしながら、手助けする方法を見つけ、必要な支援が得られるようにしてほしい」

●「君の所属部門には、君の後を継げる人物は見当たらない。後継者を育てなければならない。この事業は世界的で高度な先端事業であり、有能な人材が求められている。事業が成長するにつれて、有能な人材を見落とすことも出てくるだろう。後継候補としていまからもっと潜在性の高い人材に、機会を与える必要がある。チームの効率面で指摘された課題に取り組むように。具体的にはチームづくりのプロセスを確立してほしい」

●「ピート・Xは受け身で、積極性がない。率直なフィードバックをするように。仕事に対して、われわれが求める情熱を示していない」

●「ジュリー・Xは燃え尽きる寸前だ。これまでむずかしい仕事をこなしてきた。後任を見つけ、ジュリーのさまざまな能力を活用する最善の方法を見つけなければならない」

●「グレッグ・Xは、結果よりも過程を重視しすぎている。結果を出す能力が見られない。知識は誰にも負けないが、行動が伴っていない。部下に求める基準は高いとはいえず、要求もしていない。リーダーシップのスキルを磨かねばならない。なんらかの支援が得られるようにしてほしい」

●「マーク・Xは、業績は素晴らしいが、エゴを抑えなければならない。改善すべき点はずばりと指摘した方がいい」

●「トッド・Xは、優れた指導力を持っている。グループZへの異動は簡単ではなかった。彼が辞めると君が考えているのではないかと心配している。近々、損益に責任を負う地位に就けるつもりであることを、本人に知らせなければならない」

構成要素その三――業績不振者に対処する

どんなに人材プロセスが整っていても、つねに適材が適所に配置されるわけではないし、全員が素晴らしい業績を上げられるわけではない。**実力以上に昇進したマネジャーは、仕事を軽くしなければならない。辞めさせざるをえない場合もある。**どちらなのかを見分け、苦痛を伴う行動をいかにうまくとれるかが、人材プロセスの最終テストになる。

ボシディ　ある人物について全員が慎重に話し合い、あらゆる意見に耳を傾け、全員が満足できる結論に達する。それでも昇進人事を決めたあと、夜中に目が覚めることがある。その時点までどれほど成功を収めていても、昇進させるのはまったく別の決断だ。つぎのポストでも成功して当たり前だと考えるわけにはいかない。

業績不振者とは、みずから立てた目標を達成していない人のことだ。目標を達成する責任を何度も果たせない。あるいは、ある状況で期待されているリーダーシップを発揮できない。ほかにもある。たとえば労使問題を抱え、従業員が組合をつくろうとしているとしよう。こうした事態に至ったのは、必ずしもリーダーの責任ではない。だが、先鋭的な対立を避けるため、みずから矢面に立つのがリーダーの役割だ。毅然とした態度で、粘り強く説得を続けることがないまま敵対的な組合が誕生するとすれば、リーダーとしての仕事ができているとはいえない。

失敗したからといって、人間として無能ではない。会社の成功に不可欠なレベルで、成果を上げられなかったことを意味するにすぎない。そういう幹部には、迅速かつ公正に対処する。

例を挙げよう。製造部門の有能なロブをプラント・マネジャーに抜擢した。しかし、1年後、それに見合う力量のないことがはっきりした。肥大化したコスト構造を改善せず、主要な職務の空席を素早く補充しなかった。ロブの処遇を決めなければならない。

技術に明るく、部下との関係もいいロブを失いたくない。そこで、うまくこなせると判断した仕事に変え、今後の進展を見守ることにした。ロブは現在もその仕事に携わっている。

もうひとりのシドは、自分の職務範囲ではいい仕事をしていた。ただ、いずれ交代させる予定のゼネラル・マネジャーの候補者には入れていなかった。シドは営業力はあるが、人の上に立てる器ではない。われわれは率直に対応した。強みは顧客関係であり、戦略や人事、管理には向いていないと本人に話した。ゼネラル・マネジャーになれないことがわかったわけだが、シドはいまでもおなじ部門で、素晴らしい仕事をしている。

時には、ほかに方法がなく、辞めてもらわざるを得ない場合もある。しかし、その場合でも、できるだけ建設的な方法をとるべきだ。ダグを採用したのは、わたしの失敗だったとしよう。どのような役職でも活躍は期待できそうにない。「君はクビだ。業績がよくない。辞めてもらいたい」と言うことはできる。だが、そんな言い方をすれば、ダグには後味の悪さしか残らない。いずれほかの仕事についたときに、ハネウエルと取引するかもしれないし、ハネウエルの顧客や顧客となる可能性のある人たちと付き合うかもしれない。ハネウエルの悪口しか言われないなら、何の得にもならない。

そうではなくダグを部屋に呼んで、こう言うこともできる。「ダグ、君もわたしもミスを犯した。わたしはきちんと仕事の中身を説明しておくべきだったし、君は成果を上げられなかった。状況を変えなければならないが、その過程で君が不利にならないようにしたい。これはわたしのミスでもあるので、君には1年分の給与を支払おう。第二に、君を推薦するように頼まれたら、わたしは嘘はつかない。君がいくつかミスを犯したと言うつもりだ。だが、君を貶《おとし》めるつもりはない。第三に、君が威厳を保てるような方法を見つけよう」

おそらくダグはこう言うだろう。「ラリー、わたしは会社を辞める。ほかにしたいことがあるから辞めるのだと言いたい」。わたしはこう返す。「みずから辞めたわけではないことはいずれわかるが、その方がいいのなら、それでも構わない」。会社を去る人たちの威厳を保つことは、業績重視の文化のプラス面を強化するうえで重要だ。

本人の方が先に、仕事に向いていないことに気づく場合もある。ハネウエルに戻ったわたしは、ただちに業務のペースを上げた。9月11日の同時テロの余波で、スピードがとくに重要になった。十月、あるマネジャーが、経営幹部のもとにやって来た。50代後半の有能な人物で、いい仕事をしていた。だが、がむしゃらなタイプではなかった。「これほど速いペースや本社の干渉にはついていけない。年末に退職したい」と言ったという。この話を聞いたとき、わたしはこのマネジャーの正直さに感心した。何もせずに業績を悪化させ、経営陣が辞任を迫るしかなくなるよりは、こういう風に言ってもらう方がいい。わたしはこう言った。「来年は厳しい年になる。それに予想もつかない。厳しい措置をとらざるをえなくなるだろう。君は正しい決断をした。君を悪いようにはしない」。実際、このマネジャーを悪いようにはしなかった。

構成要素その四——人事部門を事業と結びつける

実行の文化で人事部門はそれほど重要でないという印象を読者に与えたとすれば、その印象を訂正しておこう。人事部門は、かつてないほど重要になっている。ただ、その役割は大きく変わらなければならない。**人事部門をビジネス・プロセスに組み込む必要がある。戦略や業務と連動**

させ、ライン幹部による最終的な人事評価と連動させなければならない。人事部門はこうした新しい役割のなかで、採用を重視するようになり、スタッフ機能の典型であったときよりも、はるかに強力に組織を動かす力になる。

ハネウエル・インターナショナルの人事担当上級副社長、ドン・レドリンガーはこう語る。「ボシディは財務、人事、戦略のすべてに責任を負っているが、組織づくりについて体系的な考えを持っているので、人事担当者が伸び伸び仕事ができる。そこにボシディの下で働くおもしろさがある。ボシディは組織のあらゆるリソースを活用して利益を追求するよう求めている。マーケティング部門への指示は、すべてわれわれ人事部門にも伝える。『どこよりも利益率を高めたい。そのためにはどこよりも有能な人材を集め、どこよりも早くどこよりも優れた研修をしなければならない。事業の主要な課題や問題点、重要な事柄に的を絞った研修プログラムが必要だ。人事部門にはそのために力を貸してもらいたい』」

ボシディがアライド・シグナルで真っ先に手をつけたのは、人事部門の人材の重用だった。組織のなかで最初に強化したのが人事部門だ。それで会社全体を動かせるようになった。

わたしが働きはじめたころとは様変わりした。かつて人事部門に任せられるのは、人材の採用や、計画のごく一部の実行だけだった。たとえば、工場を閉鎖する際には、人事部門が組合と交渉した。いまの人事部門の性格は大きく違っている。事業の目標や戦略計画をどのようにして達成するのか、見解を示すよう期待されている。われわれの役割は、ＣＦＯなど経営の意思決定の参加者と非常に近い。いかに社員を教育し、能力を開発し、会社にとどまってもらうか、組織の勢いをつけ、士気を向上するか。こうしたスキルを磨くだけでなく企業のリーダーなら誰でも持っている資質がなくてはならない。ビジネス感覚、利益獲得の仕組みを理解できる能力、批判的な思考力、結果を出すことへの情熱、戦略と実行を結びつける能力などだ」

結果重視の強力な人事部門を抱える企業はまだ少ないが、増えつつある。たとえばバクスター・インターナショナルの人事部門は、人材の評価・育成・昇進の厳格なプロセスと、戦略策定の両面で中心的な役割を果たしている。

バクスターは世界的な医薬品メーカーで、とくに重症患者用の治療薬に強い。同社はバイオ製品、医薬品、医療機器、情報・サービス事業の拡大をテコに、向こう10年で現在70億ドルの売上高の倍増を目指している。そのために適材を適所に配置することが何より重要になる。ＣＥＯのハリー・Ｍ・ジャンセン・クレーマー・ジュニアは、ＣＦＯ在任時の１９９０年代後半、低成長事業の売却、財務の立て直しによって事業再編を進めた。99年にＣＥＯに指名されると、３つの最優先課題のひとつに人材プロセスを掲げた（あとの2つは、顧客・患者の重視、投資家にとっての利回りの向上だ）。クレーマー以下の経営執行チームが、人材選抜と育成に深く関わり、同社の戦略、業務、人材プロセスを密接に連動させた。

企画部門、ライン幹部、人事部門が協力して、向こう数年の戦略を実行するのに必要な能力やスキルを見極める。人事担当の上級副社長、マイク・タッカーはこう説明する。「2001年には、成長戦略を策定するなかで、当社が高め、築いていくべき能力として、規制問題、薬価、医療機関向け戦略的マーケティングの専門知識を挙げた。その後、それぞれの問題についてチームを結成し、具体的に何が必要か、現在の能力とギャップを埋めるために必要なものを挙げていった」

各チームの責任者には、ライン部門の幹部を充てた。薬価チームは品質管理部門の責任者、規制問題については政府問題担当の責任者、マーケティング・チームはマーケティング担当副社長に任せた。ライン部門幹部が、事業横断的、地域横断的なチームを率いるという貴重な経験を積めるようにしたのは、意図してのことだ。

どの職務が重要なのかを確認し、適切な人材を配置することが、バクスターの戦略プロセスの柱になっている。年に一度、半日かけて行なわれるレビューでは、ライン部門の幹部、各ラインの人事担当バイス・プレジデント、クレーマー、タッカーが各事業部門、地域、職能ごとに戦略的に重要な職を確認し、適切な人材が配置されるようにしている。ただ、このレビューはプロセスの一部にすぎない。これ以上にも重要な点についてはクレーマーやタッカーはふたりで、あるいは各事業や職能の幹部やその下の人事部門の責任者と頻繁に話し合っている。

重要な職務とは、必ずしも高いレベルの仕事ではない。「4階層下の場合もありうる」とタッカーは言う。「たとえば、新薬の承認を得ることが向こう3年の戦略のカギを握る場合、臨床試験の責任者が重要な職務になる。われわれはこう問う。『腎疾患事業の向こう3年の動向を考えたとき、戦略で実行すべきことは何か、それを実行するのに重要な仕事は何か』。つぎに、その仕事に必要なスキルという観点から現職を評価する。向こう3年から5年、戦略の実行に欠かせない役職には、最高の人材を配置すべきだと考えるからだ。非常に重要なものであり、誰かが育つのを待っていられないので、現時点で見極めなければならない。

何が重要な職務なのか、幹部は真剣に考え、見極めなければならない。マネジャーに重要な職務を見極めるよう指示した最初の年は、全員が自分の直属の部下を挙げた。そこでこう言わなければならなかった。『ちょっと待て。たしかに販売担当バイス・プレジデント職は大事だが、新戦略を実行するのに最重要というわけではないだろう』」

ある人物がその役職にふさわしいかどうかを検討する際には、つぎの3つのうちのどれかに分類する。『適している』『あと一歩』『対策が必要』。『適している』と判断すれば、引きつづき進歩を見守る。『あと一歩』は、その職務で優れた業績を上げると安心していられるが、若干の支援が必要であることを意味する。たとえば財務に強くなければ、有能な財務の専門家を配してサポートする。『対策が必要』に分類されると、現在の役職をはずれて会社を離れるか、対応できる別の役職に移らねばならない。ライン幹部には、6か月以内に対策をとる責任を負わせている」

バクスターにおける新しい人材プロセスを象徴するのが、およそ325あるバイス・プレジデントの候補を選抜する「幹部登録」だ。「注目を集める点なので、企業文化を変えるのに役立った」とタッカーは語る。毎週木曜日、タッカーは同社の上級幹部150人全員にボイス・メールを送り、誰が会社を辞め、どのバイス・プレジデント職が空席で、以前の空席を埋めたのは誰かを知らせる。空席については、職務内容と候補となる基準を明確にし、上級幹部による「幹部候補」の推薦を促す(上級幹部は自分で手を挙げることもできる)。

人事部門の上級幹部は、翌週の月曜日、週に一度の電話会議で候補者について話し合い、最初の登録者リストをつくる。タッカーはこう説明する。「15人前後の名前が挙がる。最適だと思えるひとりに行き当たるまで絞り込んでいく。こうした会議では会社全体のことを考えなければならない。たとえば、『スティーブが有力候補であることに異論はないが、所属部門には欠かせない人間なので、ラインの責任者が手離したがらない』と言われれば、『わからなくはないが、会社全体のことを考えれば、この仕事の方が重要なのだから候補者にすべきだ』と答えざるをえない。その逆もあり、『この人物がふさわしいと考えているようだが、会社全体のことを考えれば彼女を動かすわけにはいかない』と言わなければならない場合もある」

空席のバイス・プレジデント職については、この登録から2、3日のあいだに、評価のための情報とフィードバックを集め、推薦者を決める。タッカーは最終的な登録者を翌週の経営執行チーム会議に持っていく。これが会議の最初の議題になる。

「このプロセスで候補者絞り込みのスピードがかなり上がった」とタッカーは語る。「1999年にこの仕組みを導入する前は、空席のバイス・プレジデント職を埋めるのに平均で約16週間かかっていた。それが今年の第2四半期以降、効率が大幅に上がり、7週間に縮まった。この仕組みはきわめてしっかりしている。毎週、進捗状況を把握し、それに基づいてすぐに動く。候補者の質が上がり幅がぐっと広がった。以前は、どの役職を募集しても、名前が挙がるのはいつもおなじ5人だった。

ほかにも役立っている点がある。経営執行チームは、候補者として名前の挙がる上位150人から300人の名前を知るようになった。わたしにとっては、コミュニケーションの手段を広げるのに役立った。わたしのボイス・メールは会社全体に送られている。各地の工場や事業所を訪ね、自己紹介すると、『ボイス・メールをよく聞いています』と言われる。オープンなコミュニケーション手段が確保できた。これを今後も大切にしていきたい」

率直な対話――活力源

しっかりした人材プロセスを開発・維持していくのに、決まったやり方などないが、いくつかのルールは必要だ。高潔さ、正直さ、共通の方式、共通の言語、そして頻度だ。何より重要なのが、率直な対話だ。デューク・エネルギーの人事担当副社長、クリス・ロルフは、率直な対話こそ人材プロセスの「活力源」だという。これは、人材プロセスのなかでもっとも基本的な社会的ソフトウエアだ。

デューク社は各種エネルギー資源の生産・輸送・管理を行なう企業で、２０００年末時点の売上高は４９０億ドルにのぼる。バクスター同様、１９９０年代の規制緩和によってかつての公益事業モデルが通用しなくなったのを受けて、戦略転換を迫られていた。同社は発電所やパイプラインなどの資産や、天然ガスや電力の市場での売買、リスク管理などの金融事業を組み合わせた戦略を徐々に開発していった。

新たな事業モデルを実現するためには、さまざまな人材が必要になった。ロルフは言う。

「１９９８年初めにリック・プリオリ会長からはじめて全体的な人材評価を指示されたとき、戦略の実行に必要な人材が揃っていないことがわかった。熾烈な競争相手と戦えるだけの人材もいなかった。一般に、新たな事業モデルを実行できる人間のＤＮＡは、規制された独占企業を動かす人間のＤＮＡとはまったく違う。たしかに業務管理は大事だ。だが、財務や販売、リスク評価、マーケティングの能力が必要になる」

１９９９年、デューク社は新たな人材プロセスの構築に着手した。「最初の質問のひとつは、どんなプロセスになるのか、というものだった」とロルフは語る。「われわれは、非常に厳密なプロセスでコンピテンシーを定義した。まずは少数の上級幹部と話し合い、評価の枠組みを決めた。つぎにその有効性を上位５００人の幹部で検証した結果、彼らのコンピテンシーと相関関係があることがわかった。アドバイスを受けた第三者機関が驚いたほど、相関性が高かった。つまり、この評価の枠組みを使えば、新たなビジネス・モデルでの成功を正確に予想できることになる。この人材開発・評価モデルを『デュークで成功する幹部』と名づけた」

デューク社が開発した評価モデルでは、コンピテンシーは４つある。業務スキル、ビジネス・スキル、マネジメント・スキル、リーダーシップ・スキルだ。自身がエンジニアから人事部門に異動したロルフはこう説明する。「デュークが人事部門の幹部としてわたしの起用を検討しているとしよう。第一に、人事に関する専門的な知識、ＥＲＩＳＡ（従業員退職所得保障法）や採用、研修、報酬などの知識を身につけなければならない。これが業務のスキルだ。第二に、ビジネスのスキル、つまりデュークのビジネス・モデルがどんなものか、いかに利益を稼ぐかを理解する必要がある。第三に、マネジメント能力も必要だ。デュークではマネジメント・スキルは重要な要件だ。というのは、当社モデルの業務部分は、マネジメント、計画立案、組織化、指揮、管理から構成されているからだ。第四にリーダーシップのスキルがある。デュークはこう尋ねてくるだろう。『クリス〔ロルフ〕は、この会社で上級幹部になれるだけの基本的なリーダーシップ能力を持っているだろうか』

こうしたコンピテンシーに照らして社員を評価するのに約1年かかった。その結果、でき上がったのは、単なる評価ツールにとどまらず、人材について語る共通の言語、共通の方法ともいえるものだ。当社では『彼はいい奴だ』とか『彼女は非常に聡明だ』とは言わない。『この人物には、業務遂行能力がないようだ』とか『あの人物は現場優先で、戦略的思考がないようにみえる』などと言う」

デューク社では大幅な権限分散が進んでいるため、ロルフは人事部門のプロセスのうち3つの機能、すなわち約200人の上位幹部の報酬、国内の福利厚生、インターネット上の世界的な人事データ・システムだけを本社で扱うことにした。「われわれが目指したのは、GEのセッションCのようにある程度厳密でありながら、そこまで体系的でなく標準的でも一律でもない方式だ。それは統治のモデルが異なるからだ。厳密さを求めるうえでデータ・システムが重要であり、これには多くの時間と労力を費やした。会社全体で一本化されたシステムを使っている企業はほとんどない。いくつもの合併や買収を行なった企業ならなおさらだ。だが、GEなどの企業と話をしたときに、こう言われた。『何よりもデータ・システムの整備に注力すべきだ。基本的に大事なのは、誰がここで働いているかだ。だが、世界的な統合システムがなければ、その問いにも答えられない』」

人事システムの利点のひとつは、後継者計画を立てる際に役立つ点だ。「われわれは、上級幹部の経歴を集めた統合的なデータベースを構築した。これは給与や株式、セキュリティーのシステムと連動した共通のシステムだ。わたしは好きな野球カードになぞらえているが、すべての上級幹部について顔写真、報酬、個人情報、評価を、8・5インチ×11インチの用紙にプリントアウトできる。誰かのことを話し合うときには、データは目の前にあり、おなじ用紙を眺めながら議論する。この用紙には名前だけでなく、学歴、仕事上の関心、キャリアの開発計画、交遊関係、あれば第三者機関による評価、現在および過去の報酬が書かれている。

マネジャーは、いわゆる離職評価も行なう。3インチ×3インチのマトリックスに、個人の役割の重要性と今後5年間、会社にとどまるかどうかの見込みを低、中、高で記入する。たとえばやる気のない人事部門の幹部で、他社に移る可能性がほとんどなく、会社にほとんど貢献していないなら、離職の可能性は低いと記される。これが財務部門の有能なMBA取得者で、経営者になれる可能性があり、他社にとって魅力的な人材なら、離職の可能性が高いと評価される。

つまり、世界中のどこでも、おなじ方式で、ひとつのコンピューター・システムを使い、共通のデータベースに入力している。わたしはこれをバベルの塔を撤去する作業だと言っている。われわれはみな、ひとつのページ上にいるわけだ」

システムのハードウエアは、あくまで人材プロセスの土台にすぎない。「活力源」である肝心のソフトウエアは、組織の対話のなかにある。つまり、共通の基準に照らして観察するプロセスにあり、これが率直な評価やフィードバックに繋がる。

「こうした高度なシステムをつくるのは人事部門だが、それを中身のあるものにするには、リーダーが必要だ。当社の場合は、市場動向とスキル不足が追い風になった。リック・プリオリ会長は会社全体に正直になる方法を教え、本人の言葉を借りれば『優秀さとはどんなものか』をしっかりした基準で判断するよう努めた。上司がわたしに対する評価を提出し、『クリスはすべての点で優秀だ』と言ったとすると、会長はこう反論するだろう。『クリスのことは知っているが、すべての項目で優秀だとはいえない。たとえば、この2項目では、ほとんど能力がない。この8項目では平均点で、この4項目では非常に優秀だ』

会長が課した業績基準は、わたしが見たなかでもっとも厳しく、しかももっとも明確に責任を求めるものだ。当社は、株主資本利益率や資産収益率、増益率などの指標で競合他社を上回っている。だが、ボーナス支給額では、業界平均を下回っている。なぜなのか。その答えは、責任を重視する文化にある。会長は業績に関して非常にシビアだ。そしてもちろん、正しい方法で業績目標を達成するよう厳しく求めており、このため適切な人材がいなければ、目標の達成ができないことを全員が痛感している。だから、わたしは市場の『活力源』について言いつづけている。社員は業績目標の達成に相当の重圧を感じているので、曖昧な表現は使えない」

デューク・エネルギーの最大の社会的仕組みは、プリオリの主宰する政策委員会であり、メンバーは、プリオリと3つの主要事業部門の責任者、それに法務、財務、管理、リスクの4つの主要スタッフ部門の責任者だ。メンバーは2週間に一度顔をあわせ、年に3、4回、人材について正式に議論する。だが、大半は2週間に一度の会議で決められている。

ロルフはこう言う。「この方がはるかに臨機応変だ。当社の組織は非常に流動的なので、人材計画を毎日、更新している。コンピューター・システムなので、後継者や評価データはすべてその場で入力される。

プリオリ会長は集団経営のスタイルをとっており、委員会の参加者は平等に責任を負う。駆け引きもなければ、取るに足らない発言もない。ひとりひとりの意見が尊重される。民主主義とは違うが、ひとつの問題を徹底的に話し合う。買収や事業売却や事業の決定など、どんな問題でも、率直に反対意見を述べる人間がひとりか、ふたりはいる。それが当社の文化だ」

これがデューク・エネルギーのシステムを動かしている社会的ソフトウエアだ。ロルフはそれを4つの要素に分解する。「第一に、好業績の達成に責任を持たせる文化がある。そのために最高の人材を要求する。第二に、リーダーは評価に疑問を投げかける意思があり、実際にそうする。第三に、上級幹部はみな平等であるという文化がある。各自が合理的かつ公正に考え行動する責任を持ち、会長とおなじように拒否権を持つ。第四に、人事部門の責任者であるわたしにも拒否権がある。立場上、違った見方をするからだ。わたしは下っ端ではないが、委員会のメンバーでもない。だが、わたしが発言すれば、全員が耳を傾けてくれる。地位ではなく、個人の信頼性や見識が重視されているからだ」

*　*　*

適材を適所に配置するには、個人に関する情報を絶えず集め、部下が周囲と協力できるか、結果を出せるか、あるいは失敗するかをリーダーが知っていなければならない。これは適切な人材を評価し、選抜するノウハウを開発するうえで一貫性のあるプラクティスだ。人材プロセスは、一対一での評価から始まるが、それが発展し全体のプロセスとして実践されたとき、実行のツールとして驚くほどの効果を発揮する。そこで目を向けなければならないのが戦略プロセスだ。なんといっても戦略は人の考え方なのだから、戦略プロセスは人材プロセスと密接に関わっている。企業が適切な人材を抱えていれば、その戦略は、市場や景気、競争相手の現実をしっかり認識したものになっている可能性が高い。

第 7 章

戦略プロセス

——人材・業務プロセスと連動させる

どんな戦略も基本的な目標は単純だ。顧客の支持を勝ち取り、持続的な競争優位をつくりだしながら、株主のために十分な資金を残す。戦略は企業の方向性を決め、その方向へと動く態勢を築きあげるものでもある。では、なぜ、これほど多くの戦略が失敗するのか。

優れた戦略を立案するには、いかに実行するか、その方法に最大限の注意を払わなければならないが、それがよく理解されていない。しっかりした戦略とは、数字で埋め尽くされたものではないし、業績予想を直線的に延ばしていくと10年後の予想が天文学的な数字になるものでもない。戦略の中身と細部は、その実行にもっとも近い人たち、市場やリソース、強みや弱みを理解している人たちの考えを前提に決めるべきだ。

戦略計画は、事業部門幹部にとって、事業目標を達成するために信頼できる行動計画でなければならない。リーダーは、戦略を策定するにあたり、目標達成に必要なことができる能力が組織にあるのか、どうすれば目標を達成できるのかを問いたださなければならない。戦略計画の策定は、まず、戦略の背景にある決定的な問題を見極め、把握することから始まる。経営環境、そのなかでの自社の事業の位置づけを、市場の機会や脅威、競争上の強みや弱みなどから把握する。戦略計画が固まれば、以下の質問をしなければならない。この計画で前提とした想定はどの程度、現実的か。代替案のプラスとマイナスは何か。計画を実行できる能力が組織にあるのか。計画を長期的に成功に導くには、短期的、中期的に何をすべきか。経営環境の急激な変化に合わせて計画を変更できるのか。

戦略を現実的なものにするには、人材プロセスと連動させる必要がある。戦略の実行を担う職に、適切な人材を配置しているだろうか。配置できていなければ、どうやって適切な人材を確保するのか。戦略計画の具体的な項目は業務計画と連動させ、組織内の各部分が協力して目的地を目指すようにしなければならない。

「いかに」の重要性

いかに実行するか、その方法を考えない戦略は、失敗する確率が高い。AT&Tはまさにその過ちを犯した。マイケル・アームストロングがCEOに就任した1997年当時、同社の主要な収益源は長距離の音声・データ通信であり、規模は小さいが携帯電話サービスも伸びていた。財務体質は健全で負債は少なく、株価は44ドル前後で推移していた。だが、外部環境は変化しつつあった。新規参入によって長距離通信の料金が低下していた。ウォール街では同社にくらべてドットコム企業やケーブルテレビ会社の方がPER（株価収益率）が高く、これら企業の方がはるかに力強い成長を達成できると見られていた。

アームストロングはAT&Tを新たな成長市場へ導く戦略の策定に着手した。AT&Tにとっての機会とは、電話やインターネットによる長距離・地域の音声・データ転送サービス、広帯域のマルチメディア・サービスなど情報伝達サービスを一括して提供することだと結論づけた。しかし、こうしたサービスの提供に必要な顧客との接点を握っているのは、１９８４年にかつての独占電話会社ＡＴＴの分割によって誕生した地域電話会社だ。その対策としてアームストロングは、主要な大都市圏での自前のインフラ建設から、ケーブルテレビ会社の買収まで、いくつかの選択肢を天秤にかけた。

アームストロングが策定した戦略の柱は４つあった。第一に、ケーブルテレビ会社を買収して、顧客への直接的・物理的なアクセスを確保する。第二に、顧客に付加サービスを提供する。これにより、顧客の通信費に占めるシェアを伸ばす。第三に、実行スピードを上げ、長距離電話収入の落ち込みをカバーできるだけの収入の伸びを確保する。第四に、１９９６年電気通信法にもとづく規制の変更に期待する。この法律では、地域電話会社は長距離電話会社に地域電話網を完全に開放するまで、長距離通信事業に参入できないことになっていた。

この戦略はきわめて魅力的だった。証券アナリストは高く評価し、当初の市場の反応は好意的だった。だが、戦略は完全に失敗した。２００１年12月、同社は１０００億ドルで買収したケーブルテレビ会社の株式を、株式４４０億ドル、負債２５０億ドルの継承という条件でコムキャストに売却した。これで、事実上、振り出しに戻った。ＡＴ＆Ｔの株価は18ドル前後まで下げた。

何がいけなかったのか。戦略が成功するには、４つの柱がすべて揺るぎないものでなければならなかった。だが、これらの基礎になった想定がことごとく間違っていた。著名なケーブルテレビ会社、ＴＣＩとメディア・ワンを買収し、既存事業を合わせてＡＴ＆Ｔブロードバンドを設立したが、この買収は高くついた。割高な金額を支払ったうえに、さらに資金を注ぎ込んでいた。また長距離電話料金が、想定を上回るペースで下落した。その結果、同社の株価も急落した。株価下落で買収は一段と割高になり、巨額の負債を抱えることになった。顧客は予想ほど付加サービスに興味を示さなかった。ＡＴ＆Ｔは付加サービスの意義を市場に素早く適切に浸透させることができなかった。最後に、規制当局は期待したほど厳格には電気通信法を適用しなかった。これはＡＴ＆Ｔにとって二重の痛手となった。地域電話会社が長距離電話事業に参入する一方、長距離電話会社は想定していたほど地域市場に参入できなかったからだ。

ＡＴ＆Ｔは、主要な人選でも手痛い間違いを犯していた。ケーブル事業の経営陣は3年間に2回入れ替えられたが、3組とも効率的な経営ができなかった。カルパース（カリフォルニア州公務員年金基金）やＴＩＡＡ－ＣＲＥＦ（教職員年金基金）などの大手機関投資家が、ブロードバンド事業の進展に不満を表明したことも、株価を直撃した。

要するに、ＡＴ＆Ｔの戦略は、外部の現実からも内部の現実からもかけ離れていたのだ。カギとなる想定の確かさを検証せず、それらがひとつでも違った場合に、どんな手を打つかという代替案がなかった。動きの速い市場で、押しの強い競争相手に伍していけるだけの組織的能力があるかどうかも考慮していなかった。企業文化は、独占企業だったころとあまり変わらず、戦略計画を素早く実現できるだけの実行力はなかった。

戦略の柱

どんな戦略も、いくつかの柱、つまり5つ前後の主要コンセプトと、それを規定する行動に要約できる。柱を的確なものにするには、戦略を議論する際に経営幹部が考えを明確にしなければならない。そのように議論を進めていけば、その戦略が良いのか悪いのか、それはなぜなのかを判断する一助になる。また、必要に応じて代替案を考える場合の基礎にもなる。

どんなに高度な戦略も、柱さえ明確にできれば、その核心は1ページで説明できる。例を挙げよう。1991年当時、大手自動車メーカー向け部品メーカーのある事業部門は、売上高5億ドルで利益がほとんど出ていなかった。製品は汎用品だと見られており、顧客から絶えず価格引き下げを求められていた。この事業部門は3つの柱からなる新戦略を策定した。第一に、生産拠点をアメリカから海外のいくつかの工場に移してコストを削減する。海外工場は世界的事業を行なう顧客企業にも、現地市場にも部品を供給できるものにする。第二に、製品設計を見直して技術を差異化する。それにより付加価値をつけ、価格の引き上げを図る。第三に、組織を再編し、経営幹部を慎重に選ぶ。マーケティングは引きつづき現地対応にするが、製品開発、技術開発、製造、財務は世界組織で扱う。

この事業部門はこれらの3つの柱を一斉に実行に移し、利幅を拡大し、高い利益率を実現した。いまでは、世界トップテンの自動車メーカーに選ばれるサプライヤーになっている。

このプロセスを通じて、事業部門の幹部は現実とつねに向かい合った。たとえば当初の計画では、技術開発拠点をアメリカから低コスト国へ移転するよう求めていたが、アメリカの技術者の猛反対で、この案を破棄している。また、年に3回、幹部が集まり、状況の変化に合わせて計画を見直すなど、戦略をつねに更新している。

＊　＊　＊

本章では事業部門の戦略を中心に取り上げているが、事業部門の戦略と企業レベルの戦略の違いを理解しておくことは重要だ。

企業レベルの戦略は、各事業部門に経営資源を分配するための手段になる。だが、企業レベルの戦略が、事業部門の戦略の単なる寄せ集めであってはならない。そうであれば、事業部門は独立企業として営業しても、おなじ業績を上げられることになる（本社経費の負担がなくなる分、業績が良くなるともいえる）。本社幹部は、事業部門レベルで策定された戦略に付加価値をつけなければならない。たとえばGEでは、ジャック・ウェルチが導入したバウンダリレスネス（境界がないこと）によって、さまざまな事業部門の幹部が絶えずアイデアやベスト・プラクティスを交換するようになり、同社の知的資本は大幅に増加した。

企業レベルの戦略は、その企業のカベ――つまりその企業が行なう事業や一般的な活動領域を決めるものでもある。たとえば、ハネウエルは産業財メーカーであり、どれほど魅力的であっても消費財は扱わない。

企業レベルの戦略では、事業構成を分析し、持続可能で最高の資本利益率を上げるために構成を見直すべきかどうかを判断する。例を挙げよう。GEはレーガン政権終了時、防衛費の抑制により業界再編が急ピッチで進むと予想して、航空宇宙事業から撤退した。ジャック・ウェルチは、財務資源・経営資源をほかの事業に投入した方が高い利益率を上げられると判断したわけだ。また、シックスシグマやデジタル化、優れた人材プロセスなどの全社的なパフォーマンス向上を目指すイニシアチブによっても戦略的な価値が高められている。賞賛を集めるGEの人材プロセスは、将来のリーダーの育成に役立つ人材評価の体系的な手法として、ジャック・ウェルチのイニシアチブで導入されたものだ。最近では、「荒野のダイヤモンド」、すなわち、磨かれていない原石、他社では見落とされるであろう有能な人材を発掘する方法を体系化している。上司が無能な場合など、本人ではどうにもできない環境のせいで日の目を見ていない人たちがいる。このイニシアチブでは、こうした埋もれた人材をより良い環境に異動させて成長を促し、より重い責任を担える準備の後押しをする。

戦略計画の策定

事業部門は戦略の策定にあたり、自部門の方向性を具体的に明示する。現在どこにいるか、将来どこを目指すのか。そこに行くにはどうすればいいのか。戦略を達成するために必要なコストを算出し、リスクを分析する。新たな機会が浮上したり、計画通りにいかなかったりした場合に備えて柔軟性を持たせる。戦略計画書では、市場セグメントにおける自社のポジションを示し、競争相手の強みと弱みを分析する。

事業部門の戦略は50ページ以下にまとめ、わかりやすいものにすべきだ。AT&Tや自動車部品メーカーの例で示したとおり、その柱は1ページにまとめられるはずだ。20分で簡潔にわかりやすい言葉で説明できないなら、それは戦略とはいえない。一わたしの戦略は複雑なので、とても1ページには収まらない」と反論されるかもしれないが、完全な間違いだ。戦略が複雑なのではない。戦略を複雑に考えているだけだ。戦略自体は複雑なものではない。どんな戦略も最終的には、いくつかの単純な柱にまとめられる。

ボシディ　優れた戦略計画とは、自分が進みたいと思う方向を示すものだ。いわば道路地図だが、空白の部分を多くして臨機応変に動けるようにしておく。戦略の実行部分を決める際に具体性を持たせ、そこで人材と業務を結びつけることになる。

誰が戦略計画を策定するのか

戦略を効率的なものにするには、それを実行する人たち、すなわちライン部門が策定すべきだ。スタッフ部門はデータの収集や分析ツールの活用などで支援できるが、戦略計画の中身の策定に責任を負うのは各事業部門の幹部だ。

事業部門幹部は、日々、事業に携わっているので、事業環境や組織の能力を熟知している。このため、アイデアを取り入れる、どのアイデアが市場で通用し、どれが通用しないかを見極める、組織が新たに習得するべき能力を解決する、リスクを評価し、代替案を検討し、計画にあたって考慮しておくべき重要な問題を解決する、などの点で絶好の立場にある（これができていないことが、きわめて多い）。もちろん、誰もが優れた戦略家になれるわけではない。だが、事業やそれを取り巻く環境を総合的に理解した幹部の指導の下で何人かが集まり、実行の文化の柱である活発な議論を行なえば、全員が何がしか貢献できる。そして、議論に参加することは、誰にとってもプラスになる。

優れた戦略策定プロセスは、実行とは何かを幹部が学ぶ格好の仕掛けとなる。変化を察知する能力が向上する。紙に書かれた戦略を読むだけでは、こうはいかない。事業や外部環境について学ぶ。データや事実を知るだけではなく、分析方法や判断の活用法を身につける。戦略はどうやってまとめるのか。どうすれば整合性がとれるのか。真実を見抜き、判断と直感を磨く。間違いからも学ぶ。「想定について議論したとき、変化を見落としたのはなぜか」。こうしたことを議論すれば、活気と連帯感が生まれる。そして、こうした議論によって生まれるエネルギーで、戦略プロセスが強化される。

ボシディ　事業部門のリーダーは戦略策定の責任を負わなければならない。企画担当者に丸投げしたものを、会議の場で目を通すようではいけない。戦略策定に責任を負い、周囲の助言を受け、全員が戦略に同意した暁には、行動計画の策定に責任を負う。

ハネウエルでは、戦略策定プロセスを開始する際、各事業部門の責任者とその部門の企画担当者、本社スタッフのひとりを集め、戦略上の重要な問題について合意を形成する。戦略が固まると、本社レベルでわたしが検討する前に、各事業部門の責任者と部下が目を通し、意見を反映させる。最終的に、戦略計画を実行しなければならないのは、こうした人たちなのだ。

戦略計画のための質問

ボシディ　ハネウエルが戦略計画でとくに重視しているのは、事業環境、競争相手、そしてある事業で一部の企業の成功が目立っているのはなぜか、だ。戦略策定は、事業環境の現状に関するデータから始まる。成長市場なのか、そうでないのか。ある事業が、年率2パーセントで成長する環境であれば、画期的な新製品や新戦略がないかぎり、2パーセントを大きく上回る率で成長するとは考えられない。たとえば、自動車向け事業は低成長環境にあるため、業績予想や資源配分では慎重になる。

つぎに市場シェアを示し、市場をリードする立場にあるのか、取るに足らない立場にあるのかを示す。市場シェアは最終的な採点表であり、戦略に影響を与える。シェアは小さいが、高成長環境にある事業の場合、市場シェア拡大のための対策を示す。また、過去1年間にシェアを拡大したのか、失ったのかについても触れる。

また、主要な競合企業について強みと弱みも簡単にまとめる。状況は刻々と変化するものであり、自分たちが何か手を打てば、競争相手も対抗策をとることを認識しなければならない。

ハネウエルの航空電子事業が競争分析で注目するのは、ロックウェル・コリンズやフランスのタレスなどだ。

つぎに、事業環境のなかでどんなタイプの企業が成功しているのかを分析する。コストが低いのか、画期的な技術を持っているのか、広範な流通システムを持っているのか、世界的に事業を展開しているのか。言い換えれば、業界内で勝ち組と負け組を分けるものは何かを見極める。

戦略計画をまとめても、あとは丸投げして、うまくいくかどうかを見ているだけではいけない。まず目標を定めなければならない。「何を実行するのか。理解を深めるべき重要な問題とは何か。最終的にこの戦略が有効なのはなぜか」。こうした問いをもとに、戦略計画を固めていけば、目標を達成できる可能性が出てくる。

＊　＊　＊

しっかりした戦略計画を策定するには、以下の質問に答えなければならない。

- 外部環境をどう評価するか。
- 既存の顧客や市場をどの程度理解しているか。

- 利益を上げながら事業を成功させる最善の方法は何か、成長を妨げているものは何か。
- 競争相手は誰か。
- 自社に戦略を実行できる能力があるか。
- 短期と長期の整合性がとれているか。
- 戦略計画を実行するうえで、何が重要な中間目標になるか。
- 事業が直面している重要な問題は何か。
- どうすれば持続的に利益を上げられるか。

外部環境をどう評価するか

どんな事業も、政治・社会・マクロ経済環境が変化するなかで行なわれている。そのため戦略計画では、外部環境をどのように想定するのかを経営陣が明確に示す必要がある。事業部門の幹部は、事業を取り巻く環境を慎重に調査し、深く理解しなければならない。経済情勢や人口動態、規制制度の変更から新技術、競争相手の提携関係、自社製品の需要を牽引する要因、低下させる要因まで、あらゆることが調査の対象になる。AT&Tは外部環境を評価する際、規制当局が同社の期待に反する行動をとるとは予想できず、資本市場でのドットコム企業、電気通信企業、メディア企業のブームが短命に終わる可能性も予想できなかった。

一般的な環境は、どの企業にとってもおなじだ。勝ち組企業が際立っているのは、その洞察力であり、鋭い理解力であり、変化のパターンを読み取り、それを自社の事業環境や産業、競争相手、景気と関連づけて考えられる能力だ。たとえば、１９９７年にアジア危機が起きたとき、ほとんどの企業は、98年3月ごろまでその変化に気づかなかった。だが、ＧＥやアライド・シグナルは97年末には変化を読んで98年の業務計画を変更したため、環境が変化するなかでも約束した業績目標を達成することができた。この危機に適切な対応ができた企業はほとんどなかった。

既存の顧客や市場をどの程度、理解しているか

おそらく自分が思うほど理解できていないはずだ。たとえば顧客が産業財企業の場合、購買部マネジャーとの価格交渉だけでは、購買は決まらない。ある大手メーカーの部門責任者が最近、3億ドルの投資が必要となる成長戦略を提案した。この戦略では、既存技術を応用して新製品を開発し、新規顧客に販売することを目指していた。責任者が示した戦略計画は、競争相手や業界動向、外部環境など、戦略に関する一般的な問いにデータを添えて答えているという点ではよくできていた。ＣＥＯは20分間、辛抱強く耳を傾けた。普段なら考えられないほどの長さだ。だが、我慢もそこまでで、つぎのような質問を投げかけた。そもそも、誰がその製品を買うのか。顧客企業の購買部マネジャーだとの答えが返ってきた。それに対してＣＥＯは、こう言った。

「それは確かか。別の聞き方をしよう。この製品を買うべきだと指定しているのは誰か」と尋ねた。もちろんエンジニアだという答えに、CEOはきっぱりとした口調で最後の質問を発した。「何人のエンジニアと話をしたのか」。気まずい沈黙は、この戦略が却下されたことを意味していた。

事業部門の人間は、事業を内側から眺める傾向がある。製品をつくって売ることしか頭になく、顧客のニーズや購買行動が見えていない場合が少なくない。

大事なのは、購買を決定するのは誰かを理解し、その購買行動を理解することだ。たとえば大手メーカーでは一般に、購買決定をするのはエンジニアや購買担当者だ。だが、小規模な企業では、キャッシュフローに細心の注意が必要なので、CFOやCEOが購買決定に関与している。このため、大企業とはまったく異なるアプローチが必要になる。

利益を上げながら事業を成功させる最善の方法は何か、成長を妨げているものは何か

新製品を開発すべきか。既存製品を新たなチャネルで新規顧客に販売すべきか。他社を買収すべきか。他社とくらべてコスト競争力はあるか。コスト競争力を高めるために、どんな生産性向上計画を実施しているか。

1990年代初め、GEの医療システム事業部門、GEメディカルは、アメリカ市場で壁にぶつかった。診療報酬制度の変更で医療機関が機器購入を抑制したため成長が止まったのだ。そこで事業部門責任者のジョン・トラーニらは新たな成長戦略を策定した。その柱は、隣接するセグメントへの参入と、自社・他社製品を問わない医療機器のメンテナンスやサービスの提供だった。これには障害があった。第一に、一部の他社製品は、GEメディカルのハイテク機器とは比較にならないローテク機器だ。第二に、自分たちの提案に価値があることを潜在顧客に納得してもらわなければならない。そこで第一の障害を克服するためにローテク機器の専門メーカーを買収するとともに、プロセス改善によって自社従業員の生産性を引き上げた。第二の障害を克服するために、オハイオ州の小さな病院で思い切った賭けに出た。病院内のすべての機器のメンテナンス契約を結び、病院側にコスト削減を保証したのだ。これがうまくいくと、この実績を持って新規顧客を開拓できるようになった。この成長戦略によって、GEメディカルの収入の柱は利益率の高いサービスにシフトし、高水準のキャッシュフローを確保できるようになった。

成長機会を見極めるうえで有効なツールのひとつが、市場セグメントのマッピングだ。非常に単純なツールであり、どんな事業でもセグメント化できる。消費財企業の多くはこれを最大限に活用している。だが、活用していない企業はそれ以上に多く、産業財企業はほとんど活用していない。戦略を策定した担当者は市場セグメントにはふれるが、有効なマッピングができているのは5パーセントにも満たない。

市場セグメント・マッピングとはどんなものか。それを理解するために、A・T・クロス社の高級ペン市場のセグメントを見てみよう。同社の市場マップは単純で、顧客を3つのセグメントに分類している。第一は自分用に購入する個人顧客、第二は贈答用に購入する個人顧客、第三は自社のロゴ入りのペンを贈答用に数千本単位で購入する法人顧客だ。どのセグメントでも、商品は基本的におなじだが、需要にはばらつきがあり、戦略も異なる。クロス社は各セグメントで異なる競争相手、チャネル、経済性、価格に対応しなければならない。

航空機業界では最近登場した新たな市場セグメントによって、航空機メーカーやサプライヤーの勢力図が変化した。過去7、8年、航空会社のサービスは悪化し遅延が頻発したが、運賃は上昇し続けた。そうしたなかで生まれたのが法人用ジェット機ビジネスだ。1996年、エグゼクティブ・ジェッツ社は、他社に先駆けて共同所有制度を開始した。同社のネットジェット・プログラムは、保養施設などで使われる共同所有制度を航空機で応用したものだ。これによって新たに生まれた市場セグメントは急成長した。航空機メーカーのなかで大勝したのがカナダのボンバルディアだ。同社の航空機は、競合するビーチ・アビエイションやセスナよりは大きいが、ボーイングやマクダネル・ダグラスや海外メーカーのものよりは小さく、まさにこの市場にうってつけだった。

競争相手は誰か

新たな競争相手が登場し、自社の顧客にもっと魅力的で価値のある提案をしているのに、それに気づいていない場合がある。たとえば、ステイプル、オフィス・デポ、オフィス・マックスの3社は互いに競い合っていたが、ウォルマートのオフィス用ディスカウント市場への参入を見逃した。ウォルマートの参入以来、3社の市場シェアは揃って低下し、その結果、株価も下落している。

チャラン　企業は競争相手の反応を過小評価することが多い。ある年の12月、売上高50億ドル企業のCEOから電話をもらった。「9か月前、今年は一株当たり利益5ドルを実現すると発表したが、いまの状況では3・5ドルが関の山だ。市場は好調だし、需要も落ちてない。わけがわからない」

1日かけて話し合った結果、つぎのことがわかった。同社が利益予想を達成できなかった責任は、主力事業部門のひとつにある。この部門の責任者は聡明で人当たりがよく、ハーバード出の優秀なMBAで、大手コンサルタント会社出身だ。この会社に来て5年になる。正式に発表されてはいないが、次期CEOと目されている。

この責任者は、価格引き下げによる市場シェアの拡大を戦略に掲げた。過去3年間、設備を増強してきたが、この業界は資本集約的なので、巨額の資金が食われ、利益率が低下していた。だが、価格を引き下げれば販売量が増加するので、コストが劇的に低下すると見込んでいた。CEOはこの戦略に目を通したとき、理に適っていると思ったという。

こうした経緯を聞いたあとで、わたしは「何を見落としていたのか」と尋ねた。この時点でCEOは答えがわかっていた。「競争相手がどう出るのか、部門責任者に尋ねていなかった」。最大のライバルがすぐにおなじ価格に値下げし、他社もこれに追随した。業界全体で価格が下がった。この会社が最大のシェアを握っていたため、打撃がもっとも大きかった。

CEOは部門責任者を更迭した。新しい責任者は価格を徐々に元に戻し、生産性向上に取り組み、コストを引き下げた。競争相手も価格を引き上げた。そして、翌年の末、一株当たり利益5ドルを達成できた。

逆の問題を抱えている場合もある。つまり、適切な質問をしなかったために競争相手を過大評価し、機会をつかみ損ねているのだ。わたしが関係しているソフト業界の小さな企業を例にとろう。製品は素晴らしかった。機器同士やインターネットと接続するために欠かせない基幹ソフトだ。だが、この製品を生かしていなかった。同社の幹部と話した結果、マイクロソフトを怖がり、及び腰であることがわかった。マイクロソフトには競合する製品がないにもかかわらず、競争分析のたびに、「マイクロソフトが聞きつけたら、あらゆるリソースを動員して攻撃をしかけてくるだろう」と言う。この分野でのマイクロソフトの実行力のお粗末さをわかっていなかったのだ。しかし、この会社は実行の方法を知っていた。素早い製品投入で最初にカギとなる顧客をつかみ、ほかの顧客があとに続くようにすれば、市場をしっかりと押さえられると見込めた。

同社は思い切って前進し、いまでは成功を収めている。さらに実行力を高めるため、組織を再編し、営業と設計で中核となる人材を入れ替えている。複数のセグメントへの参入と納期の短縮を目指して、営業部隊の強化を図っている。

自社に戦略を実行できる能力があるか

あまりに多くの戦略が失敗しているのは、組織としてその戦略を実行するだけの能力があるかどうか、リーダーが現実的な評価をしていないからだ。ゼロックスでもルーセントでもＡＴ＆Ｔでも、それが問題のひとつだった。もうひとつの例が、第１章の冒頭で取り上げたＣＥＯのジョーであり、入念に立てた戦略がなぜ失敗したのか理解できず、解任された。ジョーら経営幹部が、自社の実力を適切に評価していれば、こうした事態には陥っていなかったはずだ。戦略を実行できるだけの力が大幅に不足していることもわかっただろう。上位二階層の幹部職には、約束した目標を達成できる人材がいなかった。製造部門には工場のプロセス・フローの改善方法をわかる人材がいなかったため、製品が予定どおりに完成しなかった。また持続的な改良プロセスもなかったため、顧客からのコストと品質の改善要求に応えられなかった。さらに、早い段階でサプライヤーと協力し、サプライチェーンによってコストを削減する能力もなかった(ちなみに、これは製造業の多くに共通する問題だ)。

自社では、どのような評価を行なっているだろうか。ある意味で、こうした質問が出てくること自体が間違いだ。リーダーとしての仕事を全うしていれば、つまり3つのコア・プロセスに積極的に関わり、率直な評価を許す活発な対話を実践していれば、自社の実力を知らないはずがないのだ。だが、そこでとどまっていてはいけない。顧客やサプライヤーの声に耳を傾けなければならない。全リーダーにそうするよう指示し、そこで耳にしたことを報告するよう求める。証券アナリストのことも忘れてはいけない。外部から厳しい目で見ている。優秀なアナリストもいれば、そうでない者もいるが、しばらくすると、どのアナリストに学ぶべき点があるかがわかるようになるものだ。

ボシディ　自社の組織的能力を知るには、適切な質問をすることだ。たとえば、戦略上、世界中に生産拠点を持つ必要があるなら、つぎの質問をする。「海外業務の経験者はいるか。資源調達に詳しい人材はいるか。世界中に散らばるサプライチェーンを束ねられる人材はいるか」。

その答えが10段階評価で6なら、十分な能力があるとはいえない。

機械メーカーで電子部品の重要性が高まっているのなら（ほとんどのメーカーでそうなっているが）、つぎの質問をする。エレクトロニクス分野での人材の厚みと経験は、どの程度あるか。半導体技術を持っているか。情報技術を持っているか。製品にソフトを組み込むとすれば、ソフトウエア開発者は十分にいるか。これらの質問に対する答えが10段階評価で7か8だとすれば、10に上げるには何が必要だろうか。たとえばシックスシグマを理解する人材がいて、少なくともファイブシグマを達成しているだろうか。設計部門が最先端の技術を持っていない場合も少なくない。新製品の投入を決めたとして、社員はそれに応えられるだろうか。答えがノーなら、新たな人材を探すか、製品をつくれる企業とマーケティング契約を結ぶなど、なんらかの打開策をとらなければならない。財務面では、基本的な原価計算でいいのか、それともヘッジなど世界的規模での対応が必要な高度な能力が求められるのだろうか。

能力は高められる。今日だけでなく2年後を見ていれば。だが、その過程で学ぶことは、何をすべきかについての理解である。

戦略計画を実行するうえで、何が重要な中間目標になるか

戦略計画に現実を反映させるのが中間目標だ。戦略を実行するなかで、中間目標が達成できな

い場合は、リーダーは、そもそも戦略が適切だったかどうかを考えなければならない。前述のように、ハネウエルの自動車部品事業の短・中期の目標は、低コスト国へ生産拠点を移転し、テクノロジー・マップを策定・実行して製品を差異化し、それにより利幅を拡大することだった。5年以上の長期の目標は事業の位置づけの変更であり、自動車産業の枠を越え、他業界の顧客に奉仕するよう技術を変化させていくことだった。

優れた戦略計画には柔軟性がある。1年に一度、計画を立てるのは危険だ。とくに、市場が計画の予定を待ってくれない、サイクルの短いビジネスでは。途中で何度もレビューを行なえば、進捗状況を確認し、今後、何が必要になるのかを把握できる。事業部門のリーダーが、戦略計画に最初から参加しなければならない理由のひとつはここにある。みずから策定に関わり、責任を負っている戦略なので、頭から片時も離れない。スタッフ部門主導の戦略ならこうはいかない。計画書は1年間書棚に寝かされたあと、廃棄されるだけだ。事業部門のリーダーは、戦略計画を絶えず現実と照らし合わせて検証する。戦略の柱は明確なので、変更を加えるのもそれほど時間がかからない。

短期と長期の整合性がとれているか

戦略計画は、競争環境の変化や、自社の強みや弱みの変化に合わせて、臨機応変に実施していかなければならない。それには、短・中期の課題と長期の課題を明確にしておく必要がある。期間を区切って課題を把握することによって戦略計画は現実的なものになる。短期と中期の成果を考えておくことは、将来を築く礎になる。

顧客の嗜好からキャッシュフローまで、あらゆるものが刻々と変化している。企業は絶えず変化する経済に適応できる準備が必要だ。戦略計画を策定する際には、計画が完了するまでに必ず状況が変化すると考えておかなければならない。

たとえば、一部の工場を低コスト国に移転する場合、どの工場を移転するかを前もって決めておく必要はない。中国への工場移転は、現時点で魅力的でも、1年後には最善の選択とはいえないかもしれない。重要なのは、まず原則が理解されるようにすることであり、この場合は、製造事業の一部を新たな拠点に移して、コストを削減することが原則になる。具体的にどこに移すかは、期日が迫った段階で決定する。

したがって短期と長期の調整は、戦略計画のなかでも重要な要素になる。戦略計画のほとんどは、計画の策定時点と最大の成果が得られる時点のあいだに何をすべきか、書かれていない。コストや生産性、実行を担う人材の短期的な課題に触れていない計画は非常に危険であり、実行が不可能な場合が少なくない。

ボシディ　ただ「明日から始める」と言うわけにはいかない。種を蒔きながら収穫する計画、短期的な収益目標を達成するとともに、長期的に事業を繁栄させる計画を持たなければならない。

マネジャーのジェリーが提示した計画は、アイス・ホッケーのスティックの形に似ていた。利益が当初落ち込んだあと、急激に増加することになっていたのだ。「この戦略をスタートさせると、利益は3年間横ばいになる」との説明に、わたしはこう言った。「ジェリー、会社全体の利益が3年も横ばいでは困る。誰がそれを穴埋めするのか。巨額の赤字を伴うプロジェクトをやりたいなら、利益が出るまでの苦しい期間を、どうやって埋めるのか説明する義務がある。それができないなら、このプロジェクトへ投資する気にはなれない」

こうした問題では、強い態度をとり、プロジェクト期間中も利益を上げる責任が免除されないことを明言すると、驚くほどの工夫や画期的なアイデアが出てくるものだ。ジェリーはもう一度やって来て、こう言った。「この製品ラインは将来性がそれほど見込めないので、短期的にもっと利益を引きだします。さらに、当社に適していないと思われる小規模な事業を売却して利益を確保します。今期は、コストを1割削減して利益を増やします。4つか5つのことをすれば、新製品開発に伴う損失は穴埋めできます」

こうしたアプローチの最大の成果は、事業チーム全体が新製品を自分ごととして考えるようになったことだ。全員がなんらかの形でこのプロジェクトを後押ししたのだから、熱意を持って取り組んでいる。

チャラン　インテルは売上高2億ドルにすぎなかったころに、短期と長期の課題を調整する技術を身につけた。勝ち残るには、新世代技術の開発に先駆けて、それをテストする製造プロセスと装置の改良に投資する必要があることに気づいたのだ。同社はこの方法で次世代に備えることで、短期的な目標を達成しつつ、長期的な目標を達成する基礎を築いている。

短期と長期の課題を調整するには、長期的に必要であれば社外にリソースを見つける創造性とアイデアが必要だ。現在の製薬業界では、これが一般的になっている。ワーナー・ランバートは、コレステロール降下剤、リピトールの開発にあたり、資金と世界的な販売網が必要になった。同社はリピトールの成分の開発と発売に要する資金をファイザーと共同負担することで合意した。ファイザーから2億5000万ドルを受け取ることで、社外から経営資源を調達すると同時に、営業範囲を拡大し、市場での地位を強化した。

コルゲート・パームオリーブやエマソン・エレクトリックなどは毎年、生産性向上に取り組み、将来の基礎となる経営資源を確保している。コルゲートは、四半期ごとに短期の成果を出す企業の代表だ。同社は、毎年利幅を拡大し、利益の成長率、売上高、キャッシュフローで主要な競争相手を凌いでいる。歯磨きの製品ラインの売上高、市場シェアで1位になるだけでなく、毎年、生産性向上計画を策定・実行することにより、将来の成長が見込めるプロジェクトの資金を確保している。消費財メーカーではほとんど例がないが、成長戦略と生産性向上計画を策定するにあたり、世界的なグループをつくっている。

事業が直面している重要な問題は何か

どんな企業でも、重要な問題、深刻な打撃を受けかねない問題や、新たな機会の活用や目標の達成を妨げる問題をいくつか抱えているものだ。こうした問題に対処するには、調査、検討が必要になる。戦略計画にこうした重要な問題を盛り込んでおけば、戦略を見直す際に準備が容易になり、議論の焦点が絞りやすい。

ボシディ　ハネウエルでは、戦略レビューの前に、わたしが責任者に電話をかけ、重要な問題をどう考えているのか尋ねる。それから、わたし自身の考えを伝える。意見が違うからではなく、戦略計画で扱うべき問題を明確にしておくためだ。その後、もう一度、電話で4つ5つの重要な問題について話し合う。最後にわたしは「レビューの際には、これらの質問に答えられるようにしてほしい」と念を押す。

レビューではまず、確認済みの問題から取り上げる。当然ながら責任者は、事業規模や市場シェア、市場の成長率、競争相手などのデータを提供する。つぎに今後3年間の成長戦略や生産性向上計画について話し合う。だが、主に議論するのは、事業を阻害している要因や、ある程度時間をかけて活用すべき機会だ。

２００２年には、自動車向けのある製品で重要な問題を３つ取り上げた。第一に、日本市場での業績が予想を下回っている。業績を上げるにはどんな手を打つべきか。第二に、つぎの技術革新はどのようなものになるか（変化の激しいハイテク市場である）。第三に、アフターマーケットの成長をどうやって加速させるか。

議論の対象にすべきでない問題も知っておかなければならない。新製品の製造工場を建設すべきかどうか質問が出るとしよう。この問題を戦略計画に盛り込むのは適切だが、慎重な判断ができるだけの詳しい材料がないなかでは判断すべきでない。戦略レビューでは、こうした類の問題が２つか３つ出てくる可能性がある。こうした大きな問題は、全体の戦略を検討したうえで、場を改めて判断したい。

「口に出すべきでない」問題には、ほかの人たちの前で明らかにすると動揺させかねないものがある。たいていは、経営の失敗に絡む問題だ。第２章で取り上げたゼロックスの逸話が格好の例だ。２０００年、巨額の負債を抱える同社は、キャッシュフローが悪化し、市場シェアを失って財務危機に陥った。その理由は、営業部隊の産業別編成と管理本部の統合を実行できなかったからだ。こうした重要な問題は、戦略の策定段階で取り上げ、活発に議論すべきだ。問題が持ち上がれば、戦略に取り込むことによって議論のテーブルに載せるべきだ。「昨年、主力製品のシェアが落ちたのはなぜか。なぜ生産性の向上が実現できないのか。なぜ中国での成長率をもっと高められないのか。なぜ品質の問題を解決できないのか。どうすれば市場を拡大しつづけられるのか」。5つか6つの問題についてデータを提示し、意見を述べ、議論し、最終的に解決策を得る。これは、生産的な戦略策定プロセスの一環だ。

⋆　⋆　⋆

重要な問題が適切に取り上げられなかったために、多くの戦略が破綻している。AT&Tにとって重要な問題とは、長距離収入の減少と、戦略の大転換を実行できる組織的な能力だった。イリジウムは、モトローラとTRWが共同で世界中を電話で繋ぐ衛星通信システムの開発を目指したものだが、2つの重要な問題に直面していた。第一は、価格を引き下げて市場を構築できるだけの需要をいかに創出するか、第二は、第一の課題とも関係するが、携帯に便利な小型機器の開発だった。どちらの面でも、戦略は失敗した。

2001年、デルコンピュータは重要な問題に直面した。長期的にパソコン市場に翳《かげ》りが見えはじめたのだ。デルのシェアがどれだけ高くても、パソコン市場は高成長が期待できない。正しい方向への第一歩は、EMCの記憶装置の販売を目的に、同社と提携したことだ。より強力な選択は、隣接するセグメント、サーバーへの進出だった。サーバーの成長の余地はパソコンよりはるかに大きい。だが、デルの低マージン、高回転率の事業モデルはパソコンでは非常にうまくいったが、技術がより高度なサーバーでも通用するのだろうか。本書の出版時点でも、まだ結論は出ていない。

事業部門レベルで持ち上がる問題は、広がりという点では小さくても、企業の将来にとっての重要性は変わらない。たとえば、ハネウエルの自動車部品事業部門では、2001年の計画に以下の重要な問題をいくつか取り上げている。

① 自動車部品分野で価格が低下しつづけるなかで、コストを下げつづけて十分な利幅を確保できるか。コスト面で有利になるには、どのくらいかかるか。

② 中国などの低コスト国への生産の移転を検討すべきか。その場合、どのようなリスクがあるか。

③ 規制はどうなるか。悪影響を認識しているか。悪影響があるとすれば、どんな対策をとるか。排ガス規制の強化で部品需要が高まると予想されるが、十分に対応しているか。

どうすれば持続的に利益を上げられるか

どんな戦略も具体的な事業の原理、つまり現在から将来にわたっていかに利益を上げていくかを明確に示さなければならない。それには、現金（キャッシュ）、利幅、回転率、売上高伸び率、市場シェア、競争上の優位性といった基礎を理解することであり、これらの組み合わせは、事業ごとに違う。たとえば前にも述べたが、新製品開発に3億ドルの投資を提案した部門責任者は、以下に挙げる情報を提示して、新製品戦略がいかにして利益を稼ぎ、十分な投資収益率をもたらすかという問いに答えなければならない。

- 異なる需要レベルでの価格決定。顧客は差異化された製品にプレミアム価格を支払うか。
- 現在および将来のコストとコスト構造。
- 運転資金として必要なキャッシュ。
- 収益の伸びを強化するのに必要な対策。
- 製品を市場投入するために必要な投資。
- 次世代製品開発のための技術への継続的投資。
- 競争相手の価格動向。

ここまでで、戦略計画には具体的で明確な考え方が示されていることがわかっていただけたものと期待している。戦略計画は数字をいじることではない。もちろん数字は必要だが、一行ごとに細かく書き込まれた数字や、機械的に弾きだされた5年予想では、理解は深まらない。必要とされる数字とは、戦略計画に示されたアイデアをいっそう確固としたものにするものだ。

質問も機械的なものであってはならない。何が重要な質問になるかは、状況によって、年によって変わる。したがって答えも、現時点である事業にはあてはまっても、ほかの事業にはあてはまらない。おなじ事業でも、時期が違えば正しいとはいえなくなる。

＊　＊　＊

本章で示した指針や質問に沿って準備された計画は、戦略を人材プロセス、業務プロセスと結びつける活発な対話の基礎になる。次章では、戦略レビューで行なわれる対話について詳しく見ていこう。

第 8 章

戦略レビューをどう進めるか

こんな戦略レビューに出席した経験が、一度や二度あるのではないだろうか。参加者が顔を揃えると、企画担当者が分厚い企画書を取りだし、1ページごとに事細かに説明し、質問する隙を与えない。CEOはもちろん2、3質問する。たいてい事前に説明を受けていて、内容を把握しているところを見せられるようにしてある（何人かを「槍玉に上げる」ことがあるかもしれない）。出席者は退屈な儀式に眠気を抑えるのに必死だ。4時間のあいだ建設的な議論はほとんどなく、どうすれば事業を進められるかは何も決まらない。じつのところ、誰も聞いたことの大半を理解していない。退屈極まりない細部の羅列で、重要な問題が目立たないのだ。出席者がオフィスに持ち帰った企画書は、書棚に仕舞い込まれ、それから1年間埃をかぶることになる。

これが事業部門の戦略レビューだ。20年前、ジャック・ウェルチが実権を握るまでのGEでは、戦略レビューはこんな具合に進められていた。その後、GEはウェルチ流を採用し、分厚い企画書は禁止され、全員が現実について考え、発言することを求められるようになった。だが、その意図はいまだに完全に浸透しているわけではない。多くの会議では、数字だけを問題にする無味乾燥な議論がほとんどで、幹部にうまく取り入って、厳しい質問を避けようとする者が幅を利かせている。

これでは実行できない。事業部門の戦略レビューは、戦略プロセスのなかでもっとも重要な社会的仕組みだ。戦略をテストし、有効性を確認する場として最後から二番目のものである。現実世界での最終テストに臨む前に、軌道修正する最後のチャンスになる。そのため、戦略レビューは包括的で、双方向でなければならない。主な関係者全員が出席して自分自身の考えを述べ、実行の文化の柱である活発な対話のなかで、しっかりした議論が行なわれなければならない。

戦略レビューは創造性を発揮する場であるべきであって、データを復唱する訓練の場であってはならない。対話から何も生まれないのなら、出席者はオフィスにいた方がましだ。議論を終えるときには、結論を出し、戦略のなかで各人が担う責任を明確にしておかなければならない。そしてリーダーは、レビューの結果を全員に周知徹底させるよう絶えずフォローしなければならない。

ボシディ　ＧＥキャピタルで産業用機器ファイナンス部門のバイス・プレジデントを務める息子のポールが、ある日わたしを訪ねてきた。バイス・プレジデントとして初めて戦略企画会議に出席するのだという。「何が期待されていると思うか」と聞いてきた。わたしはこう答えた。「期待されているのは新しいアイデアだ。会議に出席して、去年の戦略をそのまま復唱するようではいけない。できるだけいいアイデアを考える。つまらないと言われることを心配しなくてもいい。企画会議は、ほかでは出てこない新しいアイデアが飛びだす創造的なプロセスにすべきだ。それが優れた戦略立案プロセスに不可欠な点だ」。バックミラーだけを見る姿勢――

去年の戦略計画を重視しすぎること——は避けたいものだが、それでも少し時間をとって、去年の計画がどの程度きちんと実行されたかは議論しなければならない。目標達成にどれだけ近づいたか。わたしは、いくつもの数字を聞いたりしない。トレンドを示す数字を2、3聞くだけだ。だが、そのあと、つぎのことを問いたださなければならない。トレンドを示す数字に変化はないか、社員は約束を実行したのか、それともいつものように何も起こらなかったのか。信頼性を築く土台として、以上の点をできるだけ多く結びつける方法を探さなくてはならない。

＊　＊　＊

リーダーにとって戦略レビューは、人材について学び、人材を育成する格好の場になる。個人として、また集団として戦略的思考能力がどの程度あるかがわかる。レビューが終わるころには、参加者について深く知り、昇進の可能性を評価できている。また、部下を指導する機会にもなっている。

戦略レビューで取り上げるべき質問

戦略レビューでは、戦略計画を策定する際に特定した重要な問題（第7章）を、もう一度、検討することになる。だが、レビューの方が参加者が多いので、新鮮で多様な見方が得られる。財務部門のスタッフは、財務の観点から戦略が現実的かどうかを見る。人事部門は、幹部の育成という観点から質問する。ほかの参加者もそれぞれの観点から発言する。

会議では、以下の主要な質問に答えなければならない。戦略計画は妥当で現実的か。計画の整合性がとれているか。重要な問題や想定と食い違っていないか。社員は熱意をもって取り組むか。

さらに質問を重ねて、前の質問をより具体化しなければならない。

- 各事業部門は、競争相手についてどの程度詳しく知っているか。
- 組織の戦略実行力はどの程度強いか。
- 戦略計画の焦点がぼやけていないか、焦点が絞られているか。
- 適切な戦略計画を選んでいるか。
- 人材と業務の関係は明確になっているか。

各事業部門は、競争相手についてどの程度詳しく知っているか

戦略レビューで競争相手の分析が必要なのは言うまでもない。しかし、競争分析では、業界の力関係やコスト構造、市場シェア、ブランド力の差、流通チャネルの力など、過去の事実を重視しがちだ。ほんとうに重要なのは、競争相手の実績データの数々ではない。いま何をし、つぎにどんな手を打ってくるのか、リアルタイムの報告だ。

- 競争相手はそれぞれの顧客セグメントに奉仕し、われわれを阻止するために、どんな手を打とうとしているか。
- 営業部隊は優れているか。
- 市場シェア拡大のために何をしているか。
- 当社製品にどんな対抗手段をとってくるか。
- 競争相手の経営幹部の経歴について何がわかるか（マーケティング出身者なら、新たなマーケティング戦略で対抗してくる可能性が高い。生産部門の出身者なら、品質で勝負に出るかもしれない）。
- 熾烈な競争を繰り広げるライバルの経営者について、またその動機について何を知っているか。それが当社にとってどういう意味を持つか（競争相手が、市場シェア拡大を至上命題としているなら、収益性が下がっても当社の参入を阻もうとするだろう。収益性の低下に長期間にわたって耐えることはできなくても、当社の参入がむずかしくなる）。
- 主要な競争相手がどのような企業を買収すれば、自社に影響が出るか。
- 競争相手は提携によって、自社のセグメントを攻めることができるか（たとえば、サン・マイクロシステムズは、サーバー市場と記憶装置市場への参入の加速を目的に、デルが最近、EMCと結んだ提携関係を慎重に評価しなければならない）。

● 競争相手に新たに加わった人材は、競争環境をどのように変えるか。たとえば、フォードやクライスラーは、ボブ・ルッツがゼネラル・モーターズ（GM）の副会長に起用されたことに注目する必要がある。GMはリック・ワグナーが社長になり、つぎにCEOに就任して以来、コスト削減で着実に成果を上げてきた。今度は世界最高の自動車開発者を招聘することで、市場シェアの回復に向けて大きな一歩を踏みだした。ルッツは消費者ニーズを熟知した「車好き」であるだけでなく、コストに敏感なチーム・プレーヤーでもある。フォードやクライスラーで開発期間を短縮しながら新車を設計・開発した実績は、群を抜いている。どの自動車メーカーでも、競争相手を効果的に分析するには、ルッツがGMに加わったことが各社にとって、また業界全体にとってどんな意味を持つのかを、冷静に評価する必要がある。

組織の戦略実行力はどの程度強いか

とくにこの点で重要なのは、戦略プロセスと人材プロセスの密接な連動である。例を挙げよう。ある大手ソフトウエア・サービス企業は過去3年間に急成長し、契約額が1999年の40億ドルから2001年には120億ドルに増加した。サービスの主な販売先は、フォーチュン

1000社の情報技術部門であり、一社当たりの契約額は約5億ドルだ。現在の成長率を維持するには、フォーチュン50社の過半を押さえ、一社あたりの契約額を20億ドル前後に引き上げなければならない。こうしたつぎの段階に到達するには、各社のCEOやCFOに食い込み、コスト面での利点を強調する必要がある。そのためには機能横断的なチームを編成し、販売するサービスを顧客企業の業績に結びつける価値ある提案をしなければならない。この種のサービス販売では、成約までに1年かかる場合もある。過去の成約率は平均30パーセント強だが、新チームは50パーセント以上にしなければならない。以上のような新戦略を実行するには、フォーチュン50社の顧客のニーズの全体像を思い描く能力を持った営業担当者が必要だ。こうした状況で、組織的能力について問いただすには、以下の質問をする。

- 新たな市場セグメントで勝てる営業担当者やセールス・エンジニアがいるか。それとも過去の事業に対応する力しか持っていないのか。この問いに答えるには、人材プロセスからの適切な情報が必要だ。この戦略を開始する段階での新たな組織構造、リーダーの能力、リーダーの評価基準を徹底的に話し合わなければならない。
- 技術がわかっているか、長期にわたる技術変化のロードマップを持っているか。
- 収益を確保しながら競争に勝てるコスト構造になっているか。

戦略計画の焦点がぼやけていないか、焦点が絞られているか

事業範囲の拡大によって成長を目指す場合、製品やサービスの数を増やしすぎて、対応が追いつかなくなることが少なくない。GMやプロクター&ギャンブルなど、ゆきすぎた事業拡大の罠に陥った企業は枚挙にいとまがない。ユニリーバは20年にわたり、ひたすら事業を拡大しつづけた結果、1600ものブランドを抱えることになった。2001年、この問題に真正面から取り組み、ブランド数を約400に絞り込んだ。その成果は利幅の拡大と売上高の増加という形で表れている。

こうした罠を避けるには、つぎの質問が重要になる。

- 戦略計画が野心的すぎないか。力の分散を避けるには、何を優先すべきか。
- 経営幹部チームはあまりに多くの市場分野を同時に攻めようとしているのではないか。既存の市場セグメントへの取り組みを弱めることで親鶏を失い、新セグメントへの参入資金になる金の卵を確保できなくなるのではないか。

適切な戦略計画を選んでいるか

戦略を誤り、適切でない事業に参入している企業は少なくない。実行力がどれほど優れていて

も、採用した戦略計画が既存の能力と合わなかったり、高いコストで能力を取得せざるをえない場合、失敗するリスクは大幅に高まる。

例を挙げよう。高い利益率を誇る売上高60億ドルの大手メーカーは、小規模な販売業者のネットワークを活用して製品を販売していた。同社はさらなる成長を求めて、販売業者の多くを買収し、小売りチェーンをつくった。その経営にはヨーロッパの同社の幹部を充てたため、起業家である各販売会社の創業者たちは同社を去った。小売りへの進出は、同社にとって不適切な戦略だった。小売りは物流に関する十分な知識が必要な利幅の薄い事業だが、そのノウハウがなく、どうやって利益を上げていくのか、まるでわかっていなかった。さらに、まったく異質の事業をするために必要な能力開発に資金を投じる用意もなかった。その結果、赤字に転落し、株価は三分の一に下落した。

どうすれば正しい選択ができるのだろうか。戦略がどこまで具体的で明確で確固としているかを見れば、この点がわかるはずだ。優れていると思える戦略がたしかに理に適っていることを確認するには、対話を重ねなければならない。まずは、それぞれの戦略について、４つの基本的な質問をする。

- この戦略は市場の現実に合っているか。
- この戦略は組織の能力とかみ合っているか。

● 手に負えない数の戦略を追いかけているのではないか。
● この戦略で利益を上げられるか。

事業部門幹部との活発な対話と、企業部門の支援によって、その答えが得られる。その後、全員が集まって、どの戦略計画を進めるべきかを判断できる。

ボシディ　事業部門幹部が新たな市場分野への参入を目指しているが、その市場に合う製品を持っていないとする。その場合、製品を持っている企業や、市場内部の各セグメントの成長率を知る必要がある。戦略の評価に加え、自社内で、この戦略がどのように受け入れられるかを考えなければならない。過去に成功を収めてきたもの以外の事業には参入したくないものだ。だが、そういう事業に参入する企業はきわめて多い。「この事業は初めてだが、よく似た事業をやってきたので、それにふさわしい能力は身につけられる」と考えているのだ。こうした考え方によって、リスクは一気に高まる。

アライド・シグナルにいたとき、幹部のひとりがこう言った。「ほとんど偶然だが、研究所が新型のフラット・スクリーンを開発したので、フラット・スクリーン事業に参入したい」。たしかに優れた技術らしい。だが、わたしはこう答えた。「それはよかった。だが、当社にはフラット・スクリーン製造の中核技術がひとつもない。君はつくれると言うが、まったく経験がない。正しく扱う文化すらないかもしれない。大手企業にはノウハウがある。太刀打ちなどできない」。最初はもめたが、最終的には、フラット・スクリーン製造ノウハウを持つ企業に技術をライセンス供与することにした。

いいかえれば、戦略計画を評価するだけでなく、その計画がどのように自社の環境に適するのかを予想することが必要だ。フラット・スクリーン技術の供与先企業にとっては、優れた戦略計画といえるものでも、アライド・シグナルやハネウエルにとっては優れていないかもしれない。優れた戦略計画は、どの企業にもあてはまるものではない。

もうひとつ注意しなければならないのは、いくつものプロジェクトに手を出すことだ。月に一度の全社的な戦略計画レビューで提案された数多くの新規プロジェクトのなかに、素晴らしいものが4つあったとしよう。実務面から考えると、軌道に乗るまでにどれも5年から7年かかる。たいてい、4つのプロジェクトを一斉に進めようとするだろう。だが、どのプロジェクトも、最初に多額の赤字が出るのは必至だ。そのうち熱意が薄れ、投入資金を減らす。そのため、なかなか軌道に乗らない。

このように4つのプロジェクトを前にしたときには、こう言うべきだ。「当社はそれほど大きくないので、4つ全部の資金は賄えない。良いプロジェクトを2つ選んで、実行する。その

2つについては赤字を認める。だが、ほかの2つはすぐには実行できないので何らかの決断を下さなければならない。プロジェクトに取りかかる前に技術が古くなるかもしれない。いまの時点で、ライセンス供与しておくべきなのかもしれない。いずれにせよ4つ一斉にスタートし、資金が途切れて、どれも成果を上げられなくなるようなことはしない」。だが、消化能力よりも食欲が勝っている企業が多く、誤った決断がなされている。軌道に乗らないプロジェクトにあれこれ手を出しすぎているのだ。

戦略レビューは企業の進むべき方向を具体化するのに役立つ。将来有望なプロジェクトにリソースを割り当て、それほど有望でないプロジェクトのリソースを減らす根拠となる。

人材と業務の関係は明確になっているか

ここまで述べたことをすべて達成できるかどうかは、戦略プロセスを人材プロセス、業務プロセスとしっかり連動させられるかどうかにかかっていた。これらの3つの理解を深めれば、戦略が能力に見合ったものなのか、収益を確保できる可能性が十分にあるのかについて、より適切な判断ができ、何を捨て何を優先させるべきかがわかる。

戦略と業務の関連は、業務計画の最初の数ページを見ればはっきりする(第9章を参照)。そこには新戦略の方針、必要な経営資源、翌年の四半期ごとに実行すべき計画が書かれている。

第7章で論じた自動車部品メーカーが実行した戦略は、利益のほとんど出ないありふれた企業から、世界の上位10社のメーカーに選ばれるサプライヤーになることだった。現在は、隣接する分野の新規顧客の開拓によって、つぎの段階への移行を目指している。戦略レビューでは、人材と業務の関連について質問すべきだ。

事業部門の戦略では、どのような方法で新規顧客を開拓するか、新たな顧客セグメントに製品を認知してもらう方法を、明確に打ちだす。

- 新たな組織構造が必要になるとすれば、販売管理に新たに求められるスキルはどんなものか。
- 来年の予算に、新セグメントに参入するために必要なものを構築する資金が割り当てられているか。
- 各四半期の計画はどうなっているか。各四半期にどのように資金を投入していくか。四半期利益を確保する必要から、計画にしわ寄せが出るのではないか(優れたリーダーは、短期の目標と長期の目標の適度なバランスをとるものだ)。

隣接するセグメントへの参入によって、つぎの段階に移行する戦略を考えてみよう。どうすれば潜在顧客に受け入れてもらえるのか。どのような方法で新製品を顧客に認知してもらうか——

つまり、どうすれば顧客の嗜好やニーズに合わせられるか。これらは、いずれも人材プロセスと業務プロセスに関わる問題であり、以下の質問を提起する。

- 実行にあたり、適切な人材が適切な数だけ揃っているか。
- 必要な対策をとるまでに、十分なリードタイムをとっているか。

ボシディ　優れた戦略計画は業務計画に落とし込まなくてはならない。１年以内にすべて実行するわけではないが、行動指標が必要だ。戦略プロセスと業務プロセスが、それぞれ別の会社のものではないかと思えるほど違っている場合がある。戦略計画を検討し、その後に業務計画を見ても、戦略のどの側面も盛り込まれていないのだ。その逆もある。

業務計画を検討する際には、わたしは戦略計画にざっと目を通し、業務が戦略と連動しているかどうかを確認する。業務計画の最初の３ページには、戦略計画の要約があるのが望ましい。戦略計画で合意された点は、速やかに業務計画に移すべきだ。たとえば、戦略計画で既存製品を補完する新製品開発に投資することを決め、コストをどれだけかけるか、どの程度の成功を目指すかを決め、新製品を顧客でテストすることを決めたとする。業務計画では、戦略計画の目標を達成できる予算を研究開発計画に盛り込まなければならない。

戦略計画での想定は、内部の判断基準と合致しているだろうか。何をするか、何をしないかを決めなければならず、戦略の細部が、それらの判断と矛盾しないものでなければならない。内部の判断基準には、どんな事業に参入したいか、参入したくないか、どんな事業に投資したいか、どんな事業で成功を収めたいか、などがある。

ある事業部門の幹部が、自部門の売上高を1年で15パーセント伸ばす計画を持ってきたとしよう。この人物は有望で、つねに言ったことは実現してきた。だが、市場の成長率は平均3パーセントしかない。どうやって15パーセントの伸びを達成しようというのか。そして、どれだけコストをかけようというのか。成長を加速するには製品開発やマーケティング、企業買収など、さまざまな投資が必要だが、これだけ成長率の低い市場でシェアを拡大することに、投資に見合った価値があるのか。おそらくもっと有効な資源の使い道があるだろう。

あるいは、前に述べたように、4つのプロジェクトを進めるべきだと進言された場合を考えてみよう。社内のほかの面を見れば、十分なデータをもとにつぎのような質問ができる。「その4つのプロジェクトに、どれだけの資金を注ぎ込むつもりか。営業損失はどれだけになるか」。きちんとした答えが返ってこなければ、こう言わざるをえない。「4つ全部を進めるだけの資金はない。2つに絞れば、資金をつけよう。あとの2つは状況次第でやるかどうかを決めよう」。4つのプロジェクトすべての開発を求めた戦略計画に目を通したあとで、業務計画を見て「これはなんだ。4つ全部はできない」とは言いたくない。こう反発されるだろう。「このプロジェクトはすべて戦略計画に入っていて、いいプロジェクトだと言われました。それで業務計画に入れたのに、いまさらやめろとおっしゃるのですか」

新戦略を策定する際には、その戦略を担う人材の質や適性について話し合う必要がある。ハネウエルは、電子部品基板用に半導体の設計・開発を行なう電子部品のパッケージング事業に参入することを決めた。だが、そのための技術や製造のノウハウを持つ人材がいなかった。事業に参入し赤字を出したが、適切な能力がなければ参入すべきではないとは主張しなかった。きちんと議論して能力不足であることはわかっていたのに克服できると判断したのだ。だが結局、克服できなかった。この事業を提案した人物は説得力があり、われわれにはノーと言う勇気がなかった。われわれはこの人物と組織に期待したが、どちらも株主を満足させることはできなかった。

＊　＊　＊

前述の過程で、絶えず以下の質問をしていれば重要な問題を忘れないはずだ。

適材を適所に配置しているか。リーダーは協力し合えているか。必要な人材が揃っているか。

実行に必要な生産資源、資金、技術を持っているか。

最後までフォローする

戦略レビューが終わると、合意した点を確認する手紙を各リーダーに書く。それをもとに進捗状況を確認できる。手紙では、成長率や新製品についてふれ、戦略、人材、業務の各プロセスをリンクさせておくべきだ。以下に、アライド・シグナルで事業部門リーダーに送った典型的な手紙を紹介しよう。現在ではハネウエルのリーダーが同様の手紙を受け取っている。

日　付　6月22日
宛　先　ジェイン・スミス
差出人　ラリー・ボシディ
件　名　Xシステムの戦略計画レビューについて

Xシステムは素晴らしく、計画もよくできている。以下に具体的な点を指摘しておく。

- 競争相手に標的にされていることを認識しておかなければならない。競争相手の立場なら、どうやって当社を攻めるかを考えるべきだ。競争相手は手強く、われわれは自己満足に陥っているわけにはいかない。市場の地位を奪われていく企業の多くは、コストか技術のどちらかで負けるものだ。われわれは、両方で勝つ準備をしなければならない。

- 欧州で現在の地位を守らなければならない。欧州は成長の余地がまだまだあるので、競争相手が足場を築く機会をみすみす与えてはならない。
- 当社の顧客の目標やビジョンを見極めなければならない。そうすれば、当社の今後の計画が立てやすくなり、予測が向上し、顧客のニーズに応えられるようになる。
- 当社ブランドのライセンス供与はいい計画だ。どこでどのように進めるか慎重に考え、当社事業に悪影響が出るのを避けなければならない。
- 顧客A社との関係、顧客B社との取引の回復は素晴らしい。南ヨーロッパでぶつかった問題は当社への警鐘であり、君はそれによく応えた。プレミアム価格を維持するなら、顧客サービスに一段と注力しなくてはならない。
- この計画ではすべてのプロジェクトに資金をつけるわけにいかないのは明らかだ。優先順位をつけなければならない。優先順位が低いプロジェクトには、政府の補助金などの有利な資金調達法を探すべきだ。
- 車輪型チャートは、当社のポジションをわかりやすく示すいい方法だ。これを使って、進捗状況を確認するように。

- 製品Yを積極的に受け入れてくれる顧客基盤を持つべきだ。顧客D、E、Fはこのセグメントで業績を向上する方法を求めており、この製品が役に立つ。
- アフターマーケット戦略を進めるにあたり、引きつづき顧客のニーズに応えていることを確認しなければならない。小規模な製品再生工場では、少なくとも現在の水準のサービスを提供しなければならない。
- Kグループは健闘しているが、この分野で競争力を維持できるかどうかはわからない。
- Z事業は狙われている。新たな競争相手に目を配り、当社のコストに注意していかなければならない。
- 工場のための詳細な計画が必要だ。既存製品に加え、ZZプロジェクトを考慮に入れた計画でなければいけない。最初が肝心だ。
- ZZに付加価値をつけるには、販売のパートナー企業が必要だ。ブローカーは必要ない。
- 競争相手のコンピューター・システムに注目し、当社もシステム開発の最適なパートナーを見つけることが重要だ。
- ロビイスト団体を巻き込んで、議会の有力者に当社製品の利点を示し、誤解を解かなければならない。

- 製造能力を強化しなければ、新製品発売はできない。改善を進めてきたが、予備部品の納品率は依然として期待を下回っている。
- シックスシグマを生産性の向上に繋げていかなければならない。最後はコスト、品質、技術の勝負になる。われわれはコスト面で勝たなければならない。コストを抑える製造戦略を開発しなければならない。
- 生産能力を増強するなら、柔軟な生産体制を考えておかなければならない。いずれ訪れる景気後退に備えておかなければならない。タイはわかるが、中西部については確信がない。
- アジアに部品調達拠点、生産拠点を設ける前に、為替レート変動の影響を理解しておかなければならない。アジアの通貨が上昇しても、拠点を設置する意味があるのかどうか判断する必要がある。どの部品が現地調達できるか、どの部品はできないかも判断しなければならない。主要サプライヤーが、質と量の両面で、われわれの要求に応えられるとの確信が持てなくてはならない。X に立地する場合は、この点がとくに重要になる。
- BBB計画は素晴らしい。サイクル・タイムを大幅に短縮し、設計効率が大幅に向上するはずだ。標準部品ライブラリーは、大きな機会になるだろう。
- 特許権取得と知的財産権の保護に積極的になるべきだ。競争相手のX社が当社の権利を侵害していないか注意深く見守るように。

- CCCの機会は大きいが、道のりは遠い。競争相手のY社の技術力が飛び抜けている。Y社をよく検討してアイデアを得るべきだ。
- DDD技術に移行するなら、できるだけシンプルにすべきだ。このプログラムは複雑にしなくても、価値の大半を押さえることができる。
- 研修の優先順位を引きつづき高くする。できるだけ幅広く実施する。
- 事業の世界的なニーズに合わせて、多様な幹部チームをつくらなくてはならない。
- これはいい計画であり、多くの作業とリーダーシップが必要になる。素晴らしい事業で、数多くの機会がある。成長戦略に優先順位をつけ、投資利益率を最大化しなければならない。最後に、戦略の考え方とプロジェクトを組織全体に徹底するように。チーム全体のコミットメントと関与が成功に導いてくれる。

*　*　*

戦略について述べた本章と、前に述べた人材プロセスの章では、経営幹部が事業をどこに持っていこうとしているのか、それを担うのは誰なのかを決めるプロセスを示した。今度は、1年間という短期間の具体的な動きについて述べていこう。業務と呼ばれる、このプロセスから生まれるのが、コミットメントだ。組織の各部が足並みを揃えるのが、このプロセスだ。

第 9 章

業務プロセス

——戦略・人材プロセスと連動させる

シカゴからアイオワ州オスカルーサまで317マイルを車で行くよう上司から指示された。上司が用意した予算には細かな指示がついている。ガソリン代は16ドルまで、5時間37分で到着しなければならず、時速60マイル以上出してはならない。だが、オスカルーサまでの道路地図はなく、途中で大雪に見舞われるかもしれない。

ばかげていると思うだろうか。だが、多くの企業は戦略計画を業務計画に落とし込む際、これ以上にばかげたことをしている。予算プロセスによって売上高やキャッシュフロー、利益などの達成すべき業績や、そのために割り当てるリソースなどを細かく指示する方法をとっているのだ。だが、予算プロセスは、どうやって業績を上げるかを検討しないし、時には業績が達成可能かどうかさえ検討しないので、現実からかけ離れている。必要なのは、実行力のある企業に見られるもの、すなわち、しっかりした業務プロセスであり、その柱となるのが戦略と人材を結果と結びつける業務計画だ。

戦略プロセスは事業が目標とする行き先を決め、人材プロセスは事業をそこに持っていく人間を決める。そうした人たちに道筋を示すのが業務計画だ。業務計画では、長期的な目標を短期的な目標に落とし込む。短期的な目標を達成するには、当初から、そして環境の変化に対応して、組織全体を統合する決定を下さなければならない。これによって予算の数値が現実に裏づけられたものになる。**業務計画は「去年を上回る」ために予算を組むものではない。**こうした予算策定は、バックミラーを見て目標を決めているようなものだ。業務計画は将来の目標を見て「いかに、達成するかを検討するものだ。

業務計画では、利益や売上高、利幅、キャッシュフローなどを望ましい水準に引き上げるために1年以内に完了する計画を扱う。具体的には製品投入計画、マーケティング計画、市場機会を利用した売上計画、生産量を規定する生産計画、生産効率を向上させる生産性計画などがある。業務計画の基礎になる想定は現実と密着しており、財務部門と実行を担うライン部門の幹部との議論によって決められる。たとえば、GDP（国内総生産）成長率や、金利水準、インフレ率は、個別の事業にどんな影響を与えるか。主要顧客が計画を大きく変更した場合どうなるのか。業務計画では、目標を達成するために企業の各部がいかに足並みを揃えるかを規定し、優先順位を決め、予定どおりにいかなかった場合や予期しない機会が訪れたときの対策を検討していく。

前章までで、リーダーは３つのコア・プロセスに積極的に関わり、事業を知るべきだと繰り返し述べてきた。関与することによって事業を深く知ることができる。リーダーは、業務計画で、戦略を業務にスムーズに移行させる責任を負っている。目標を決め、業務プロセスの細部を人材プロセス、戦略プロセスと結びつけ、業務レビューを主導して、業務計画の実行に向けて社内の力を結集する。いくつもの可能性や不透明要因を前にして素早く明確な決断を下し、優先順位を決めなければならない。しっかりした対話を通して真実を浮かび上がらせる。さらには、その過程で、部下にこれらのやり方を教えなければならない。同時に、リーダーは学んでもいる。部下について、正念場での部下の行動について学び、素晴らしい戦略にどんな落とし穴があるかを学ぶ。

業務計画の策定に関与しなければならないのは、リーダーだけではない。業務計画の実行に責任を負う人たち全員が、その策定に携わらなければならない。

ボシディ　業務計画とは、経理担当者が数字合わせをすることではない。すべてに責任を負うものだ。人材、戦略、業務を結びつけ、1年間の目標を明らかにし、課題に落とし込む。

業務計画では全員に責任を負ってもらう。緊急対策にしろ翌年に実施するプロジェクトにしろ、計画の策定に関わる人が増えるほど、責任を自覚する人が増え、成果が上がるものだ。

⋆　⋆　⋆

以上のような業務プロセスは、通常の予算策定とはまるで違うものだ。われわれの見方では、多くの企業の予算や業務計画策定プロセスには、大きな欠点が3つある。第一に、計画の想定条件について活発な議論が行なわれていない。第二に、経営トップが望む結果から逆算して予算が決められているが、その結果を現実のものにする行動計画について議論していないし、具体化もしていない。第三に、ビジネスの全体像を教え、共通の目的に向かって協力し合う社会的仕組みを開発するコーチングの機会になっていない。

業務計画は、事前に策定された予算をもとに決められるのが一般的だ。これでは順序が逆だ。予算は業務計画や企業の各部門が策定した個別の計画を財務の観点から示したものであり、その逆であってはならない。

予算策定が実行の現実からかけ離れていることが多いのは、計算と駆け引きの場になっていて、事業が直面する重要な問題を議論するのではなく、自分たちの利益を守ることにみなが何か月も費やしているからだ。 業績目標は、前年の実績に、証券アナリストが期待していると経営陣が考えた伸び率を上乗せしたものにすぎない場合が少なくない。組織の下のレベルでは、前年実績を上回る最低限の数字しか示さない。たいていは手札を隠して、自分たちが達成可能だと考えるよりも低い数字を提出する。そして上司や幹部と交渉する。その時点で自分たちが歩み寄るか、上司が妥協する。あるいは、上司が「これがわれわれの目標なので、達成しなければならない」と言うかもしれない。その数字をどうやって達成するか、なぜ達成しなければならないのかを理解している者などいないが、それでも、その数字が至上命題になる。

これでは、エネルギーを奪うだけの無意味なゲームでしかない。そして、その結果でき上がった予算は硬直的で、翌年の機会を見逃すことになりかねない。たとえば第2四半期中に、年末までに市場シェアを2パーセント拡大できる実現可能な計画を思いついたとしよう。この計画には少額の投資が必要だが、成功する確率はかなり高く、市場シェアが上がれば、投資は1年以内に回収できる。そこで計画を上司に提出し、上司が目を通すのをおとなしく待っていると、申し訳なさそうにこう言われる。「ボブ、いい提案だ。だが、この計画に回せる予算がない」

予算がしばりになって、何がなんでも目標を達成しようとお粗末な決断をしてしまう場合もある。よくあるのが、四半期末の直前に在庫を流通段階に押し込み、残業までして売り上げをかさ上げすることだ。しかし、つぎの四半期にはつけを払わざるをえず、大幅な値引きや生産削減で効率を低下させる。

チャラン　一般に、企業の予算や業務計画は、財務部門が設計したシステムに基づいて立てられる。経営陣は「フィフティーン - ファイブ」――今後5年、年率15パーセントの成長を目指そうといった勇ましいスローガンを使って目標を設定する。全員がこのスローガンを鸚鵡《おうむ》返しに繰り返す。経営者は、成長率の半分が「内部成長」で、つまり既存事業からもたらされ、あと半分は買収によってもたらされると主張する。こうした野心的なスローガンは、経営者にビジョンがあることを示そうとするものだ。CFOは、これで利幅が向上し、債務が軽減され、株価が4倍になるとそろばんをはじく。しかし、どうやってその目標を達成するのか、どんな想定に基づいているのかを経営者に尋ねても、答えは返ってこない。「その点については鋭意努力している」と説明するだけだ。その後、各事業部門は前年比で予算を策定する。全体像とは関係なく、共通の理解もなく、繋がりもなく、議論もない。

こうしたタイプの予算策定プロセスは、予算策定の目的そのものをないがしろにするものだ。予算策定の準備段階から、最終的に承認されるまでのあいだに（4か月かかる場合もある）、おそらく環境が変化している。だが、予算の前提となる想定条件は変わらない。動きのある世界で硬直した予算書にもとづいていると、変化に対応する柔軟性が失われる。そして、組織の各部が足並みを揃えるのには何の役にも立たない。

ある企業のCEOが目下、この問題と格闘している。同社は5つの事業部門から成り、株価は過去5年間横ばいだ。CEOは2年前に同社に移って以来、生産性の向上に取り組んできたが、伸び率は期待を大きく下回っていた。業績が改善せず、PER（株価収益率）が上昇しなければ、大型買収はむずかしくなる。

CEOは5か年の目標を示し、打開策を考えるよう社員に指示した。戦略計画の内容を充実させるために、2日間にわたって上級幹部100人を集め、考えを明らかにし、発破をかけた。新たな価値提案、新規チャネル、新規顧客など、新たな成長政策を考えるよう、各事業部門に求めた。CEOは考え方や行動、人材、資源配分を変えている。同一チャネルでの販売を目的に、事業部門を水平統合している。現在は、四半期ごとの段階的な行動を定めた業務計画を策定している。

3日間で予算を策定する方法

大企業は一般に、予算の策定に数週間から数か月かけている。これは不必要であり、まったくの時間の無駄だ。おそらくもっと早くできるし、そうすべきだと誰もが考えているはずだ。だが、3日で予算がつくれると言ったら信じられるだろうか。われわれは、実際に3日で予算をつくっている企業をいくつも知っている。

出発点は、関係するリーダー全員が活発に議論することだ。全員が一堂に会し、各部門の関係も含めて会社の全体像を理解しようと努める。いわゆる同時性の原則だ。

予算や業務計画の策定は、ほとんどの場合、ボトムアップとトップダウンで順次行なわれている。目標と一般的な想定はトップが決め、現場が具体化する。だが、順次策定するやり方では、同時に策定する場合と違って議論の力を活用できない。同時性の原則にしたがって議論すれば、事業全体に対する理解が深まり、各部が足並みを揃えるようになる。

各事業部門の責任者とその直属の部下をライン、スタッフとともに全員集め、3日間の会議で議論する。経営陣による外部環境の想定や、競争分析、年度や四半期ごとの財務目標などの資料は、事前に配っておく。

会議で重点的に取り上げるのは約20項目であり、これがどんな予算でも、事業に与える影響の80パーセントを占めている。具体的には、製品別売上高、営業利益率、マーケティング費用、製造コスト、設計・開発費用などだ。責任者はまず、各職能部門に予算達成に必要な行動計画の発表を求める。想定した条件について質問して、現実的かどうかを検討し、それぞれの行動計画がほかの部門に与える影響について尋ねる。たとえば、価格の引き下げによる販売数量の拡大を目指しているなら、製造部門にとって警戒信号になる。それによる追加コストはどの程度になるか。残業を増やすことになるのか。ほかの部門からも質問が出る。

全員が意見を述べたあと、一時間の休憩をとる。各部門の責任者は、部下と協議する。たとえば、製造部門は、数量が増えた場合、単位当たりコストをどの程度削減できるか、つまり価格を引き下げる余地がどの程度あるかを計算する。代替案についても話し合う。3交代制にすべきか、外注すべきか。どこで部品を確保するか。

全員がふたたび集まると、共通のスプレッド・シート・プログラムにそれぞれの情報を入力する。たちどころに、予算がどうなるかがわかる。何がうまくいき、何がうまくいかないか、各部門の整合性がどの程度とれているかが即座にわかる。その後、質問、変更、調整のプロセスをもう一度繰り返す。ふつうは、このサイクルを4回繰り返せばいい。これで基本的な予算計画と業務計画ができ上がる。ほかの予算項目を埋め、計画を練るのは、各自がオフィスに戻ってからだ。対立を表面化させる議論を収拾できず、優先順位の変更を交渉し納得させられないのであれば、あるいは、情報を溜め込んで力を持とうとするのであれば、この方法を試してはいけない。だが、そうでないなら、このプロセスによって現実的な予算が策定でき、自信を持って遂行し、事業環境の変化に対応させることができる。全員が事業全体のなかでの自分の立ち位置を理解できる。硬直的で、おそらくは陳腐化した予算構造に足をすくわれることはないと安心できるので、動きが速くなり、いいアイデアがあれば率先して試すようになる。

この過程で強力なチームができていることにも気づくだろう。

足並みを揃えることの重要性

優れた実行力を発揮し、企業を活気づけるには、足並みを揃えることが重要だ。足並みを揃えるとは、組織の各部門が、営業年度の外部環境について共通の想定をし、共通の理解をする――つまり、左手が右手の動きを知っているということだ。具体的には、**相互依存関係にある各部の目標をすり合わせ、優先順位を合わせる。条件が変化したときには、一斉に優先順位を入れ替**

え、リソースの配分を見直す。

例を挙げよう。ある自動車メーカーは10の車種があり、オプションや色の組み合わせは３００あまりにのぼる。世界中に１００以上の工場を展開し、数百社の部品メーカー、数千社のディーラー、６社の広告代理店と取引がある。これらのそれぞれが日々決断を行なっている。絶えず動きがあり、変化している。金利が低下したとき、すべての市場セグメントが一様に成長するわけではなく、すべての車種で一様に生産を増強する必要があるわけではないし、すべてのディーラーが一様に販売台数を増やすわけでもない。そのため、地域やディーラーなどによる市場セグメントの違いを最大限に生かせるように、足並みを揃えなければならない。

大企業では煩雑な作業になる。たとえば、新製品の販売促進を決めたとすれば、それを指示するには６か月のリードタイムが必要だ。広告、販売促進、在庫、物流（外注される場合が多い）が動かなければならない。外部要因が変化すれば、これらの関係も変える必要がでてくる。たとえば、需要が低下すれば、広告、販売促進、生産計画、在庫水準の関係を変えなければならない。だが、どのように変えるのか。何が重要になり、何が重要でなくなるのか。ＧＥやウォルマート、デル、コルゲート・パームオリーブなど実行力のある企業のオペレーティング・システムは、他社にくらべて、これらの足並みを揃えるのが素早く優れている。

９月11日の同時多発テロで、デトロイトでは自動車需要の急減が心配された。事実、数日間はまったく受注がなくなった。GMの北米部門担当副社長、ロン・ザレラは、自動車ローンの金利をゼロにして需要回復を図ることにした。これ以上のタイミングはなかった。11月、FRB（米連邦準備制度理事会）は金利を40年ぶりの低水準となる1・75パーセントにまで引き下げた。消費者は住宅ローンの借り換えで車の頭金に使える現金を手にし、自動車販売台数は年換算で1600万台から2100万台強に急増した。

需要の急増で、GMでは業務計画を変更し、リソースの配分を見直し、各部門の足並みを揃える必要が出てきた。どの車種をどの程度つくるべきか。どの工場でつくるか。各地域でどんな製品構成が必要か。広告費はどの程度、どこで、どの車種に使うべきか。生産と広告の調整ができていなければ、二重の意味でマイナスになる。ゼロ金利で利幅が薄くなるなかで、生産と広告が食い違っていれば、販売機会を失い、コストは上昇する。

この計画でGMは大きな機会を手にした。他社もすぐに追随したが、GMは迅速な実行力で、市場シェアを急拡大した。GMはこれに全力を傾けた。1回限りのことではなく、30年間低下しつづけてきた市場シェアを反転させるチャンスだと考えたからだ。コスト削減で、同社の生産性は向上しはじめていた。副会長のボブ・ルッツは、クライスラーの人気車種の開発を指揮した「車好き」だが、その年の広告と翌年の新車のための決定をすでに下していた。この計画によって市場に勢いが生まれ、士気が向上して、上昇した市場シェアを維持し、さらに引き上げることができるとGMは考えたのだ。

妥当な想定――現実的な目標設定のカギ

業務計画では、現実に即した予算を策定することにより、実行にあたってぶつかる重要な問題に応えていく。資本市場は何を期待しているか、どのような経営環境を想定しているか。晴れるとすれば、競争相手よりも機会を生かすにはどうすればいいか。大雨が降るとすれば、競争相手よりもうまく嵐から抜けだすには、どんな対策が必要か。

自社のリーダーは、こうしたことをどの程度、理解しているだろうか。変化をうまく利用するために、どこまで創造力を発揮できるだろうか。活発な対話を行ない、そのなかで現実を把握し、上層部の承認を待たずに行動を起こせるだろうか。

＊　＊　＊

業務計画のレビューでとくに重要なのが、想定についての議論だ。全体的な想定だけでなく、事業への影響、各セグメント、各製品に与える影響に関連する想定も重要になる。これは、一般的な予算レビューにもっとも欠けている点だ。前提条件になる想定を議論しなければ、現実的な目標は設定できない。

予算計画や業務計画の交渉には、利害の対立がつきものだ。交渉の場に、各幹部はそれぞれ、職能や地位のレンズを通して見た想定を持ってくる。たとえば生産部門の幹部は、可能なかぎりコストを引き下げ、生産量を最大限にし、生産水準を安定させたいと考える。販売部門の幹部も、在庫が増えれば販売機会が増えるのだから、生産拡大には賛成だ。両者とも、この想定を押し通したい。どちらの部門の動機も、自部門の業績に連動している。

これに対して財務部門幹部はこう言う。「ちょっと待ってくれ。景気はこんなに拡大しない。大量の在庫を抱えて、現金が減る。そうなれば、値引きしなければならないし、在庫一掃のキャンペーン費用が余計にかかる」

一般的な予算レビューの交渉では、各部門がそれぞれの想定に基づいて主張し、ある種の妥協に到達する。だが、ほんとうに望ましいのは、全員の前でそれぞれの想定を明らかにし、リーダーが鋭い質問をすることだ。つぎに顧客や取引先に行って、その想定が正しいかどうかをテストする。こうした情報があれば、現実に即して優先順位がつけられる。これが業務レビューでやるべきことだ。

関係者が集まってオープンに想定を議論し、優先順位を決めることは、社会的ソフトウエアの要所だ。参加者全員が事業のリーダーシップ能力を築く。社内外の状況に関する共通の認識をつくり、実行への取り組みで足並みを揃えられるようにする。そして、各自が実行を約束することにもなる。

ボシディ　財務上の目標を考える前に、その基礎となる想定を議論しなければならない。事業部門リーダーは、部門内で業務計画のあらゆる要素について検討したかどうかを質問しなければならない。部下が気づかない場合、想定の問題点を発見する能力も必要だ。内心では計画を達成できるはずがないと思っていて、あとになって「ほら言ったとおりだろう」と言うようでは困る。計画策定の段階から助力を惜しんではいけない。

たとえば、ある部門の計画で第４四半期の売上高が大幅に伸びることになっていれば、わたしはこう言う。「理由は何か。第４四半期に売り上げの急増をもたらすようなことが何かあるのか。現実とかけ離れた目標を掲げてもらいたくない。意欲的なのはいい。少しは上を目指してほしいが、達成可能な目標にしてもらいたい」

想定にはマイナスとプラスの幅を持たせることが必要だ。たとえば、協約改定の労使交渉が予定されているとする。交渉が不調なら、ストライキに備えて在庫を増やす計画が必要になる。あるいは、研究費用が想定外の理由で予算を５００万ドル超過した場合どうするか。どこから５００万ドルを持ってくるか。想像以上に好調な場合も考えておく必要がある。売り上げが倍増すればどうなるか。生産量を2倍にするには、生産組織をどう変えればいいか。納期に時間がかかる部品が不足したらどうするか。

ちなみに、こうした議論はあまり早くからしない方がいい。**業務計画はできるだけタイムリーに策定することが重要だ。**たいてい数字を固めるのが早すぎる。8月から検討を始めるのはいいが、この段階では細かい数字は決めない。各項目の売り上げと利益がどうなるか、考えるのはいいが（考え方と数字を切り離すことはできない）、その数字は大まかなものであることに注意すべきだ。各項目の考え方が固まるまで、細部の数字を入れるべきではない。ハネウエルで業務計画を固めるのは11月だ。

＊　＊　＊

ここで述べている想定とは、どのような種類のものだろうか。あらゆるものが考えられる。事業に影響を与えるものは何でも、なんらかの想定が必要になる。

最初にすべき想定には以下がある。顧客は誰か。なぜ、どのように自社製品を買っているのか。ニーズは何なのか。そのニーズはどの程度、長続きするのか。競争相手はどんな手を打っているのか。自社の価値提案は優れているか。

産業財企業なら、顧客の顧客、ときにはそのまた顧客まで想定しなければならない。それらの需要や問題が自社の顧客に影響を与えるからだ。直接の顧客に目を奪われ、最終的に自社製品の需要を決める顧客に十分な関心を払っていない場合が少なくない。

チャラン　ITバブル崩壊後、シスコシステムズが現実と向き合うまでには時間がかかった。同社が最終的に方針を転換したときには、部品メーカーの多くが、同社の根拠のない楽観的見通しをもとに積み増した大量の在庫で身動きがとれなくなっていた。だが、オレゴン州ポートランドの小さな部品メーカーは違った。同社のCEOは、シスコシステムズが発注削減を決めるよりかなり前に、シスコの顧客であるベライゾンやAT&T、ブリティッシュ・テレコムの設備投資計画について、取締役会のメンバーに尋ねていた。また、こうした通信企業の大口顧客であるGMやアメリカン・エキスプレスの動向にも注目していた。こうして集まった情報から、シスコの楽観的見通しは根拠がないとの結論に達した。このため同社は、事前に工場のひとつを一時閉鎖し、資金を節減することができた。

*　*　*

競争相手について。自社の動きに競争相手はどのような反応を示すだろうか。価格を変更するだろうか。競争相手の今後の製品投入について何か知っているだろうか。競争相手のひとつがマーケティング・キャンペーンを展開して、自社の縄張りに深く切り込んでこないだろうか。

サプライヤーについて。必要な部品を期限どおりに、適切な価格で納入できるか。サプライヤーが海外にいるなら、為替変動がコストにどんな影響を与えるか。

流通チャネルについて。納入が期限どおりで、請求業務は正確か。財務体質は健全か。あるいは信用枠を拡大しなければならないか。流通チャネルは最善のものか。あるいは、インターネットなどの新たなチャネルに食われていないか。競争相手が大量の製品を投入して、自社が不利になったらどうするか。

景気について。景気全体の見通しだけでなく、市場セグメント、地域の見通しはどうか。

２００１年９月11日以降、各社一斉に予算と戦略計画の見直しに走った。以下でボシディが述べているように、ハネウエルの経営陣も業務計画を見直した。対応の一部は予想の範囲内のものだが、実行力のない企業の従来型の予算や計画策定プロセスでは、見落とされていただろう点が議論されていた事実に注目してほしい。

ボシディ　われわれは２００２年の暫定的な業務計画を作成する際にいくつかの想定をおいていた。航空宇宙産業は９月11日の事件前からすでに減速しはじめていると考え、従業員削減で対応しようとしていた。

9月11日の事件で、それまでの努力のかなりの部分が無駄になった。航空業界は突如として危機に陥り、第4四半期だけで40億ドルの赤字が予想された。航空会社では予約のキャンセルに伴い巨額の払い戻しが必要なことから経営破綻が懸念された。一方で、政府は補助金の形でなんらかの支援策をとる姿勢を見せたが、正確な金額や時期は決まっていなかった。そして航空会社は2002年の運航予定を通常の80パーセント程度にすると発表した。航空宇宙事業部門の稼ぎ頭である予備部品事業は、数日間の運航停止中に航空会社が発注を中止したため、ほぼ即座に休止状態になった。

第4四半期と2002年をいかに現実的に評価するかが、課題として突きつけられた。大量の情報を集め、あちこちに電話をかけて検討した結果、利益率の高いアフターマーケットを中心に、12億ドル前後の売上高が失われるとの結論に達した。国防関連の売り上げは2002年末まで回復しそうにない。軍の動員と軍需品の調達には時間差があるからだ。

企業向け航空機セグメント――法人用ジェット機は、その後1年のどこかの時点で運航制限が解ければ回復すると予想した。定期便の利用が一段と不便になるので、自社機の購入や、コンドミニアムの共同利用に似たビジネス・ジェットの共同利用が進むと考えた。そのため、法人向けと個人向けのアフターマーケットは削減幅を小さくした（この2つのセグメントは、ほぼおなじ規模である）。

以上の考え方を総合した結果、営業利益の減少により、利益が5億ドル程度減少すると見込んだ。だとすれば、どうやってコストを5億ドル削減するかを問わなければならない。こうした環境で成長を目指すのは現実的ではない。そのため、目標利益を２０００年と同水準にすることにした。

売り上げ、ひいては営業利益の減少に対応するため、各事業部門がコスト面でどんな対策をとるのか詳細な計画があがってきた。この点について合意すると、それを四・四半期に分散した。当時、大方の見通しはつぎのようなものだった。２００１年第４四半期、２００２年第１四半期、場合によっては第２四半期の途中までは、テロ事件の影響で景気は悪化する。だが、テロ事件前に予想されていた以上に景気が落ち込む反動で、年後半は景気回復が加速する。しかし、当社では、このシナリオを予測に盛り込まなかった。シナリオが正しければ、もっと素早く動かなくてはならない。景気回復が予想を上回った場合、売り上げを逃す可能性がある。だが、そのリスクの方が、回復が予想より遅れた場合のリスクよりましだ。

当時、航空各社から支払い期限の延長を求められており、これに応えなければならなかった。そこで、サプライヤーに支払い延長を求めた——われわれは、企業間信用のラストリゾートになるつもりはない。

ほかの事業の多くは、景気全般の減速の影響を受けると見られたため、おなじ手順で計画の見直しを進めていった。売り上げはどうなるか。どれだけ利益が失われるか。増益目標を掲げていた一部の事業は、どの程度コストを削減すべきか。景気が減速するなかで営業担当者の士気を高めるには、どのような計画を実施すべきか。生産性向上計画はどうするか。生産性伸び率を目標水準に高めるためのデジタル化計画をどうするか。

一方で、景気全般は悪くても有望な事業もあった。そのうちのひとつについて、以下と次節で詳しく述べていこう。世界的に成長の余地の大きい自動車部品事業だ。

自動車部品事業を取り巻く経済状況の想定で、注目した領域が４つある。第一に規制。主要市場で排ガス規制に対応しなければならない。どの市場で規制が厳しくなるかを検討した。第二にマクロ経済環境や世界的なＧＤＰ成長率。第三に、各地域で自動車を取り巻く基礎的な環境。

第四に世界の主要な自動車市場――欧州、アメリカ、アジア。市場ごとにニーズが異なるため、市場ごとに分析した。当社の製品は燃費にも影響を与えるため、主要各国で要求される燃費についても注目する。こうした想定を支える詳細については触れないが、全体として製品の成長力の評価に大きな役割を果たしている。

たとえば、中国の急激な経済成長や排ガス規制の強化、小型車需要の継続的な盛り上がりが相まって、アジアが非常に有望な市場になっている。欧州は経済の基礎的条件は良好だが、当社が参入している市場セグメントは横ばいだ。

もうひとつのセグメントの北米は14パーセント縮小すると予想したが、中南米を含めれば普及率が低く、いくつかの国で利用が増えていることが、追い風になっている。新たな技術の導入によっても、利益を上げながら成長できると予想した。

商用車顧客の再編が進んでいる点にも留意した。主要顧客それぞれについて、2001年の売り上げを予想するとともに、売り上げに影響を与える主な出来事に注目した。ある主要顧客の事業をめぐり、競合する2社の攻勢が激しくなると予想し、成長の能力、生産計画を分析し、さらに当社製品に対する関心の度合いを全顧客基盤について分析した。

業務計画を策定する

個別の想定が固まれば、つぎの段階は業務計画の策定であり、それを行なうのが業務レビューだ。業務計画の策定は3段階のプロセスで行なわれ、目標の設定から始まる。第2段階では、行動計画を策定する。短期の課題と長期の目標を調整するなど、優先順位を決めるのもこの段階だ。不測の事態に対応する計画を立てる分野も決める。最後に計画に対して全員の同意を得るとともに、各人が責任を果たしているかどうかを調べ、果たしていない場合は行動の是正を求めるフォローの手段を決める。

業務計画の策定は、売上高や営業利益、キャッシュフロー、生産性、市場シェアなどの主要な目標を定めることから始まる（図表3を参照）。具体的な項目は事業ごとに異なるが、重要なのは業績向上を主導する項目に絞り込んで1ページに収めることだ。これらの目標は外部要因とトップダウンで決まる。外部要因で決まるのは、目標が経済環境や競争環境を反映していなければならず、同業他社よりこの会社の方が株式の投資価値が高いと、投資家に判断してもらわなければならないからだ。トップダウンとは、目標を全体から各部門に下ろしていくことを意味する。つまり全体が先にあり、各部門の目標はその一部とする。多くの企業はこの逆をやっている。予算プロセスで、各事業部門のさまざまなレベルの計画を吸い上げ、全体の計画をつくる。これでは、交渉のたびに何度も数字をつくり直さなくてはならないので、労力が無駄になる。

一般に最終的な財務目標とされるのが、一株当たり利益だ。一株当たり利益は、行動計画の策定の基礎である売り上げ目標に大きく左右される。売り上げ増を達成するための課題について議論することも、創造的なアイデアを出すよう呼びかけることもなく、前年の実績にある数字を上乗せして売り上げ目標を決めるのは、大きな間違いである。活発な議論によって、価格決定、顧客構成、製品やチャネル構成、広告販促、営業担当者の質、量、回転率を検討し、経済や競争相手、競争相手の反応などに関する想定についても検討すべきだ。

図表３　財務サマリー

	2002	2003	2004
売上高			
販売管理費／売上高（％）			
研究開発費／売上高（％）			
営業利益（収入）			
キャッシュフロー			
生産性			
設備投資			
ROI（資本利益率）			
従業員数 月給 時給			

この１ページの財務サマリーには、一般の業務レビューにはない項目として、生産性、従業員数、将来の業績を向上させる設備投資が含まれている。

もっとも重要なのは、粗利益に関する議論だ。粗利益を確保することを考えないで、売り上げを伸ばそうとする企業が多すぎる。だが、利益の元になるのは粗利益だ。営業費用は売り上げではなく、粗利益によって負担する。**すべての出発点は粗利益だ。粗利益の目標を達成できる価格にできないのであれば、コストを削減するしかない。**

チャラン　業界でも有数の売上高100億ドルの産業財企業は、景気減速とアジアの新興企業の参入で、9月11日の事件前から打撃を受けていた。2002年は10億ドルの売り上げ減を見込み、CEOはこの予想を基に業務計画を策定した。だが、粗利益には注目していなかった。CEOの相談相手のひとりは、この予想を見て、業界のデフレ環境を考えれば、売り上げ以上に粗利益の落ち込みが激しく、粗利益率が25パーセントから20パーセントに低下すると指摘した。そして、その落ち込みに対応できるよう計画を練り直すべきだと助言した。種々のコスト削減策を加速し、本社スタッフを半減し、中間管理職の階層を減らす。CEOはこの助言を受け、1週間も経たないうちに、目標とする粗利益と営業利益の水準を達成できる計画を策定し直した。

＊　＊　＊

業務計画は、マーケティング・販売や生産など各職能部門の活動、設備投資など、翌年度の主要な計画をすべて網羅する。複数の事業部門を抱える企業では、目標達成のために克服すべき課題に応じて、各事業部門がこうした計画を策定する。9月11日の事件でのハネウエルの対応から、こうした計画の策定過程がわかる。ある自動車部品について、計画がどのように策定されたかを以下に示そう。

ボシディ　この製品の事業部門マネジャーが策定した計画では、南米市場とアジア市場の売り上げの伸びを10パーセント台後半と想定しており、われわれ経営陣はこれに同意した。つぎに、各地域について売上高と営業利益を予想し、それを実現するための主なイニシアチブを考えた。たとえばアジア市場では、環境への懸念の高まりに対応する顧客企業の支援策を策定した。そのほかには、中国での新規顧客の開拓計画、中国を低コストの部品供給源として活用し、世界的にハイテク製品の販売を加速する計画があった。

もうひとつの計画は、独立系アフターマーケット——交換用部品メーカー——を対象にするものだ。収益性が高く、成長余地の大きい市場セグメントだと分析していた。計画の柱には以下の課題が据えられた。

- 物流の問題を改善し、製品納入率を向上させる。
- 毎週、業績レビューを行ない、機動的に行動計画を立てる。
- 顧客企業と流通業者の在庫戦略に連動したリードタイムを確立する。

製品構成や顧客構成をセグメント別、地域別に分析することにより、売り上げ目標を決定した。各セグメントの売り上げ目標、粗利益目標を決めるにあたり、需要を増減させる要因や想定を決定した。同時に、価格の引き上げが可能か、価格低下圧力にさらされるかも調べた。これらの質問に対する答えは、競争環境、顧客企業の業界動向に応じて、各セグメント、各地域で異なる。

売上高に影響を与える要因はほかにもある。たとえば、ハネウエルのある事業部門が2001年の売り上げ目標を決めるうえで考慮した要因に、ある製品セグメントでの用途拡大と別のセグメントでの買収があった。この2つのセグメントでは成長が見込めたが、別のセグメントで北米を中心に需要が横ばいになると予想された。だが、全般的な市場環境から、かなりの成長を予想した。最終的な数字には、為替レートや価格政策も影響を与える。

営業利益の目標設定では、新製品や差異化した製品の投入計画など主要なイニシアチブにとくに注目する。それによって価格の引き上げと利幅の拡大が可能になるからだ。

優先順位をつける技術

戦略を行動に移す際に、業務計画は第7章や第8章で指摘した優先順位の問題にぶつかる。戦略のなかには、利益を上げながら事業を成長させるが、期間内に投資を必要とする具体的なアイデアが明記されている場合がある。こうした場合、経営幹部は優先順位をつけなければならない。技術であれ製品であれ顧客セグメントであれ地域であれ、企業が投資を行なう分野は、戦略の議論で決められ、戦略と直接に結びついている。業務計画では、リーダーは戦略の方向が具体的で明確であり業務と関連していることを確認し、経営資源の配分によって戦略を行動に落とし込み、その資源の調達先をはっきりさせて、戦略を実行に移せるようにしなければならない。さらに、責任の所在を明確にし、その後のレビューでそれが確認されるようにしなければならない。

期間中にコスト削減が必要になった場合、事業部門責任者の一存で投資を削ることはできない。戦略計画の要であるCEOを交えた議論で決めなければならない。どの製品ラインに資金を投入し、どの製品ラインの資金を削るのか。なんらかの工夫で資金を捻出し、将来の事業の基礎を築くことはできないのか。利益率の高い製品を加えるか、販売攻勢をかけて販売量を増やせるかもしれない。あるいは年内に工場を閉鎖するか、生産を低コスト国に移転することを考えていたとすると、工場の移転を1年延ばして、リストラ費用などの短期的なコスト増を抑制すべきだろうか。消費財企業では、販売量の拡大を期待して、広告費を増やすというリスクをとるべきだろうか。広告費を増やす場合、広告そのものを増やすのか、クーポンを増やすのか。

こうした投資を成功に導く人材の質も、議論の焦点になる。ここでもＣＥＯが関与しなければならない。人材プロセスとの結びつきを確保するのはＣＥＯの役割だ。

永続する資源の源泉になるのは、生産性向上に向けた一貫した取り組みである。ＧＥやエマソン・エレクトリック、コルゲート・パーモオリーブなどの企業は、15年以上にわたり一株当たり利益が増加しつづけているが、毎年生産性を向上させる体質になっているので、短期的に投資して将来の成長に繋げるのが実にうまい。ハネウエルの売上高10億ドルの事業部門はある年、一般管理費を３０００万ドル節減した。これに製品構成の改善で浮いた７００万ドルを加え、新製品の開発に投資した。長期的にみれば、この種の生産性向上によって、この部門の競争優位が蓄積されていく。売上高10億ドルの事業部門で製品開発に３７００万ドルを投じた結果、この部門の競争優位が大きく向上した。

事業部門間で優先順位を調整しなければならない場合があるが、これは必ずしも容易ではない。各事業部門の相対的価値に影響を与える要因をすべて理解していなければならない。たとえば、景気が減速した場合、コスト削減をどの部門で大幅にし、どの部門で小幅にすべきか。当然利益率の高い部門では小幅にすべきだと答えたくなるが、その答えは間違っている可能性がある。たとえば、資本市場がこの事業部門の持続可能な株価収益率を低くしか評価していないとしよう。そしてその理由として、成長性の低い業界の事業で、現時点で利益率が高いのは、いち早くコスト削減に手をつけたからだとみていると想定しよう。長期的に価値の高い事業部門を優先したくなるのではないだろうか。

業務プロセスの成果

業務プロセスの成果のひとつは、事業部門が達成を目指しているだけでなく、達成の可能性が高い目標が具体的に示されることだ。それは業務計画が、現実的な想定にもとづき、目標を達成する方法にもとづいて立てられているからだ。

図表4と図表5は、これまで述べた事業部門の業務プロセスの成果を示している。明確で具体的だ。翌年の売上高と営業利益の変化に寄与する要因と、それぞれの比率を示している。

業務プロセスは、明確な目標を生むだけでなく、学習の場にもなる。レビューに参加するリーダーは、事業の本質について考え、議論する。会社を全体として見られるようになり、各部門がどのように統合されているかがわかる。環境が変化したときには、資源を配分し直す方法を学ぶ。

業務レビューは最高のコーチングの場である。事業部門の予算項目は500あるかもしれない。重要性が高いのはどれか。相互の関係はどうなっているか。こうした質問に決まった答えはないし、今後もありえない。リーダーとともにこうした問題に取り組む過程で、優先順位をつけ、短期と長期の目標を調整する方法を体得できる。

こうした環境のなかで、参加者は的確な質問をするノウハウを獲得する一方、リーダーは質問を促し、さまざまな見方を引きだすスキルを磨く。対話を全社的なものにすることによって、会社の各部を率いるリーダー同士の関係をつくる。各部門のリーダーは、このスキルを自部門のレビューに持ち帰り、部下を活気づけ、能力を拡大する。こうして全社的な社会的ソフトウエアができ上がる。

最後に、業務プロセスによって自信が生まれる。自分たちが目標を達成できることがわかる。変化に適応できる柔軟性があり、急激に変化する環境で成功するために必要な動きを身につけている。操縦シミュレーションで訓練したことになる。

会議のあと――最後までフォローする。そして不測事態対応計画を立てる

優れたレビューは必ず結論を出し、最後までフォローする。それがなければ、会議で同意され

図表 4　営業利益の増減要因

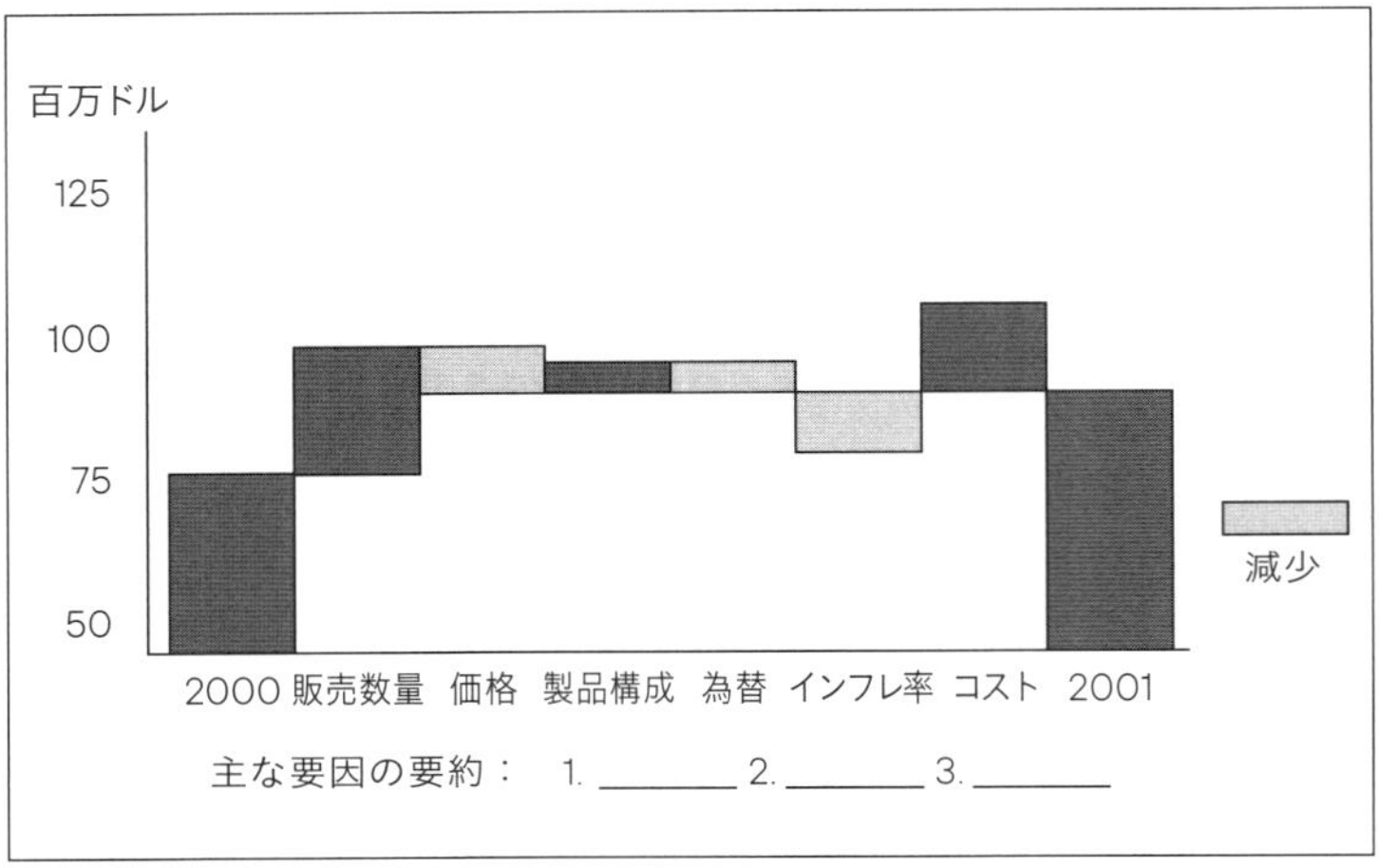

図表 5　売上高の増減要因 2001 年

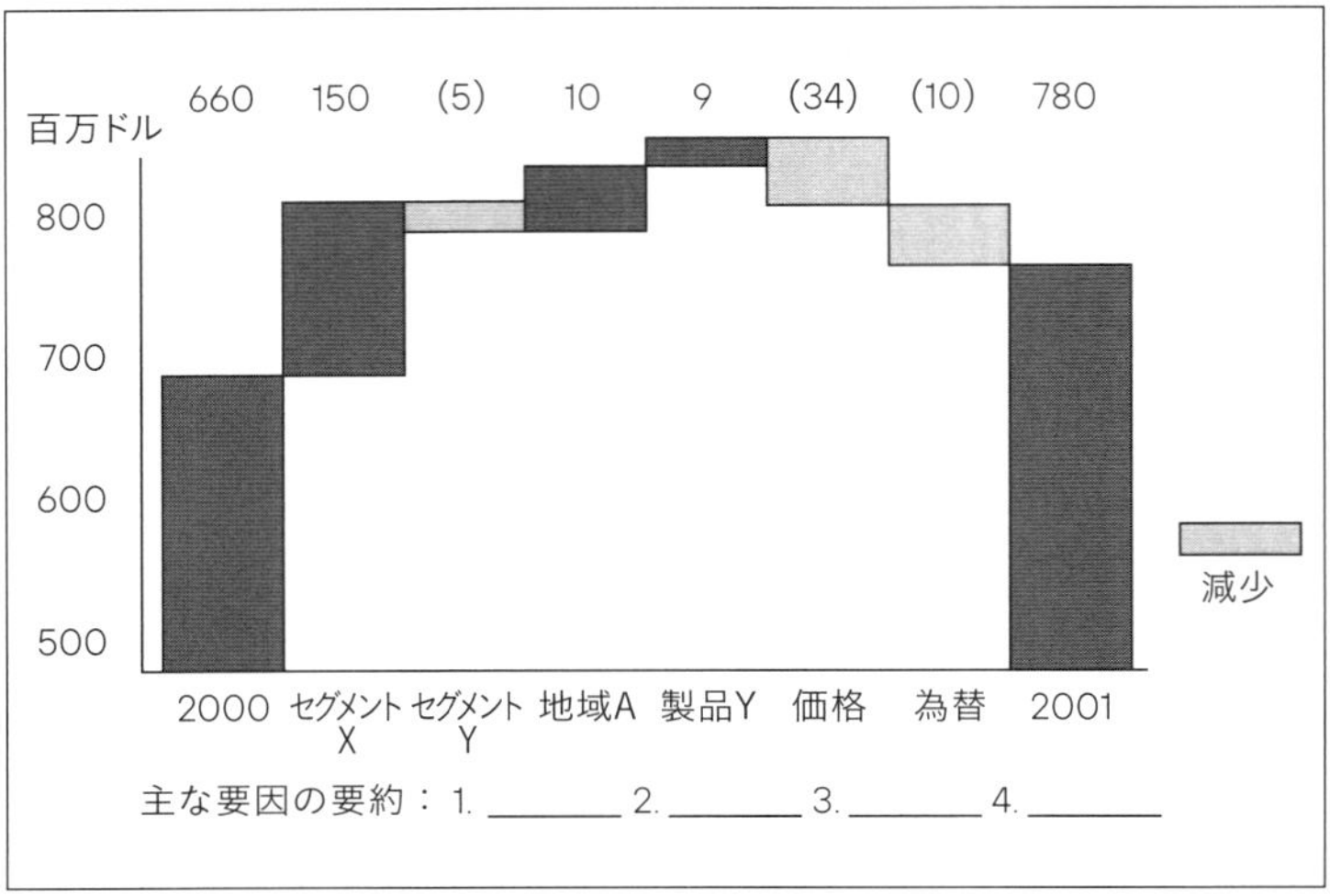

た約束も数日後には破られることになる。リーダーは、参加者が正しい情報を持ち帰り、会議で同意した責任を各自が果たすようにしなければならない。

強力な手段になるのが、合意した詳細をメモにして各人に送ることだ。以下に、ラリー・ボシディがアライド・シグナル在任当時、1999年の業務計画レビューのあとに、ある部門に送ったメモの抜粋を紹介する。この事業部門の売り上げは好調でさらに上向いていたため、利幅の拡大が焦点になった。

1998年11月25日
宛　先　グループXのリーダー
送信者　ラリー・ボシディ

1999年の年間業務計画のレビューがしっかり行なわれたことに感謝している。以下に気づいた点を記すので、事業部門リーダーに伝えてほしい。

- 1999年について、経済状況が不透明なことから、いくつかのシナリオに対応できる計画を策定してもらいたい。

- 現在の不透明な状況を考えれば、目標を上回る大胆な生産性向上計画が必要だ。
- 経費の構成を見直してコスト削減策を示すように。何をするのか、その費用はどのくらいなのか、従業員数と1999年の年間業務計画の業績数値にどのような影響があるのかを知りたい。
- 品質の問題に頭を痛めている。引きつづき品質の改善に取り組んでほしい。とくに顧客Xの問題を懸念している。この問題に取り組んでいることをX社が納得するような計画を策定してほしい。解決のカギは、供給基盤のさらなる削減にある。
- 遅延出荷の削減には努力が認められる。しかしながら、全社的にみれば依然として遅延出荷率が高い。改善の余地がある。
- サプライチェーンは、最優先すべきプロセスである。個々の問題を解決するのではなく、プロセスを改善してほしい。第4四半期には、削減を達成する道筋を確立してほしい。
- 3600万ドルの価格引き下げを実施するには、継続的にレビューを行ない、その影響を軽減する創造的な方法を見つけなければならない。
- コスト削減は大きな機会になる。コストが1パーセント違うだけで一気に楽になる。

事業A

- 品質に関してなんらかの対策が必要だ。返品率30パーセントは高すぎる。設計に投入する資源を増やし、品質の問題に取り組んでほしい。
- アフターマーケットでの価格引き上げに伴う利点を実現できるとは思わない。その原因を究明し、コストの問題があるなら、その影響を緩和する計画を策定してもらいたい。
- 民間機向け推進機を中心に、修理・補修の利益率の向上計画を策定してほしい。
- 製造ラインZの業績を引き上げなければならない。
- 想定したリスクが発生する確率が高いことから、コストに重点を絞った綿密な不測事態対応計画が必要だ。

製造部門

- 通常の経済状況であれば、いまの原材料計画で十分だが、現在のディスインフレ環境では、もっと大胆な計画が必要だ。幹部A、相談して計画を練り直してもらいたい。改善の余地は大きい。もっと大胆な目標を掲げることを望んでいる。
- 在庫の目標は十分とはいえない。幹部A、幹部Bと相談して、在庫水準を決め、もっと大胆で信頼性の高い計画を策定してほしい。リードタイムを短縮しないと、在庫は削減できないことを認識してほしい。第４四半期のキャッシュフローの目標を達成するには、大幅な在庫削減が必要だ。

●シックスシグマ計画をもっと重視することを望んでいる。ブラックベルト、グリーンベルトの人材の価値を活用しよう。

●製品ラインＢの生産性向上はうまくいっているが、運転資金を犠牲にして実現したものだ。少ない運転資金で生産性を向上させる方法を見つけよう。

１９９９年の年間業務計画目標

以下に修正後の目標を示す（想定条件は、提出された計画とおなじ）。

先週の年間業務計画プレゼンテーションは、全体としては素晴らしかった。製造部門Ａが事業をよく理解していることが明らかになった。君たちの頑張りに感謝したい。12月9日にもう一度集まり、目標達成の具体的な方法と、D、E、F事業に関する代替案について検討したい。

＊　＊　＊

メモ以外にフォローする方法としては、不測事態対応計画や四半期レビューがある。

不測事態対応計画

実行力のある企業は、ごく短期間で不測事態対応計画をまとめられる。9月11日の同時多発テロ事件後のハネウエルの対応を思い出してもらいたい。1997年、アジア危機が世界経済に伝播したとき、アライド・シグナル、GEの両社は、不測事態対応計画をまとめ、6週間で予算を立て直した。これが可能になったのは、事前にこうした事態を想定し、長年にわたってこのプロセスを実践してきたからだ。

ボシディ　業務計画は完成した。つぎにリーダーが考えるのは、もっとも変わりやすい想定や、業績が目標を下回りはじめた場合の不測事態対応計画だ。たとえば、10パーセントの成長が達成できなければ、売上高はX、粗利益がY落ちると計算する。それによって、不足分を穴埋めするため、どの程度のコスト削減と生産性の向上が必要かを把握する。当社は極端な権限分散型にはなっていないが、社員の適応力はきわめて高い。いつ、どんな場合に対応が必要かを知っている。

四半期レビュー

四半期ごとのレビューは、業務計画を状況の変化に合わせ、社内の足並みを揃えるのに役立つ。リーダーにとっては、どの幹部が優秀で、どの幹部が優秀でないかがわかり、業績不振者にどう対応すべきかを考える機会になる。

ボシディ　事業内容を詳細に把握していない事業部門の四半期レビューの場合はとくに、人事部門幹部と一緒にその部門に出向き、レビューの前に、その責任者と人事担当者をまじえて、人材育成計画、組織開発計画について話し合う。戦略が適切なものであり、事業計画に落とし込まれていることを確認する。つぎに直近の四半期の売上高、市場成長率、予想外の要因、利益率、費用の水準の観点から、業務計画を検討する。このレビューの参加者を増やして、大勢から対話が引きだせるようにしている。優秀な人材ほど、このレビューを気に入ることにわたしは気づいている。その後、講堂に社員を集めて公開討論会を開き、会社が何をしようとしているのかを話し、質問を受ける。帰りの機中で四半期レビューで合意した点をメモする。

レビューは、第1四半期の計画と部門責任者の実績を比較する基礎になる。計画を変更する必要があると気づく場合もある。責任者はこう言うかもしれない。「第1四半期の売り上げ目標が達成できなかったのは、季節的に低調だったからです」。それに対してこう言う。「ちょっと待て。去年も第1四半期は低調だった。そのことにどんな意味があるのか」「第2四半期には売り上げを回復できます。第2四半期末か第3四半期には計画を達成できます」。その場合はこう聞かなければならない。「計画を達成できなかった場合を考えよう。君が第3四半期に計画を達成できなかったことがわかる第4四半期まで、わたしは何もしないことになる。それでは困る。売り上げ目標は達成できないものとして、いまから対策を始めよう。達成できれば、それに越したことはないし、君は目標を超過達成でき素晴らしいことだ。そして、達成できなかった場合にも、対策をとっているのだから、君の立場は守られる」。生産性についても同様だ。「第1四半期はよくありませんでしたが、第2四半期には目標を達成できると思います」と言われたら、こう言わなければならない。「第2四半期にも達成できないものとして考えよう。いまどんな手を打つのか」

わたしが目指しているのは、年度末までに目標を達成できる手段を責任者とともに確立することだ。第1四半期を細かく検討し、責任者がどの程度理解しているのか、どんな対策をとるつもりかを見る。重視するのは、早期の対策だ。

わたしはこう言う。「**いま話しているのは業務計画だ。希望や夢について話しているわけではない。現実について話しているのだ。良くなるよう希望しているとか、夢みているとか言わないでほしい**。現実はこうだ。第1四半期に目標を下回った。出発点はこのデータであり、ここから行動を起こさなければならない」

第2四半期末に資金の問題が浮上すると予想するなら、設備投資の予算を少し削減するかもしれない。その場合はこう言う。「業務計画では設備投資を5000万ドル認めたが、キャッシュフロー計画を達成するため4500万ドルに減らす。この事業にもっともプラスになる設備投資計画を選ばなければならない。第2四半期末にキャッシュフロー計画が達成できていれば、もう一度検討しよう。当初の計画に戻せるかもしれない」

このプロセスでも、すべての計画の実現を保証するものではない。そんなことは不可能だ。だが、計画策定時の想定とは状況がかなり違っても、限りなく目標に近づける人たちの多さには驚かされる。

現実的な目標

前述のように、従来型の予算策定の最大の問題は、現実とかけ離れた目標が、その達成を担う人たちにとって何の意味も持たない点にある。この問題を解決するのが、実行の社会的ソフトウエアのうえで行なわれる業務プロセスだ。業務プロセスでは、関係者自身が現実的な目標を立てる過程に参画するからだ。そして、この目標は報酬と連動しているため、業務計画を完全に自分たちのものにしたいと考える。これによって責任感が育まれる。

ボシディ　業務計画を立てたが、目標が株式市場の期待を５０００万ドル下回っていたとしよう。わたしは社員にこう言う。「会社として、これが現実的な目標だと考えている。これで社員を引っ張ってきた。以前に合意した目標をもう一段引き上げるよう依頼したが、それでもまだ、10の事業部門で実現可能だと考えている目標と、会社として達成すべきだと考える目標には開きがある」

達成不可能な目標を与えることはできない。それでは役に立たない。ギャップを埋めるにはどうすればいいかを話し合わなければならない。わたしはこう言う。「このギャップを埋められるアイデアはあるか。全社で医療費負担を横ばいにできれば、一株当たり2セント向上する。アイデアはいくつかあるが、それでも足りない」

どんなギャップでも、どうやって埋めるかについて実りある議論ができる。こうした議論が必要なのは、ギャップを埋められるという人物が現れて、結局実現できないという事態は最悪だからだ。信頼を裏切られるわけだ。「最初からこの計画は無理だと思っていました」と、事業部門の幹部に言われたことは何度もある。「だったら、なぜ、そう言わなかったのか。わたしは怒りだして部屋から出て行ったりしない。君の計画を吟味するだけだ。わたしとしては、できるだけ高い目標を達成したい。だが、それが達成不可能なら、ここでどんな立派な目標を立てても意味がない」

目標を与えるのが、ひとつの方法だ。予算レビューで部門責任者はこう言うだろう。「この方法で目標の90パーセントを達成する自信は十分にあります。残りの10パーセントについてはわかりません。確信が持てないのです。でも、いくつか考えがあります。厳しい目標ですが、やってみます。第1四半期末には実現可能かどうか報告します。そのときまでに方法がわからなければ、目標は達成できませんから」

わたしはこう言う。「いくつか助言しよう。君の計画を検討したところ、生産性をあと1パーセント上げられれば、ギャップが埋められることがわかった。価格を0・5パーセント引き上げれば、ギャップは埋められる。だが、自分の部門に戻って目標が達成できると確信できるまで、生産性を1パーセント上げるとか、価格を0・5パーセント引き上げるとか言ってもらいたくない。ギャップを埋めるもっといい方法があるかもしれない。だが、この2つの方法も検討する価値がある」

例を挙げよう。昨年、ある事業部門の責任者がある製品を新市場に投入する販売計画を策定し、担当者を増やした。この計画がなければありえなかった売り上げがもたらされた。ほかのセグメントではリスクをとり、価格を0・5パーセント引き上げた。さらにシックスシグマのブラックベルトを5人増やしたことで、コスト削減計画を増やすことができた。これらはいずれも対話から生まれたもので、わたしが提案したものではない。

　一方で、**プレッシャーをかけなければならない場合もある。**目標が達成できないことが明らかで、もっともな理由もない幹部がいるとしよう。わたしはこう言う。「どうすればいい。わたしは期末には投資家や市場関係者に報告しなければいけない。この役目から逃れるわけにはいかない。記者会見に君を連れて行って、『責任者はこの男です』とでも言おうか。それは嫌だろう。要はこういうことだ。君は1万5000株のストックオプションを持っていて（どのくらい持っているか、わたしはつねに把握している）、401kに入っている。君の部下もストックオプションを持っていて、401kに入っている。目標が達成できず、株価が10パーセントか15パーセント下がれば、君にとっても部下にとっても痛手ではないだろうか」

　このように、個人の課題にする。目標を達成しなければ、やると言ったことをやらなければ、自分自身やチームメートを傷つけることになるのだと指摘する。たいていは、なんとかして目標を達成するのだ。

＊　＊　＊

　この種のレビュー・プロセスによって、意味のある大胆な目標を設定することになる。こうした目標は、社員に最大限の力を発揮させるためにリーダーが使う一般的なテクニックだ（少なくともリーダーには人気がある）。しかし、こうした目標をいかに具体化し、活用するかを真剣に考えていないリーダーが多い。

チャラン　大胆な目標はとんでもない間違いにもなりうる。突拍子もない目標ではなく、発破をかける手段として使われるなら役に立つ。大胆な目標を立てる目的は、基本的に2つある。第一に、考え方の大胆な転換を迫る。第二に、ずば抜けた実行力を発揮させる。

たとえば、サム・ウォルトンは「生きているかぎり、価格を下げつづける」という有名な声明で、大胆な目標を設定し、それを実行した。ヘンリー・フォードは1920年代初めにおなじことを実行した。日本では松下電器が達成した。スウェーデンではIKEAのイングバル・カムプラードが長期にわたり実行している。

ウォルトンは大胆な目標を達成する必要に迫られて、工場直送の物流、サプライヤーへのオンラインでの情報転送、取引の無駄を省くなど、シアーズやKマートでは考えられない新しいアイデアを思いつき「エブリデー・ロープライス」の実現に繋げた。

重要なのは、大胆な目標の実現可能性について評価することだ。そのための方法はある。適切でなければならない要因や想定は6つ以下で、そのうちいくつかには運が絡んでくる。議論のときに、それを見つける。それらについて話し合い、こう言う。「星回りがよければ、達成できないはずはない。悪ければ、達成できない可能性もある」

ボシディ　計画には大胆さが必要だ。だが、どの程度大胆なのかを認識しておかなければならない。「これが君の達成すべき数字だ」と幹部に押しつけるわけにはいかない。わたしは、どのように目標を達成するかを知りたい。何より重要なのは、本人が理解しているかどうかだ。第二に、わたしが達成可能な目標だと考えているのだから、必要な場合にはリソースの投入を求められる。第三に、わたしも多くを学ぶ。どうやって達成すればいいか、その答えをわたし自身が持っていないからだ。

たいていはうまくいく。目標は、当初、本人たちが実現可能と考えたものより少し高めだが、最終的な計画では、現実的だと考えたものだ。市場の変化や対策の失敗で、目標を達成できない幹部がいるかもしれない。それでも最大限の努力をしたのであれば、ボーナスに値する。逆に、市場が好調なのに目標を達成できない人や、目標を10パーセント上回ってもおかしくないのに目標どおりしか達成できなかった人たちも見てきた。こうした幹部については、ボーナスの配分という点で寛容ではなかった。

＊　＊　＊

ビジネスの仕組みの本質は、人材、戦略、業務という3つのプロセスがいかに結びついているかにある。リーダーは個々のプロセスと、それが全体としてどう関連し合っているかを学ばなければならない。それが実行という体系の基礎であり、戦略を策定、実行するうえでの柱になる。それらが、競争相手に差をつける手段になる。

3つのコア・プロセスにもとづく実行の体系は、リーダーシップと組織に関する新たな理論であり、実践を積み重ね、不要な部分を削ぎ落として、洗練されてきたものである。事業の進め方を変えるのに役立つと思っていただけるよう願っている。

おわりに――新しいリーダーへの手紙

親愛なるジェイン

昇進おめでとう。うれしいかぎりだ。より上のレベルでリーダーシップを発揮できることに興奮しているに違いない。君が今後、直面する新たな課題に役立つと思われることを伝えておきたい。

まずは、この職務にどんなスキルが求められるかを考え、それをいまのスキルと比較することだ。君には、こうした率直な自己評価ができるだけの自信があるはずだ。ある分野の経験が不足していれば(君も知っているとおり、リーダーはほとんど誰でも、キャリアのどこかで経験不足の問題にぶつかるものだ)、その分野に強い人を獲得するように。成功の確率を高めるには、さまざまな能力の人たちを集めて、バランスのとれたチームをつくらなくてはならない。

自分の組織をどの程度知っているだろうか。行動が行なわれている現場に足を運び、あらゆるレベルの社員と話し、質問をし、答えに耳を傾けるよう心がける。そうすれば、事業の現実について価値あることがわかる。そして個人的な繋がりができる。それが偉大なリーダーの証明になる。

部下の考え方や行動を早い時期に把握しておくように。君自身の行動は、これまでの君の成功におおいに寄与している。境界のない考え方を求め、自分とは異なる意見に耳を傾け、率直で全体を見通した対話を実践し、主導して、現実を明らかにしてきた。そして、実行し、勝利し、最高で多様な人材を引きつけることを重視してきた。

新しい仕事では、君と同様の姿勢の人たちに囲まれているだろうか。業績がしっかりと評価され報われる実行の文化があり、物事が実行されるようになっているだろうか。現実を直視し、建設的な議論が行なわれているだろうか。駆け引きに明け暮れたり、臭いものに蓋《ふた》をしたり、自分の非を頑として認めなかったりしていないだろうか。後者なら、文化を変えるために必要な社会的ソフトウエアをつくるべきだ。社会的ソフトウエアは、組織全体を引っ張る手段であり、好業績を維持するには欠かせないものだ。

好結果を出すのに何より重要なのは、3つのコア・プロセスをリーダーみずから主導することだ。これらはビジネスの核心であり、文化を変革したり強化したりする際のテコになるものだ。実行力のある企業とそうでない企業の最大の、そして唯一の違いは、リーダーがこれらのプロセスを厳格に、精力的に追求しているかどうかだ。今後は地元の有力者や政府高官、サプライヤーに引き会わせようと、周りが君をあちこちに引っ張りだそうとするだろう。だが、君が最優先すべきはプロセスの主導だ。

人材が何よりの財産であると考えていると思うが、人材プロセスへの関与が、この考えを現実のものにする道だ。どこにも負けない人材プロセスをつくるように。君の成功は、どれだけ「A」のプレーヤーを持てるか、その力をいかに結集できるかにかかっている。少なくとも、業績と潜在力の点で上位三分の一の社員を知っておかなければならない。評価は率直で単刀直入なものでなければならず、評価対象者が成長するためにフィードバックとコーチング、研修を受けられるようにしなければならない。さらに、最終的に業績の原動力になるのは報酬なので、業績を上げた者に報いる報酬制度でなければならない。

自社の社員を競争相手の社員とくらべ、業績の基準が十分高いのかどうかを問い、勝ちつづけるために必要な考え方を身につけているかどうかを問うよう勧めたい。

君自身にとっても組織にとっても長期的に成功を収めるには、戦略プロセスを適切なものにすることが重要になる。事業部門のリーダーは戦略プロセスを主導しているだろうか。戦略策定だけに没頭する孤立したスタッフに任せていないだろうか。戦略計画には、自社と競争相手の地位を正確に評価できる適切な情報が盛り込まれているだろうか。計画は具体的で、どのような方法で成長率や生産性を向上させるかがわかるようになっているだろうか。こうした計画の柱については、曖昧な表現で済ませてはならない。具体的なプログラムが必要だ。事業が直面している問題が具体的に指摘されているだろうか。部門幹部は、障害の克服に成功してきた実績があるだろうか。君も知っているとおり、重要な問題を見つけだし、議論し、解決することができなければ、事業は行き詰まる。経営資源は機会の大きさに応じて配分されているだろうか。すべての機会に配分されていて、どれも不十分ということはないだろうか。戦略計画は率直で簡潔でわかりやすくなっているだろうか。事業計画は事業に携わる人すべてに理解されていなければならない。

予算を立てたとして、それが反映すべき行動計画はあるだろうか。苦労して数字を合わせ、見栄えよく提示された予算が事業運営の現実とかけ離れた例を数多く見てきた。1年の業務計画は、いつ何をすべきかを示すものだ。組織の各部門の足並みを揃え、戦略プロセス、人材プロセスと結びつける。業績と報酬の関係を明確に示すことによって各自の目標をはっきりさせ、リーダーがあらゆる方法と想像力を働かせ、つぎつぎと起こる予想外の事態に対応できるようにするものだ。

ジェイン、君自身がこれらの3つのプロセスに関わることがいかに重要かは、いくら強調してもしすぎることはない。各サイクルの最初から関わり、レビュー、そしてフォローアップで、起きるべきことが実際に起きているかを最後まで確認しなければならない。それによって君は、事業を現実に即したものとして総合的に運営していくための知識と信頼性の両方を身につけられる。こうして最終的には、3つのプロセスが確実に結びつくようにできるだろう。

ほかにも言っておくべきことを挙げれば切りがないが、とくに重要な点が3つある。第一に、顧客を深く理解しなければならない。ニーズや購買行動、そして購買行動の変化を知らなければならない。なぜ他社ではなく、自社の製品が好まれているのかを知らなければならない。顧客を理解することは、事業を成功させるための基盤である。第二に、シックスシグマやデジタル化などのイニシアチブを導入して、絶えず業績を向上する方法を見つけるように。こうしたイニシアチブは生産性を向上させるだけでなく、共通の目標に向かって社員を結束させる。第三に、つねに現実から離れないように、真実を見る目を失わず、研ぎ澄ませておくように。物事をありのままに見る。こうであってほしいと思う願望で見ないように。

自分の行動を客観的に見るのがむずかしいときもあるだろう。君が部下にフィードバックとコーチングを行なうように、君も上司からこれらを得られるよう願っている。だが、たとえそのような場合でも、リーダーには信頼できる相談相手、考えをはっきりさせるのを手伝ってくれる社外の相談相手が必要だ。その人物は賢明で、君に対して率直であり、君自身が成長し、学習し、むずかしい決断をしているかどうかを確認する手助けをしてくれる人でなければならない。そして、自分自身を大切にするように。新しい仕事はストレスが多いので、生活のバランスをとることが必要だ。テンションが低すぎても高すぎてもいけない。一貫した態度は、自己を抑制できている証拠であり、周りの信頼を集めることにも繋がる。

ジェイン、君がリーダーになったのは、何よりも仕事に対する熱意があったからこそだ。その熱意を失わず、深めるように。仕事で成長する者もいれば、慢心して成長しない者もいる。**成長する人間は事業に対する情熱を持っている。忙しさを理由に、重要な細部をおろそかにすることはないし、部下とも緊密な関係を築いている。偉ぶって人の意見に耳を貸さず、学ぼうともしないということはない。新人のころとおなじように、好奇心旺盛で新しいアイデアを積極的に取り入れようとする。**

ふたりの旧友からこんな話を聞かされるとは思っていなかっただろうが、われわれは君の昇進を心から喜んでいる。君ならもっとできると信じている。

ラリー・ボシディ
ラム・チャラン

監修者による結びの言葉

グローバル市場では、世界のあらゆる会社が競合となる。

彼らは「日本企業の傾向」をリサーチし、共通理解としてシェアしている。強みを分析し、弱みを足がかりに切り崩そうと機会を窺《うかが》っている。

そこで彼らが「弱み」と見做しているのは、人材の課題だ。

- 女性の取締役の少なさ、仮に女性幹部がいても上辺だけであること。
- 社員のモチベーションが大きく低下し、熱意をもって働いていないこと。
- マネジメントが弱いこと。

ビジネスは情報戦なので、日本企業を停滞させている要因は全てリサーチされ、研究し尽くされている。

現状を打開し、停滞している企業を活性化させるには実行しかない。組織に本書で述べられている「真の実行」を行き渡らせるのは、経営者にしかできない仕事である。

『経営は「実行」』という、古典的でありながら現代にも通じる本を日本の読者にお届けするにあたり、私は人材に重点を置いて解説を加えてきた。経営者は本書を活用し、大いに勉強して、人材教育に努めていただければと願っている。

ここ数十年、人材教育が重要であるという風潮は薄れるばかりで、その代わりに「DXだ、AIだ、システム化だ」と叫ばれているが、戦略も業務も実行に移すのは人だ。ツールのようなものは次々と変遷する。結局のところ、昔から唯一色褪せないのは「人」が重要だということだ。人材教育は普遍であり、会社にとって大切なのは、個人との関わりを大切にし、適切に評価し、高めていくことに他ならないと私は確信している。

人材教育が正しく為されていれば、視野が広がり、進むべき方向性がぶれなくなる。ただ、時には迷ったり忘れたりすることもあるため、学び直しが日々必要だ。

会社ごとの課題はさまざまだろう。ある経営者は採用に悩み、ある幹部は業績に悩み、ある会社は組織づくりに悩む。

だが、これらの課題はみな、人材育成で変わる。

どうか、自ら学び、社員を育てる「実行」に、投資を惜しまないでほしい。

これが無形資産を蓄え、日本企業が伸びていく鍵となるだろう。

株式会社イマジナ代表取締役社長　関野吉記

※本書は２００３年に刊行された『経営は「実行」』（日本経済新聞社刊）を大幅に加筆・改訂し、解説を加えた新版です。

著者 ラリー・ボシディ (Larry Bossidy)

ハネウエル・インターナショナルの前会長兼最高経営責任者(CEO)。1991年から99年までアライド・シグナルの会長兼CEOを務め、99年12月のハネウエルとの合併後、同社の会長に就任。2000年4月に引退したが、2001年7月、会長兼CEOとして復帰し、2002年6月に退任。ボシディはアライド・シグナルを、成長とシックスシグマによる生産性向上の重視によって成功に導き、世界的に尊敬される企業に変貌させた手腕を高く評価されている。在任中、同社は利益とキャッシュフローを伸ばしつづけ、とくに1株当たり利益は31四半期連続で13パーセント以上の伸びを記録している。アライド・シグナル入りする前は、1957年に研修生として入社したゼネラル・エレクトリック(GE)で、いくつもの部門幹部や財務責任者を務めた。79年から81年までゼネラル・エレクトリック・クレジット・コーポレーション(現GEキャピタル)のCOO(最高執行責任者)、81年から84年まではGEのサービス、素材セクターの上級副社長、社長、84年から91年までGEの副会長兼執行責任者。

著者 ラム・チャラン (Ram Charan)

ベンチャー企業からフォーチュン500社にいたるまで、企業のCEOや経営幹部のアドバイザーとして高い人気を誇る。顧客にはGEやフォード、デュポン、EDS、ユニバーサル・スタジオ、ベライゾンなどが名を連ねる。著書に『What the CEO Wants you to Know』(邦題『ビジネスの極意は、インドの露天商に学べ!』)、『Boards That Work』、共著に『Every Business Is a Growth Business』がある。ハーバード・ビジネス・レビュー誌やフォーチュン誌にも多数の論文を寄稿している。ハーバード・ビジネス・スクールで修士号、博士号を取得し、現在はハーバード大学、ノースウェスタン大学の経営大学院で教鞭をとる。

著者 チャールズ・バーク (Charles Burck)

ライター兼編集者。『Every Business Is a Growth Business』など数冊の本で、ラム・チャランに協力。元フォーチュン誌の編集者。

翻訳 高遠裕子 (たかとお・ゆうこ)

翻訳者。主な訳書に『21世紀の金融政策』(日本経済新聞出版)『そのビジネス、経済学でスケールできます。』(東洋経済新報社)『20歳のときに知っておきたかったこと　スタンフォード大学集中講義』(CCCメディアハウス)などがある。

監修 **関野吉記**（せきの・よしき）

株式会社イマジナ代表取締役社長。15歳で単身渡米。26歳でNYにて株式会社イマジナ設立。「世界で活躍している会社は社員を活かす教育が上手い！」という海外での気づきから、企業が社員の共感を集めること、社員の可能性を引き出すことの重要性を痛感。人を集め、育て、残す考え方の本質を日本企業のさらなる成長へと活かすべく、2006年に日本へと拠点を移し、人材育成、理念浸透に特化した企業支援で、これまでに2850社に伴走してきた。現在は特に企業の文化づくりにおける管理職の重要性を重視し、管理職強化に向けたプログラムに力を入れている。企業や自治体、経済同友会での講演実績や、NHKをはじめとしたメディアへの出演も多数。著書に『ザ・ブランド・マーケティング』（実業之日本社）他多数。

ザ・リーダーシップ・マネジメント

「なぜ“経営《けいえい》は実行《じっこう》が大事《だいじ》”とわかっていながら実行《じっこう》できないのか」をロジカルする

2024年10月30日　初版第1刷発行

著　　者　ラリー・ボシディ、ラム・チャラン、チャールズ・バーク
訳　　者　高遠裕子
監 修 者　関野吉記（株式会社イマジナ　代表取締役社長）
発 行 者　岩野裕一
発 行 所　株式会社実業之日本社
〒107-0062　東京都港区南青山6-6-22 emergence 2
電話（販売）03-6809-0495　（編集）03-6809-0473
https://www.j-n.co.jp/
印刷・製本　TOPPANクロレ株式会社
ブックデザイン　三森健太（JUNGLE）
本文DTP　株式会社千秋社
校　　正　山本和之（パブリック・ブレイン）
編集協力　青木由美子、アップルシード・エージェンシー

ISBN978-4-408-65106-4（第二書籍）